La grande guerre

d'un lieutenant d'artillerie

© L'Harmattan, 1999
ISBN : 2-7384-7810-7

Pierre GRISON

La grande guerre d'un lieutenant d'artillerie

Carnets de 1914 à 1919

Préface de Guy PEDRONCINI

L'Harmattan
5-7, rue de l'École Polytechnique
75005 Paris - FRANCE

L'Harmattan Inc.
55, rue Saint-Jacques
Montréal (Qc) - CANADA H2Y 1K9

« Heureux, vous qui dormez sur nos champs de bataille
Et qui fûtes fauchés par un vent de mitraille ....

Ainsi dormez en paix, soldats morts pour la France ... »

Paul Grison [1]

---

[1] Extrait d'un poème écrit en 1940 par le fils aîné de l'auteur, alors âgé de 17 ans. Ayant fait Saint - Cyr, le lieutenant Paul Grison est mort pour la France en Indochine le 29 juillet 1953.

PRÉFACE

Un historien de la Grande Guerre ne peut que se réjouir de la publication des six carnets écrits de 1914 à 1919 par Pierre Grison lieutenant d'artillerie. Rédigés chaque jour, leur continuité rend sensible la durée du premier conflit mondial et permet de suivre avec le déroulement d'un destin les évolutions de la guerre.

Le témoignage de Pierre Grison ne disparaîtra donc pas. Il faut à l'exemple de Marc Grison que tous les parents et les descendants des combattants de 1914-1918 qui disposent encore de lettres, de carnets, de récits empêchent leur disparition. Le Mémorial de Verdun assuré désormais de "l'éternité humaine" peut les conserver et les tirer de l'oubli par leur publication progressive.

Un témoignage comme celui de Pierre Grison n'a pas besoin d'une préface pour le mettre en valeur : il suffit de le lire... Mais j'ai accepté de grand coeur d'en écrire une pour insister sur quelques-unes des raisons qui rendent ces carnets précieux à l'historien et remercier Marc Grison de son travail de présentation : cartes, explications techniques, traductions des nombreuses citations latines et grecques.

Récemment avaient été publiées "Les lettres du front" du général Détrie et bientôt le sera la thèse de Madame Francine Roussane sur les combattants de l'armée d'Orient faite à partir de leurs carnets et correspondances. Les Carnets de Pierre Grison contribueront à une connaissance plus intime de la vie profonde des combattants et ils sont d'autant plus intéressants que l'artillerie est une arme qui a beaucoup évolué pendant la Grande Guerre. Elle a dominé la guerre des tranchées, accompagné l'action des chars et combattu celle des avions tout en devenant une arme mobile. Elle a entraîné 67 % des pertes - contre 15 % dans les guerres précédentes - et elle comptait en 1918 six-cent mille artilleurs pour un million de fantassins.

Dans ces Carnets, j'ai été naturellement sensible à l'importance, à la variété et à la fréquence des citations latines et grecques. On s'émerveille de la culture d'un bachelier de l'époque, de sa familiarité avec les écrivains, les penseurs et les poètes de l'Antiquité. Familiarité naturelle, nullement artificielle. Il n'hésite pas par ailleurs à employer le verbe « décesser » que Littré condamnait déjà sans appel.

L'intérêt se porte également sur le temps nécessaire et très variable pour que les événements petits ou grands de la guerre parviennent à sa connaissance. Ainsi le 3 novembre 1914 Pierre Grison fait état d'un bruit qui court d'une grande défaite navale allemande. Or, la bataille du Coronel du 1er novembre est une défaite anglaise. Il sait le 29 avril 1915 que les Alliés ont débarqué aux Dardannelles : la nouvelle en est donc parvenue rapidement (quatre jours). Il ne se fait l'écho de la grande offensive allemande du 21 mars 1918 que le 27. Par contre il apprend celle du 27 mai 1918 le jour même. Mais il n'évoque la contre-offensive du 18 juillet 1918 que le 31. Pour l'exceptionnelle bataille de Verdun où combat son frère, il n'en parle que le 25 février 1916.

Son témoignage permet ainsi d'apprécier la rapidité, en fonction des circonstances, de la transmission de certaines nouvelles. Naturellement le lecteur remarque le silence sur les mutineries de 1917, d'autant plus que Pierre Grison avait signalé antérieurement quelques mouvements de désobéissance collective. Mais il s'explique : de mars à novembre 1917 il sera instructeur à Fontainebleau et fera un stage d'artillerie lourde à Arcis-sur-Aube.

Ses carnets reflètent également l'émergence des armes nouvelles : les avions, les gaz, les tanks.

Dès le 10 février 1915, Pierre Grison note que les avions allemands sont nombreux dans le ciel et que le 26 février un officier d'artillerie est désigné pour commander la lutte antiaérienne. Mais l'importance de l'arme aérienne est-elle rapidement perçue ? Le 11 août 1915, désigné pour tirer contre les avions, il le regrette estimant que l'on a déjà trop peu de canons pour tenir le front. Cependant les 18 et 19 septembre 1915, il est frappé par le nombre des avions allemands qui survolent le front. Mais peu à peu les avions deviennent un élément permanent de la bataille.

En octobre 1915 surviennent deux événements importants : le 7 il est enfoui totalement et c'est un miracle qu'il soit sain et sauf. Le 8 c'est une attaque par les gaz, "des obus suffocants". Ils deviennent vite un risque permanent, et qui s'aggrave. Le 11 novembre 1916, il note un bombardement par un gaz "d'un genre nouveau". Le 14 janvier 1918, c'est le P.C. qui est bombardé par des obus à gaz, et Pierre Grison à son tour tire avec les obus à gaz sur les Allemands qui le 28 ripostent massivement. Les chars apparaissent naturellement dans ses carnets à la fin des hostilités, notamment le 6 septembre 1918 : ils gênent les déplacements en embouteillant les routes dans la zone de l'Aisne et du Moulin de Laffaux.

Ses Carnets mentionnent certaines difficultés momentanées : canons mal adaptés, manque de munitions, défaillances du téléphone surtout lors des premières opérations.

Les contacts avec les Alliés sont aussi indiqués : avec les Anglais, les Belges. Il mentionne en mai 1918 la présence pendant quelques jours d'un officier américain.

La paix de Wilson ne l'enchante pas : le 27 avril 1919 il laisse percer ses préoccupations : "Que de nuées dans la paix de Wilson".

Ses carnets enfin nous révèlent les réactions profondes du lieutenant Grison. Sa vie est rythmée par les permissions qu'il passe le plus souvent à Tours dans sa famille. Sur le front, il note soigneusement les quelques bons moments qu'il peut connaître : repas savoureux, parties de bridge, cantonnements de qualité. Pieux, il assiste toujours à la messe, non seulement le dimanche, mais aussi lors de certaines fêtes comme la Saint-Joseph (le 19 mars 1915). Il se félicite lorsque l'assistance est nombreuse (le 4 avril 1915). Sa foi lui permet de surmonter la mort de son frère André tué le 15 novembre 1916 - il faut "se soumettre à la volonté d'En Haut" - et de ses camarades.

Il est aussi soutenu par de vifs sentiments patriotiques qui se manifestent dans des circonstances bien différentes. Au moment du départ en août 1914, il craint d'être maintenu à l'arrière. Il n'est pas satisfait lorsqu'il se retrouve à l'abri, alors que ses camarades de combat risquent leur vie. Lorsqu'il a été désigné pour tirer contre les avions, il le regrette : "Nous serons bien à l'ombre en arrière quand mes camarades risqueront leur vie". Lorsqu'il part pour Fontainebleau, il emploie le mot d'embusqué.

Il veut la victoire totale. Le 31 décembre 1916 il écrit que l'on parle de paix "ce qui équivaudrait à la défaite". Il rêve d'entrer en Allemagne avec les 75 pour venger "dignement nos morts et les Français envahis". Le 30 septembre 1918 il écrit : "il faut aller jusqu'au bout". Lorsqu'il apprend le 2 novembre 1918 l'armistice de Moudros avec la Turquie et qu'il croit à l'abdication du kaiser, il redit : "Si nous pouvions reconduire les Boches de vive force chez eux et entrer en Allemagne à leurs trousses, nous serions ainsi vengés". Le 4 novembre, lorsque les Allemands continuent à faire donner massivement leur artillerie, il estime qu'ils "semblent liquider leurs munitions" et non pas renforcer leur résistance. Partisan d'une victoire totale, il n'a pas été cependant insensible aux problèmes posés par l'épidémie de grippe de 1918.

Il faut souhaiter un large écho aux Carnets de Pierre Grison. Certes ils ne disent pas tout : dans les annexes on découvre avec le récit qu'il fait des combats lors de la bataille de la Marne et surtout avec ses citations qu'il a laissées dans l'ombre l'héroïsme de ses actions d'éclat. La grandeur de ce silence rend encore plus attachants les carnets de ce grand soldat.

Et son souvenir.

Guy Pedroncini

Doyen honoraire d'université,
Président du Comité national du souvenir de Verdun,
Président fondateur de la fondation « Le souvenir de Verdun »

INTRODUCTION

Lorsqu'âgé de près de 88 ans, mon père mourut à Sens dans la maison du 3, rue Edouard Charton, ni mes deux soeurs, ni moi ne pensions trouver dans ses papiers personnels des documents dont il n'avait jamais parlé relatifs à la guerre de 1914-1918, à moins qu'il s'en fût ouvert à mon frère aîné, mort pour la France en Indochine en 1953. Ceux-ci se présentaient essentiellement sous forme de six carnets de poche écrits chaque jour souvent au crayon et difficilement lisibles, surtout le premier qui était en même temps son carnet de chef de section et contenait des renseignements sur les hommes, les chevaux, les obus perçus, etc... Heureusement que mon père recopia ultérieurement ce carnet à la plume, d'ailleurs en le complétant. Avec les carnets se trouvaient des photos, notes et croquis, cartes postales et correspondances de camarades du front très significatives de cette guerre.

Certes, bien que parlant peu de ses exploits guerriers comme beaucoup d'anciens combattants, il m'avait montré un codicille à son testament qu'il avait rédigé le 6 septembre 1972, "57ème anniversaire de la bataille de la Marne" soulignait-il, et qui concernait ses funérailles qu'il désirait selon la liturgie qu'il avait toujours connue "d'une extrême simplicité : que tout se passe comme si j'étais tombé au front pendant la guerre 1914-1918 et qu'un prêtre-soldat eût célébré une messe, récité des prières à l'arrière du front où mon corps aurait été transporté... qu'on emploie uniquement la langue latine qui est celle de l'Eglise romaine et que j'ai toujours utilisée au cours de ma longue existence". Insistant encore à la fin pour "que tout se passe comme cela se serait passé il y a plus de cinquante ans", il demande qu'on n'oublie pas de prévenir son ancienne ordonnance Joseph Barberet qui représenterait l'ancien 1er d'artillerie où ils servirent tous deux et qui fut aussi celui de Bonaparte quand il était lieutenant à Auxonne. Enfin, il termine par cette invocation : "Dieu protège la France ! ainsi qu'on le lisait sur les pièces de monnaie de mon enfance et de ma jeunesse."

Si ce texte exprime cette intime communion qui existe entre les anciens combattants, vivants et morts, il résume bien le mode de pensée et l'état d'esprit de cette génération de la fin du XIXème siècle dont l'éducation, malgré ses diversités et les affrontements politiques, est certes orientée vers le savoir et le développement de la science mais aussi vers le sens du devoir envers soi-même, envers les autres et envers sa patrie, le service militaire cimentant le tout ou aplanissant les divergences sociales, culturelles ou religieuses.

Ainsi, mon père est né à Paris le 14 mai 1889 au 56 du boulevard Saint-Marcel puis baptisé à l'église Saint Médard, dans l'euphorie de l'exposition universelle qu'il parcourut dans les bras de sa nourrice. Il est l'aîné d'une famille de quatre garçons dont le père natif aussi de Paris, ancien élève de l'école centrale des arts et manufactures, est ingénieur à la compagnie de chemin de fer de Paris à Orléans. Il vécut aussi son enfance dans la Touraine et l'Orléanais d'où sa famille maternelle est originaire et passe toutes ses vacances en Sologne où il chasse dès le plus jeune âge avec son grand-père, tout en arpentant et admirant les champs, les landes et étangs, peuplés de leurs habitants, paysans et gibier, si bien contés par Maurice Genevois qu'il citait souvent par la suite. Durant ses études au collège Saint-Grégoire de Tours, il se révèle un brillant élève en lettres classiques et passe avec succès en 1906 le baccalauréat "grec, latin, philosophie". Mais voulant embrasser la carrière militaire dans l'arme savante qu'est l'artillerie, il rentre au lycée de Poitiers afin de préparer le baccalauréat de "mathématique élémentaire" qu'il réussit, après que ses professeurs eurent noté dans l'année des "progrès remarquables étant donné la faible instruction scientifique de cet élève venu des classes de lettres". Il prépare ensuite à l'école Sainte-Geneviève de la rue des Postes à Paris le concours de Polytechnique, auquel il échoue. Il décide alors de s'engager en 1910 au 1er régiment d'artillerie.

Nommé sous-lieutenant d'active le 2 août 1914, il est affecté au 20ème régiment d'artillerie de Poitiers, avec lequel il part en guerre le 7 août, début de ses carnets.

Comme de nombreuses familles de cette époque, il a deux frères au front qu'il cherche à rencontrer ou dont il s'inquiète : Jacques de la classe 1911 qui terminera la guerre comme sous-lieutenant d'artillerie et André de la classe 1914 qui est élève au séminaire français de Rome à la déclaration de guerre, pour lequel il éprouve une grande affection et dont la mort glorieuse à Verdun comme soldat de 1ère classe l'affectera énormément. Le quatrième, Jean de la classe 1919 allait monter en ligne, lorsque l'armistice fut signé.

Ayant connu la liesse de la victoire, malgré les rudes combats du début de sa vie militaire, il achèvera sa carrière dans les affres de la défaite de 1940, après avoir commandé durant l'hiver 1939-1940 en Alsace le XIIIème groupe du 187ème régiment d'artillerie lourde tractée qu'il réussira d'ailleurs à replier en bon ordre vers le Lot.

Lorsque je décidai de publier ces carnets, je ne me doutais pas des difficultés résultant de l'écriture, des abréviations, des termes techniques, du latin, grec, allemand, des allusions familiales, etc... qu'il fallut expliquer ou annoter, ainsi que de nombreux noms de personnes et de lieux à vérifier. Pour les premiers, certaines fautes ont pu subsister : que les parents qui portent ces noms trouvent ici mes excuses ; pour les seconds, l'orthographe de l'époque a été conservée, notamment pour la Belgique. Il m'a semblé utile de diviser le texte en chapitres, afin de mieux situer l'action dans le temps et l'espace, en y mentionnant certains événements marquants et d'y ajouter en annexe la relation d'événements vécus par ses deux frères également ses camarades de combat.

Mes remerciements s'adressent bien chaleureusement à toutes les personnes qui m'ont aidé dans cette entreprise, tout d'abord pour le déchiffrement et la reproduction du manuscrit, commencés par Annie Lacazedieu, puis poursuivis avec rigueur par Sandrine Ballouard qui assura en outre les nombreuses corrections et mises au point définitives. J'exprime ensuite toute ma gratitude au colonel Michel Yde, conservateur du musée du canon et des artilleurs de Draguignan, qui m'a transmis de nombreux renseignements historiques et techniques relatifs à l'artillerie de l'époque, permettant ainsi d'éclairer ces carnets de guerre. Il en est de même de ma soeur, Madame Cazenave, dans le domaine des archives familiales qu'elle possédait.

Enfin, je remercie les autorités du ministère de la défense et le service historique de l'armée de terre notamment Monsieur Linsolas, qui m'ont aidé, conseillé et encouragé à poursuivre cette entreprise dont j'eus souvent l'impression qu'il n'y avait rien de fait, tant qu'il restait quelque chose à faire, ce que mon père aurait exprimé par ce vers de Lucain "*Nil actum reputans, si quid superesset agendum*", afin de m'inciter à persévérer.... mais uniquement pour la gloire des armes et de l'artillerie française.

Le commissaire général de brigade

Paris, le 11 novembre 1998. Marc Grison

CHRONOLOGIE DES CARNETS DE GUERRE

- Premier carnet du 7 août 1914 au 28 février 1915
- Deuxième carnet du 1er mars 1915 au 11 octobre 1915
- Troisième carnet du 12 octobre 1915 au 16 juillet 1916
- Quatrième carnet du 17 juillet 1916 au 6 septembre 1917
- Cinquième carnet du 19 septembre 1917 au 30 juin 1918
- Sixième et dernier carnet du 1er juillet 1918 au 29 juillet 1919

I

Le départ en guerre de Poitiers pour la Lorraine avec le 20ème d'artillerie et ses canons de 75

7 août 1914 - Vendredi : Départ vers 8 heures du soir de Poitiers au milieu de l'enthousiasme général. J'ai la chance de m'en aller à une batterie active au lieu de rester au dépôt, comme je l'ai craint un moment. Je commande l'échelon de la 9ème batterie[1] ayant à sa tête le capitaine Maury ; le lieutenant de tir Roucheyrolle a été longtemps chef et adjudant à Angoulême où il y a bien connu mon oncle Ferdinand alors lieutenant. Le train démarre, nous quittons Poitiers que je ne reverrai peut-être jamais. Je me rappelle l'arrêt à Saint-Pierre-des-Corps et aux Aubrais en pleine nuit.

8 août - Samedi : Nous nous arrêtons longtemps à une petite station non loin d'Orléans. Il y a eu, paraît-il, un déraillement. Notre voyage se poursuit longuement par un temps splendide mais une chaleur assez forte.

9 août - Dimanche : Nous approchons. C'est bien en Lorraine que nous allons. A Neufchâteau, gare régulatrice, un officier d'état-major de l'armée nous dit que l'artillerie allemande n'existe pas devant nos 75, ce qui nous donne toute confiance. Enfin nous arrivons à Maron près de Neuves-Maisons où nous débarquons. Nous nous mettons en route pour rejoindre le régiment. Nous allons par monts et par vaux à travers un pays verdoyant et accidenté et finalement nous retrouvons le régiment à Neuves-Maisons tout près du point de débarquement. Notre fourragère est restée en panne. Buzy médecin du groupe arrive enfin avec elle et je vais en porter la nouvelle au colonel Besse, de sorte que maintenant tout le régiment est au complet.

---

[1] La batterie montée de 75 est dotée de quatre canons servis par trois officiers, 170 hommes et 165 chevaux. Elle comprend neuf pièces réparties en trois fractions. La 1ère fraction est constituée par la batterie de tir avec les quatre bouches à feu (un canon à chacune des quatre premières pièces réparties en deux sections) et la 5ème pièce qui attelle deux caissons de munitions. La 2ème fraction est constituée par l'échelon de combat (6ème, 7ème et 8ème pièce) qui comprend le reste des munitions (7 caissons) et les rechanges, la forge, le personnel et les chevaux de remplacement. La 3ème fraction est constituée par le train régimentaire (9ème pièce) qui transporte, en arrière, les vivres et les bagages. Le canon de 75 en batterie pèse 1,1 tonne et porte jusqu'à 6,5 km, le poids de l'obus étant de 7,2 kg.

10 août 1914 - Lundi : Repos à Neuves-Maisons. Il fait toujours très chaud. Je fais connaissance avec les officiers du groupe.

11 août - Mardi : Départ de Neuves-Maisons vers 4 heures du matin. Je fais la route en compagnie d'un lieutenant de réserve Oudin qui commande le groupe des échelons. A mesure que nous approchons de Nancy, la canonnade se fait de plus en plus distincte. Nous traversons Nancy, au milieu d'une population enthousiaste, qui prodigue aux hommes vin, bière, tabac, etc. Il fait une chaleur torride. Nous passons par Champigneulles. Nous nous arrêtons longtemps à Bouxières-aux-Dames, c'est là que je vois pour la première fois le général Guignabaudet commandant la $34^{\text{ème}}$ brigade. Il était déchaîné contre ses fantassins qui étaient en effet dans un triste état à la suite de cette longue étape et de leurs nombreuses libations. Enfin nous continuons notre route. Le commandant Deschamps réunit les officiers pour leur dire que nous devons nous considérer dans la zone de l'ennemi. Finalement nous bivouaquons à Lay-Saint-Christophe dans une prairie.

12 août - Mercredi : Départ le matin vers 8 heures. Toujours pas d'ennemi. On entend moins le canon. Les capitaines partent en reconnaissance et nous nous mettons en batterie, position formidable dominant complètement la vallée de la Seille. Je trouve au groupe deux Tourangeaux, le docteur Buzy et Moussin, ce dernier a été avec moi en math-élém. au lycée[1]. Il fait toujours très chaud.

13 août - Jeudi : Rien de nouveau. J'aperçois dans la soirée Bonneterre, un de mes camarades de Fontainebleau, lequel est adjoint du colonel.

14 août - Vendredi : On attend toujours les Prussiens. Calme plat.

15 août - Samedi : Dans la matinée, apparition du premier avion allemand, salué par une fusillade formidable de la part de nos fantassins. Vers deux heures du soir nous quittons le col de Bratte. Le temps se gâte. Nous arrivons à Agincourt par un orage épouvantable. Tous les officiers du groupe prennent leur repas ensemble.

16 août - Dimanche : Nous restons à Agincourt. Nous pouvons

---

[1] Classe de mathématique élémentaire correspondant aujourd'hui à la terminale scientifique, faite au lycée de Poitiers.

enfin nous nettoyer un peu. Je refais connaissance avec les officiers du groupe. Le lieutenant Viel neveu de mon oncle Joseph est orienteur du groupe. La 7ème est commandée par le capitaine Bacot avec Duhil de Bénazé comme lieutenant, la 8ème par le capitaine Lazard et Lefaure comme lieutenant.

17 août - Lundi : Nous restons toujours à Agincourt. Il pleut, nos chevaux sont dans la boue jusqu'aux genoux.

18 août - Mardi : Rien de nouveau, pas de nouvelle des hostilités.

19 août - Mercredi : Enfin nous quittons Agincourt par un très beau temps ; nous nous dirigeons vers la frontière. Nous contournons le mont Amance et nous arrivons vers midi à Moncel-sur-Seille tout près de la frontière. Nous apercevons au loin des villages ennemis. Tout le monde est content. On voit passer des prisonniers allemands en auto. Mais le soir nous apprenons que le 9ème corps d'armée doit partir aussitôt en Belgique où l'on se bat ferme, paraît-il.

20 août - Jeudi : Nous quittons Moncel. Nous croisons en route la division de réserve du 18èmè C.A. qui nous remplace. Nous arrivons en fin de compte à Tomblaine près de Nancy où nous cantonnons en attendant l'embarquement.

21 août - Vendredi : Préparatifs d'embarquement. Le capitaine et Roucheyrolle vont à Nancy. Le capitaine achète cartes, "Bedaeker", etc... concernant la Belgique. Le régiment va s'embarquer. La 9ème doit partir à 5 heures le lendemain matin. Je m'apprête à aller me coucher, lorsque sur le coup de 2 heures le commandant Deschamps qui se trouvait avec nous reçoit l'ordre de partir aussitôt avec son groupe. Sur la route de Château-Salins la canonnade en effet n'avait pas cessé de la journée. En cours de route nous croisons une foule d'autobus pleins de blessés. Des soldats coloniaux nous disent que Château-Salins a été évacué et que les Allemands marchent sur Nancy. Nous nous mettons sur la route. Je m'endors dans un fossé ; la nuit est glaciale.

22 août - Samedi : Première mise en batterie mais de courte durée. Puis nous arrivons à Seichamps. Nous recroisons la division de réserve du 18ème corps d'armée qui a été complètement surprise à Delme sans pouvoir presque tirer un coup de canon. Elle va se reformer du côté de Nancy. La canonnade ne dure pas à notre droite. Nous sommes en batterie avec ordre de tenir jusqu'au dernier homme. La mission en somme de la 34ème brigade est de couvrir Nancy. Dans la nuit je suis réveillé vers 4 heures par un bruit formidable de voitures. Je crois un moment que c'est une batterie en déroute. Hélas ce sont les avant-trains de la 9ème qui se dispersent dans toutes les directions, les chevaux pris de panique ; c'est vraiment lugubre au milieu de cette canonnade et des lueurs d'incendie qu'on aperçoit au loin. Il y a des blessés et un tué, un servant nommé Roy.

(Avec l'aimable autorisation de la Librairie militaire Guérin, Mourmelon)

23 août - Dimanche : La batterie se reforme. On retrouve les avant-trains un peu partout. Enfin nous sommes prêts à repartir, c'est le principal. Le grand tort c'est de ne jamais dételer nos chevaux. A 14 heures enterrement du canonnier Roy. L'aumônier de la 17ème D.I. ancien aumônier de la marine a pu venir. C'est le premier qui s'en va dans des circonstances plutôt tristes. Les femmes dans les champs vont en grand nombre au cimetière. La population en général est sympathique. Nous nous apprêtons à partir.

24 août - Lundi : Nous partons vers 3 heures de Seichamps. Le groupe met en batterie du côté de Velaine-sous-Amance. La canonnade fait rage à côté de nous, mais nous ne tirons pas un coup de canon. Je vais jusqu'à Velaine chercher du pain. Mais à peine revenu, je reçois l'ordre de partir avec le groupe des échelons, direction Cercueil, après le ravitaillement. Cette fois c'est pour de bon. La 9ème est séparée des autres batteries. Je m'enfonce avec l'échelon dans les bois de St-Paul, par un chemin bourbeux. Enfin avec des chevaux éreintés je rejoins la batterie de tir qui attend. Il est environ 5 heures. La bataille est générale ; la fusillade ne décesse pas. On entend même sonner la charge. Enfin le commandant Deschamps lui-même vient nous chercher et nous fait mettre en batterie à la lisière du bois. L'échelon est tout près de la batterie de tir. Je vais du côté du capitaine et j'entends des sifflements bizarres accompagnés d'un bruit de branches cassées. Ce sont des balles qui retentissent pour la première fois. Un de nos hommes en reçoit une dans la cuisse. La batterie tire quelques salves, mais la nuit nous arrête. Nous allons du côté de Réméréville. Mais en cours de route, des fantassins nous disent que ce village est occupé par les Allemands. Demi-tour sur un chemin étroit qui s'accomplit à merveille et au milieu d'un silence remarquable chacun y met du sien en pareilles circonstances. Enfin nous arrivons vers 10 heures du soir près de la route de Cercueil à Réméréville à la lisière des bois de Saint-Paul où nous bivouaquons. Nous retrouvons notre compagnie de soutien du 125. Les nouvelles sont contradictoires. Mais les fantassins égarés que nous rencontrons disent que cela a été une sale affaire. Enfin nous nous endormons dans un champ d'avoine au milieu de la soirée.

25 août - Mardi : Les Allemands reculent dit-on. Malgré tout, le 125 a perdu une bonne partie de ses officiers. Nous mettons en batterie sur une très bonne position à l'est du bois de St-Paul. La 9ème tire un certain nombre de coups ; la 7ème surtout, commandée par le lieutenant Viel, fait du bon travail. Le soir nous allons cantonner à Cercueil. Tous les officiers du groupe dînent ensemble. Le capitaine Lazard a déniché quelques bouteilles de vin blanc qui sont vraiment les bien venues. Tout le monde est exténué et dort plus ou moins dans son assiette. Aussi nous passons tous une nuit délicieuse dans un grenier.

26 août - Mercredi : Nous repartons avec confiance. Les Allemands battent, dit-on, en retraite ; nous allons de Cercueil à Laneuvelotte, puis nous revenons vers Réméréville. Je suis péniblement avec l'échelon. A la sortie de la forêt de Champenoux, surprise. Des obus tombent à 200 mètres de nous au moins. Lefaure me certifie que ce sont des obus français, devant le colonel du 121ème. Fureur de ce dernier. En fin de compte, c'étaient de bons 105 boches. Les batteries de tir ayant à leur tête le capitaine Bacot et le capitaine Maury rappliquaient au grand trot sur la route archi-encombrée. Je reste là trois quarts d'heure environ avec les échelons 7 et 9, puis je parviens à me dépêtrer et j'apprends que les batteries occupent les mêmes positions que la veille. A peine installés, départ. Marche pénible sur Réméréville. Nous nous sentons complètement isolés. Nous rencontrons des fantassins tués. Tout cela, pour ne pas tirer un coup de canon. La nuit tombe avec une pluie diluvienne. Traversée de Réméréville. Nous échouons finalement dans un champ par une nuit noire et sous des torrents d'eau. Je dors dans un sillon.

27 août - Jeudi : Départ de bonne heure de ce lieu maudit. Nous retournons à la position de batterie des jours derniers. Le temps se rétablit.

28 août - Vendredi : Nous sommes toujours au même endroit près du château de Romémont qui a été consciencieusement pillé par des coloniaux. Nous nous reposons, la batterie ne tire pas. On dirait que de part et d'autre, personne ne cherche à avancer.

29 août - Samedi : Vers 11 heures du matin, départ précipité. Mise en batterie plus en avant au nord de la route de Cercueil à Réméréville à 700 mètres de la forêt. On aperçoit des ballons captifs que nous prenons pour des zeppelins. Nous sommes en bivouac à la lisière d'un petit bois. Il fait très beau.

30 août - Dimanche : Au lieu de faire l'ouverture de la chasse, nous sommes en Lorraine à l'affût derrière une crête. Le gibier ne se montre pas, il fait sans doute trop chaud. Nuit splendide. Les Allemands tirent toute la nuit à notre gauche dans les bois. Je n'ai reçu aucune lettre depuis 15 jours.

31 août - Lundi : Toujours en batterie au même endroit nous ne tirons toujours pas. On cherche vraiment une batterie de 105 qui tire dans la région et qu'on ne peut dénicher. Enfin vers 6 heures du soir la 9ème se réveille. Le capitaine fait un tir systématique derrière une crête et envoie dans les 300 coups en moins de 3/4 d'heure.

1er septembre - Mardi : Pas de changement, calme plat ; la 8ème s'est fait canarder dans un bois. Un brigadier a été tué. Je suis affligé d'un mal d'estomac terrible dû a un vin détestable et je reste sur le flanc toute la journée.

2 septembre - Mercredi : Anniversaire de Sedan : j'espère que cette fois nous connaîtrons enfin les douceurs de la victoire. Nous quittons notre position près du petit bois. Nous nous acheminons au delà de Réméréville. Nous mettons en batterie. Le capitaine espère anéantir une batterie allemande. Mais la 9ème ne tire pas un coup de canon. Au contraire nous voyons des obus de 15 cm se rapprocher de nous bien progressivement et en direction. Ils deviennent même inquiétants. Mais ordre de ne pas bouger. L'échelon est fort impressionné par le fracas strident des éclatements. Enfin le capitaine me fait signe de partir. Nous quittons la position en bon ordre. Il était temps. Quelques minutes après, ils tombaient exactement là où nous étions. C'est providentiel. Nous revenons au petit bois d'où nous étions partis. Vers 9 heures du soir très vive fusillade. A 11 heures ordre de partir, direction inconnue.

3 septembre - Jeudi : Après une étape éreintante, nous arrivons à Laneuveville. Nous voyons passer des fantassins du 114, enchantés d'avoir arrêté net une attaque boche. Nous restons à Laneuveville. Il paraît que nous allons embarquer. Du reste nous appartenons maintenant à la 18ème D.I. provisoire comprenant 114, 125, 32, 66 et des groupes du 33 et du 49. L'artillerie divisionnaire est commandée par le colonel Lebreton et le général Lefèvre commande la division. Nous comptons tous coucher à Laneuveville. Mais après ordre et contre-ordre, nous partons à 8 heures du soir. Nous faisons une marche de nuit accablante.

4 septembre - Vendredi : Nous arrivons enfin à Allain-aux-Boeufs exténués vers 4h30. Cette fois, il se confirme que nous allons partir pour le Nord. Nous nous reposons un peu. Nous sommes reçus chez de très braves gens, grâce au brigadier fourrier Brunet. Nous nous apprêtons à partir le lendemain à la première heure.

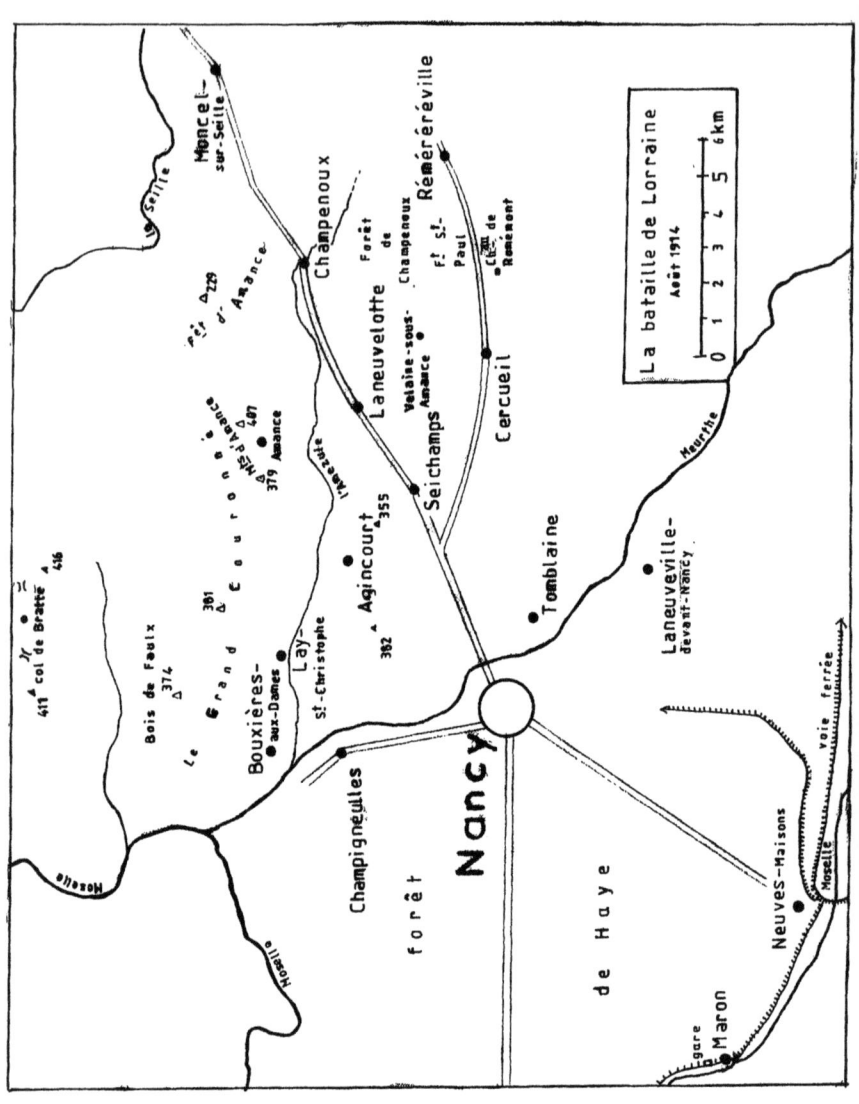

II

Les marches forcées de la bataille de la Marne de Troyes à Châlons en septembre 1914

5 septembre 1914 - Samedi : Départ à 12 heures du soir d'Allain, la veille. Embarquement à deux heures à Domgermain-les-Toul. Journée entière en chemin de fer. Nous avançons à peine. Malgré tout, nous nous reposons bien sur les banquettes, ce qui nous change de la terre dure.

6 septembre - Dimanche : Nous passons par Neufchâteau. Des bruits bizarres circulent nous apprenant que Châlons est pris par les Allemands. A Bar-sur-Aube nous parlons avec un forestier de l'E.M. de Joffre. Il paraît que depuis quelques jours le général est moins soucieux et même plutôt gai. L'armée allemande serait menacée d'avoir ses communications coupées. Espérons que c'est vrai, car nous apprenons tout ce qui s'est passé, l'invasion de la France,... ! Notre train est bloqué par ceux qui précèdent. Nous faisons du un à l'heure à peu près. Enfin nous arrivons à Troyes. Nous débarquons vers 18 h, marche de nuit. Traversée de Troyes, sinistre. Nous arrivons à Saint-Lyé. Le cantonnement s'annonce bon. Je suis logé chez une brave femme. Je me couche vers 11 heures, lorsqu'à minuit le fourrier m'annonce notre départ illico. Nous repartons en effet. Les hommes sont tellement éreintés que deux servants dont notre cuisinier restent au parc endormis. Le bruit des voitures ne les a pas réveillés.

7 septembre - Lundi : La journée commence en marche. Nous allons à une allure vertigineuse avec des chevaux exténués. Nous traversons Arcy-sur-Aube. Mon cheval est sur le flanc. Je monte celui d'un brigadier. Il fait une poussière suffocante dans cette Champagne pouilleuse. A mesure que nous approchons nous voyons des campements de réfugiés. La canonnade devient plus distincte. On aperçoit même au loin des éclatements de 105. Enfin après être restés dans un encombrement de SMA (section de munitions d'artillerie) à Gourgançon, nous atterrissons à Euvy n'en pouvant plus. Nous y restons une heure, juste le temps de pouvoir donner l'avoine aux chevaux qui crèvent de soif. Reprise de la marche en avant et quelle marche. Elle est loin d'être triomphale. Les chevaux peuvent à peine traîner les voitures. A côté de nous, les fantassins succombent de fatigue. Position d'attente dans des petits bois situés sur la crête de Connantray. Nous causons mélancoliquement avec Bénazé et Morisset. Enfin nous bivouaquons à Connantray, village situé dans un trou, après avoir mis en batterie derrière la crête nord, mais pour ne pas tirer un coup de canon. Tous les officiers du groupe logent dans une grange. Mon cheval Gentil s'est rétabli, je suis bien heureux de pouvoir le reprendre. Moussin m'offre un repas délicieux (du singe avec un peu d'huile et vinaigre).

8 septembre - Mardi : Vers 4 heures du matin, réveil par la fusillade et la canonnade qui semblent tout proches. Le groupe se tient prêt à partir, le commandant Deschamps attend des ordres. On voit des fantassins s'enfuir en désordre et la fusillade semble se rapprocher de plus en plus. Enfin ordre de partir, les échelons en tête. Je pars donc le premier avec la 9ème. Nous quittons tranquillement Connantray au pas et nous regrimpons sur la crête où nous nous étions arrêtés la veille. Les échelons s'établissent derrière la crête, tandis que les batteries de tir se mettent en position. La 8ème et surtout la 7ème qui fermait la marche ont bien failli rester sous les balles. A peine installés, nous recevons des balles qui nous blessent en quelques minutes un certain nombre de chevaux et quelques hommes. Morisset qui commande le groupe des échelons nous fait changer de position et nous reporte un peu plus en arrière de la crête. Là, nous sommes plus tranquilles, à part des 77 dont plusieurs obus n'éclatent pas. Sur la route de Connantray à Gourgançon défilent alors une foule de fantassins blessés ou non, ainsi que quelques prisonniers. Le bruit court que ce matin un bataillon du 114 a été surpris par les Allemands au petit jour. Le capitaine Maury reçoit l'ordre d'aller mettre en batterie du côté de la Fère-Champenoise, nous nous mettons en branle lorsqu'un officier d'E.M. lui dit que la route est coupée par les Boches. Nous rejoignons donc le groupe. Quelques avions ennemis nous survolent. Les batteries tirent mais fort peu. L'attaque allemande a l'air de s'arrêter un peu. Vers 14 heures arrive l'ordre de battre en retraite. Nous nous acheminons lentement du côté de Gourgançon. Le spectacle qu'offrait alors la vallée où nous nous trouvions est assez pittoresque. Partout ce ne sont que de minces colonnes d'artillerie battant tranquillement en retraite. Pas de fantassins ou du moins à peine. A notre droite l'artillerie lourde allemande tire ferme. Les marmites[1] tombent au milieu des colonnes d'artillerie mais sans leur faire trop de mal apparemment. Le groupe, après avoir traversé le ruisseau

---

[1] Obus de gros calibre en argot militaire.

de Gourgançon, s'arrête quelque temps pour souffler puis se remet en marche à travers des bois, direction de Salon. Le capitaine Maury reçoit alors l'ordre d'aller avec sa batterie du côté de Villiers-Herbisse se mettre à la disposition du colonel Lebreton. Alors commence une de ces marches d'où je croyais bien que nous ne sortirions pas au complet. Nous étions perdus au milieu d'immenses bois de sapins. A côté de nous pas âme qui vive. Un peloton de cavalerie ennemie aurait suffi pour anéantir la batterie. Enfin après de nombreux tours et détours nous arrivons à Villiers-Herbisse. Nos chevaux ne peuvent plus avancer. Du moins nous ne sommes plus isolés. Nous nous trouvons avec le 5ème cuirassiers. Il pleut, nous bivouaquons dans un champ près du village.

9 septembre - Mercredi : Nous repartons de bonne heure le matin à travers les bois que nous avons traversés la veille. Les chevaux sont à bout. Nous arrivons paisiblement sur la route de Gourgançon à Salon où nous assistons à la débandade de tous les services (santé, postes, etc...) qui s'enfuient éperdument de Gourgançon que les Allemands attaquent. Puis nous nous engageons de nouveau dans les bois. Le capitaine s'empêtre avec la batterie de tir dans des petits sapins. Je me garde bien de la suivre malgré ses vociférations, et je trouve un sentier où je passe avec les échelons. A ce moment les 77 nous éclatent de près. Pas de casse cependant. Nous retrouvons les 7ème et 8ème batterie qui ont manqué d'être anéanties en repassant le ruisseau de Gourgançon qu'elles avaient franchi pour se mettre en batterie derrière une crête occupée par les Allemands. Canonnade effroyable. Gourgançon est criblé d'obus. Les Boches ne peuvent s'y maintenir. Il n'y a plus de place pour le groupe. Aussi restons nous sur roues toute la soirée. Le soir calme complet. Le bruit court que les Allemands battent en retraite. Nous bivouaquons à Salon.

10 septembre - Jeudi : Départ à 2 heures du matin. Précautions énormes pour mettre en batterie, mais bien inutiles. Vers 6 heures nous apprenons que les Prussiens battent en retraite. Nous tuons un certain nombre de moutons, avant de nous porter en avant. Nous nous dirigeons vers Gourgançon qui est en piteux état. Nous nous arrêtons près du ruisseau, on trouve des blessés allemands. Puis commence la poursuite ; il pleut. Nous passons par Semoine. On ne s'est pas beaucoup battu par là, c'est surtout du côté de Connantray et de Lenharrée. On est sur le point de mettre en batterie du côté de Montépreux. Algarade entre le capitaine et Roucheyrolle. Finalement nous nous établissons dans un champ par un froid de loup et nous y passons la nuit.

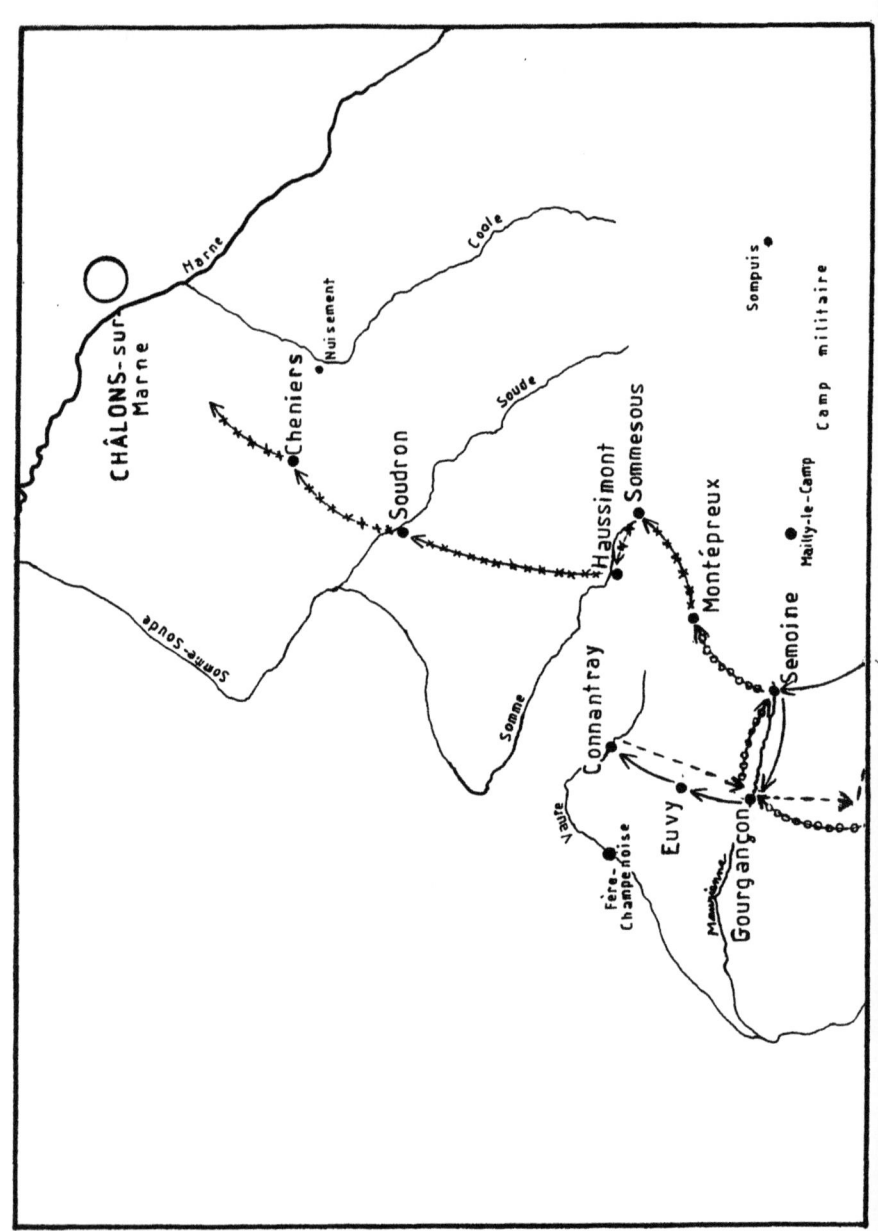

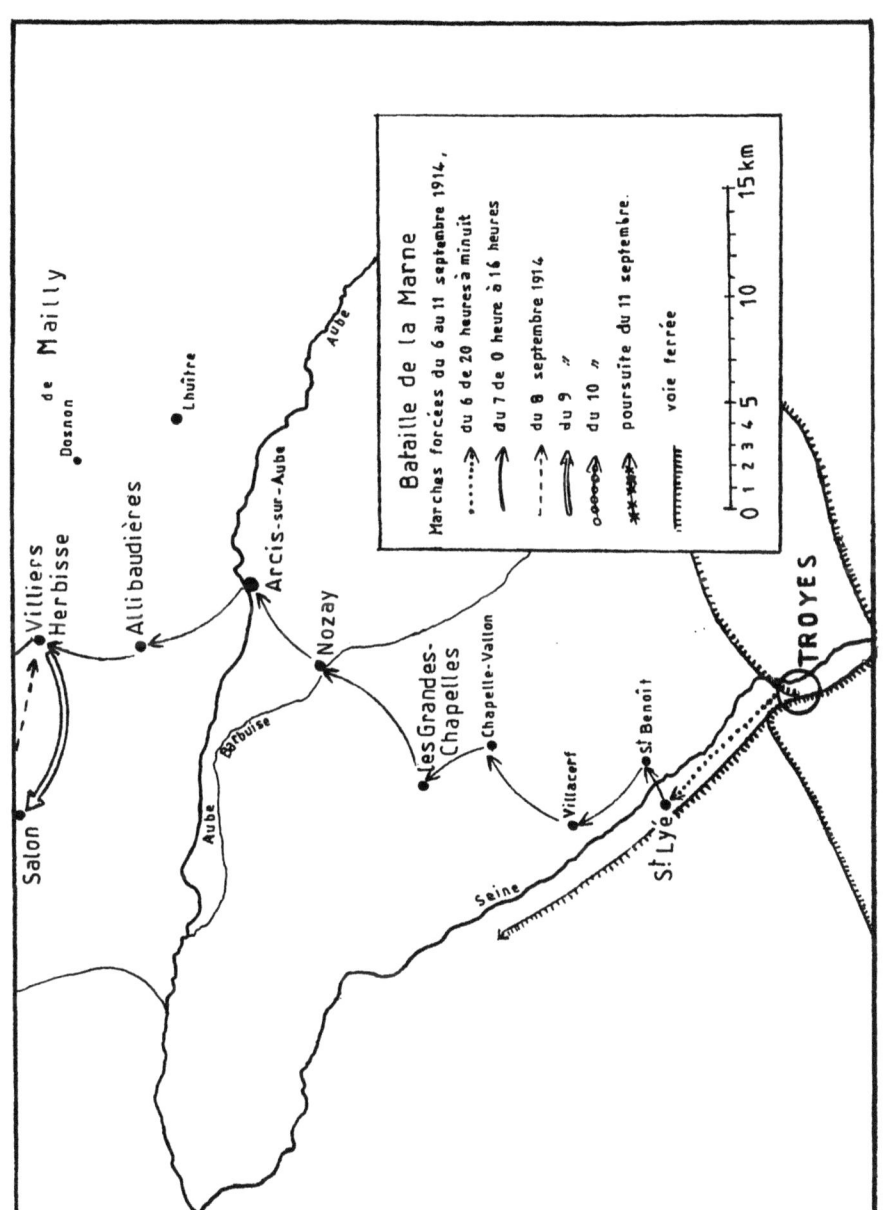

11 septembre 1914 - Vendredi : Nous sommes à l'avant-garde. Continuation de la poursuite par Sommesous, Haussimont en ruine où les Boches avaient fait leurs ripailles dans le cimetière, puis Soudron où l'eau-de-vie coule à plein bord dans les caves. Nous faisons halte à Chéniers. La route est jalonnée par les cadavres de bouteilles de Champagne ou autres vins. Enfin nous approchons de Châlons. Mais 8 km avant d'y arriver, une batterie de 105 se met à tirer et arrête pile toute la division. Nous sommes ce jour-là groupe d'avant-garde. Aussitôt on cherche à mettre en batterie. Mais sur quoi tirer. On n'a aucun renseignement. Le temps est épouvantable. Il pleut et le vent est glacial. Nous nous mettons en route à la nuit tombante. Nous entrons dans les faubourgs de Châlons. Nous comptons bien y rester mais ç'eut été trop beau. Nous faisons demi-tour et revenons où nous étions partis, par un froid de canard.

12 septembre - Samedi : Départ vers 6 h. Mise en batterie dans les bois de la veille, mais comme toujours pour ne pas tirer un coup de canon. On a l'impression qu'il n'y a personne devant nous. Enfin vers 9 h, nous nous dirigeons vers Châlons. Nous traversons la ville peu endommagée, que les Boches ont évacuée la veille à 6 h. du soir. Nous faisons halte au delà de la ville. L'ordonnance du capitaine et celui de Roucheyrolle se sont perdus avec leurs chevaux. Le capitaine n'est pas précisément gai. Vers 1 h. nous reprenons la marche en avant mais fort lentement. Le temps va se gâter. Près de Saint-Hilaire-au-Temple, nous restons en plein champ une heure sous une pluie glaciale. Nous devons cantonner, mais on n'en finit pas d'y arriver. Pour comble de malheur une voiture de la batterie de tir perd la colonne. Je ne sais pas où aller car on n'y voit pas à un mètre devant soi. Enfin Papot nous rejoint et nous conduit jusqu'au parc, mot bien pompeux pour désigner la mare de boue, où nous entrons. Le chariot de batterie reste sur la route. Enfin sur le coup de 10 h, je peux me mettre à l'abri. Je suis trempé. Je n'ai encore rien vu de plus démoralisant que cette marche. Nous passons la nuit à nous chauffer. J'ai appris ce jour là la mort du frère d'un de mes camarades "des Postes"[1], de Saint-Pierre, tué en s'aventurant, sans le savoir, dans un village encore occupé par les Boches[2].

13 septembre - Dimanche : Il fait beau. Vent très fort qui heureusement sèche les routes. Prisonniers boches à Vadenay dont un Herr

---

[1] Ecole Sainte-Geneviève située à l'époque rue des Postes à Paris.
[2] Cf. annexe I, le récit par l'auteur de la bataille de la Marne.

Professor à lunettes accusé d'avoir fait des signaux à la gare. Nous entrons dans le camp de Châlons. Le soir la batterie tire un certain nombre de coups sur une batterie boche ou plutôt derrière une crête. Nous bivouaquons dans le camp sans eau. La pluie retombe dans la nuit.

14 septembre 1914 - Lundi : Nous devons, paraît-il, rejoindre le reste du 20ème. Il fait un temps épouvantable. Nous nous arrêtons quelques moments dans le quartier du camp qui a été consciencieusement saccagé ainsi que Mourmelon-le-Grand que nous traversons ensuite. Nous nous dirigeons sur Baconnes, nous nous arrêtons à côté du village. Il y a là toute l'artillerie divisionnaire. On s'apprête à faire le café car personne ne pense à mal, on n'entend pas un seul coup de canon dans les environs. Brusquement nous recevons l'ordre de partir. A peine en marche, un sifflement significatif se fait entendre suivi d'un éclatement de 15 cm[1]. Les échelons manoeuvrent, chacun pour leur compte. La danse commence, nous sommes vus de flanc des hauteurs de Moronvilliers. Nous nous dirigeons vers la cote 147 au nord-ouest de Baconnes. Il y a dans la plaine une infinité de colonnes d'artilleurs. Peu s'en faut que nous y restions sous ce bombardement diluvien. Les batteries de tir qui sont devant n'ont rien reçu. Quant à nous, c'est providentiel d'en sortir indemnes. Enfin nous sortons un peu de la zone des coups et nous nous établissons à la lisière d'un petit bois. On attend des ordres. Aucune des batteries du groupe ne prend position. On dit que les Allemands sentant le danger d'être cernés, se défendent avec rage. En fin de compte nous n'avons pas tiré un obus, nous en avons reçu en revanche un certain nombre et nous bivouaquons dans un bois sans pain et sans eau. Le train régimentaire nous a perdus[2].

15 septembre - Mardi : Réveil par la canonnade. Dans la journée la batterie tire. Bivouac le soir par un temps épouvantable. Il pleut à verse.

16 septembre - Mercredi : Très vive fusillade au petit jour. Il pleut sans cesse. Pas un coup de canon dans la matinée. On dit les Allemands cernés. Mais dans l'après-midi, ils se réveillent et nous criblent d'obus. Deux servants sont blessés grièvement à la batterie de tir.

17 septembre - Jeudi : Temps épouvantable, nous nageons dans la boue, les chevaux crèvent comme des mouches. Les Allemands résistent

---

[1] Calibre d'obus de l'artillerie lourde allemande exprimé en centimètres.
[2] Le train régimentaire d'une batterie est constitué par la 9ème pièce, sans canon, qui transporte les vivres, le fourrage et les bagages.

toujours. Nous n'avançons pas. Les canons restent en batterie la nuit. La pluie nous inonde. Voilà bien le côté démoralisant de la guerre.

18 septembre 1914 - Vendredi : Il ne pleut plus. Toujours la même situation. Les Allemands semblent se ralentir et nous arrosent un peu moins. Le soir R.D.N. bivouac dans la boue.

19 septembre - Samedi : Toujours au même endroit R.D.N.

20 septembre - Dimanche : On dit que les Allemands reculent. Vers 15 h. attaque générale ; très violente canonnade de notre côté ; finalement rien de changé. A la nuit, contre-attaque allemande repoussée. Annonce d'une grande victoire russe sur les Autrichiens.

21 septembre - Lundi : Réveil par la fusillade. La batterie se remet à la même position. Calme plat dans la journée. Les nuits ne sont pas chaudes. J'ai des coliques terribles.

22 septembre - Mardi : Enfin nous allons au repos. Nous cantonnons toute la journée à l'arsenal du camp. Soleil radieux, nuit délicieuse à l'abri dans la paille.

23 septembre - Mercredi : A 5 h. nous allons nous remettre en batterie à la même position que les autres jours. Journée magnifique qui me rappelle les bonnes journée de chasse de Sologne. Toujours la même vie. Nous cantonnons le soir à l'arsenal.

24 septembre - Jeudi : C'est bien maintenant la guerre de siège. Nous ne bougeons pas, on parle d'attaque générale.

25 septembre - Vendredi : Temps splendide. Je passe la journée à bavarder avec Schultz et Buzy. Ce dernier, tourangeau, nous raconte de nombreuses histoires de son cru.

26 septembre - Samedi : Situation inchangée. Les Allemands ne semblent pas vouloir partir. On parle d'une attaque boche sur l'ordre de Guillaume[1]. Le capitaine Bacot prend le commandement du 2ème groupe. Le lieutenant Viel le remplace à la 7ème où arrive un nouveau sous-

---

[1] Guillaume II, empereur d'Allemagne

lieutenant Marchal. Nous allons passer la nuit à l'arsenal.

27 septembre - Dimanche : Brouillard intense. Je remets sur la bonne voie une compagnie de sapeurs égarée ; dans la nuit fusillade intense.

28 au 30 septembre : R.D.N.

1er octobre - Jeudi : Temps splendide. Déjeuner fort gai et plantureux avec Schultz et Buzy.

2 octobre - Vendredi : Temps gris, journée lugubre. Nous nous faisons des idées noires. Le bruit court que nous allons aller devant Paris!!

3 octobre - Samedi : Brume intense.

4 octobre - Dimanche : Calme plat.

5 octobre - Lundi : Le commandant Deschamps atteint de la typhoïde est évacué ; il y a de nombreux cas de typhoïde.

6 octobre - Mardi : La pluie menace de tomber. On envoie près des tranchées une pièce commandée tous les trois jours par un officier de la batterie.

7 octobre - Mercredi : Nous avons repos. Evénement. J'en profite pour me nettoyer.

8 octobre - Jeudi : On dit que nous allons rejoindre le reste du 20ème. Pour l'instant nous ne bougeons pas. Nous revenons le soir à l'arsenal où j'y vois pour la dernière fois le commandant Deschamps bien changé. Il s'est tué à la tâche.

9 octobre - Vendredi : Changement de position. Je pars à 3h30 avec le capitaine pour commander une section placée derrière la crête qui se trouve devant Prosnes quand on vient de Baconnes. Le capitaine Lazard me montre le terrain. Je vois des Boches se promener. Journée splendide mais la consigne est de ne pas tirer. Je reviens le soir au cantonnement qui est le quartier du train près de Mourmelon. Nous occupons le logement d'un capitaine du train. Un Rittmeister[1] nous y a précédés et y a laissé un mot élogieux au sujet du talent de photographe du capitaine du train.

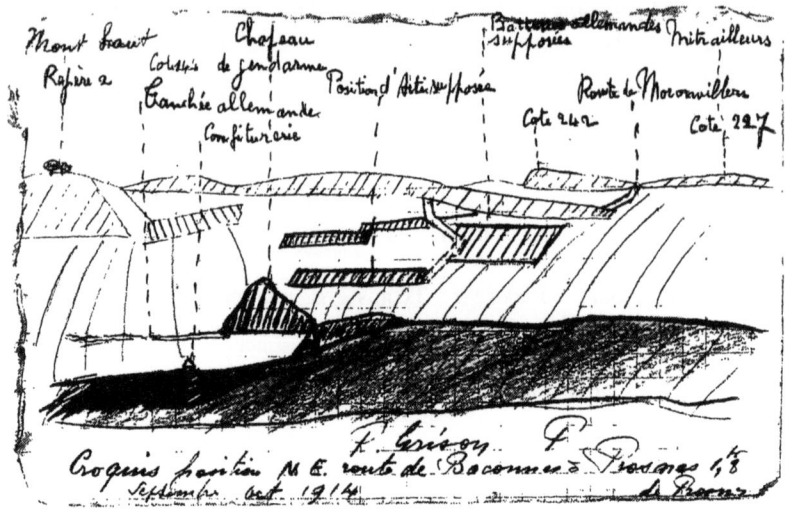

10 octobre - Samedi : Je reste au cantonnement. La batterie de tir va en position pour 36 heures. Je lis de l'Aristophane pour passer le temps.

11 octobre - Dimanche : Je reste encore au cantonnement. J'ai passé une nuit délicieuse. Je n'avais pas si bien dormi depuis longtemps. Je passe ma journée à bouquiner entre autre le Torpilleur 29 de Pierre Maël. Il va y avoir du changement dans le groupe. Roucheyrolle prend le commandement de la 3ème batterie. Le commandant de Lesquen du Plessis Casso qui commande le 20ème nous en avait parlé avant hier à Prosnes.

12 octobre - Lundi : Je passe à la batterie de tir. Je pars avec la section de Papot passer la journée à la position du 9. Temps splendide.

13 octobre - Mardi : Nous allons mettre en batterie près de la ferme de Moscou. Papot s'y trouve avec une pièce isolée. Le capitaine a son observatoire dans la tranchée. Nous revenons à la nuit à la première position.

14 octobre - Mercredi : Nuit dans la maison forestière. Nous

---

[1] Capitaine de cavalerie de l'armée allemande.

aménageons une nouvelle position. Nous sommes vus des Allemands qui tirent sur nous avec du 77. Nous rentrons le soir à l'arsenal.

15 octobre 1914 - Jeudi : Repos complet un jour sur cinq.

16 octobre - Vendredi : Nous allons mettre en batterie à la position de Prosnes. Nous passons la nuit à la maison forestière.

17 octobre - Samedi : Nous nous trouvons à côté d'une batterie de 90 commandée par le capitaine Bissaud, officier de réserve bien connu au 20ème, paraît-il. On parle d'un départ imminent pour le Nord.

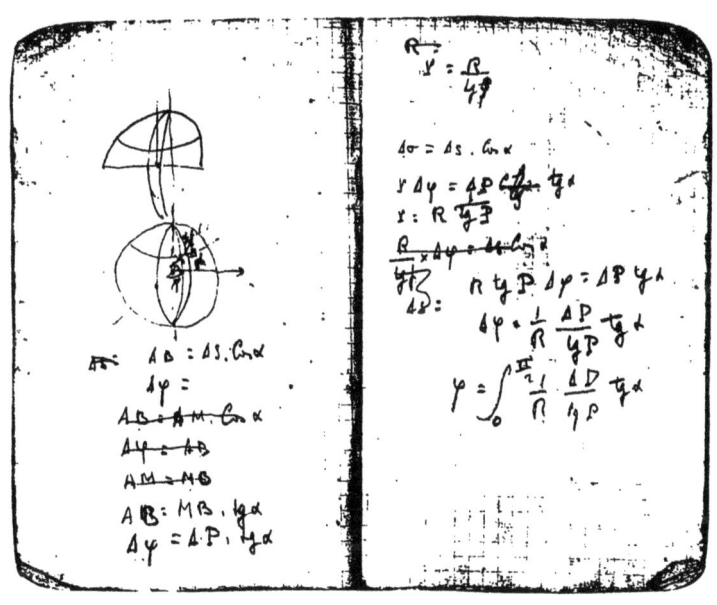

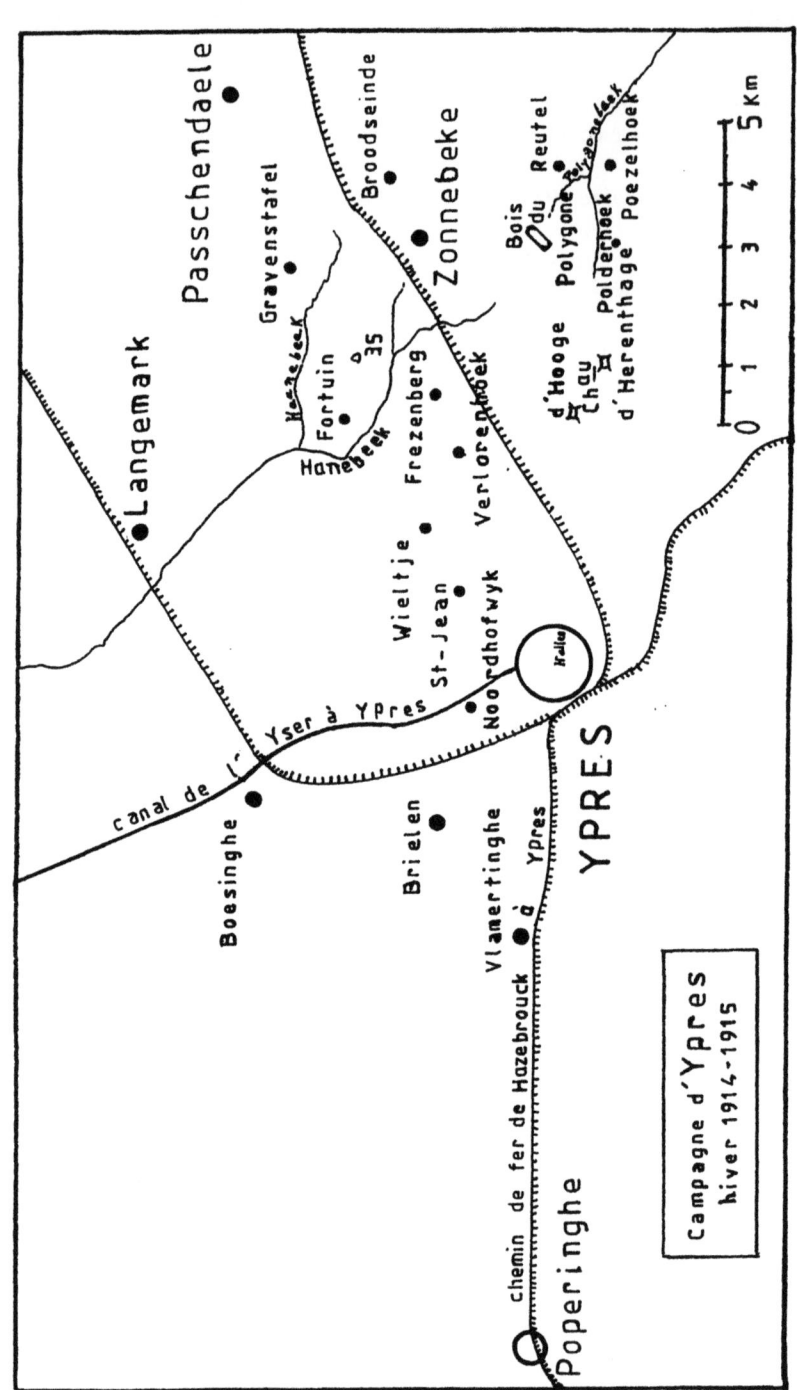

III

Les combats du bois du Polygone près d'Ypres durant l'hiver 1914-1915

18 octobre 1914 - Dimanche : Après avoir passé la nuit au quartier du train, nous allons remplacer une batterie du 1er groupe qui se trouve à notre gauche. Nous nous trouvons à côté de la 6ème batterie du 20ème commandée par le capitaine de Peytes de Montcabrier avec comme lieutenant de Saint-Affrique. Nous apprenons ce qu'ont fait les autres groupes du 20ème pendant la retraite[1]. Le nouveau commandant du 20ème le lieutenant-colonel Lafont vient voir les batteries. Il a l'air fort aimable et fort sympathique. Nous rentrons au cantonnement où notre place a été prise par le commandant Bacot qui commande le 2ème groupe. Nous nous casons tout de même tant bien que mal.

19 octobre - Lundi : On se prépare à embarquer. Morisset est évacué pour typhoïde. Je retrouve le capitaine Legros de Bourges qui commande la 4ème batterie.

20 octobre - Mardi : On se prépare toujours. Je m'en vais à minuit avec le fourrier[2] pour faire la reconnaissance du train.

21 octobre - Mercredi : Embarquement à 1 h. du matin à Saint-Hilaire-au-Temple. Nous arrivons à tout caser malgré le nombre restreint de trucks. Départ vers 5 h. Voyage rapide par Châlons, Epernay, Meaux, Paris. Je dors consciencieusement.

22 octobre - Jeudi : Nous passons par Etaples, Saint-Pol, Béthune, Hazebrouck où nous nous arrêtons vers 18 h. Débarquement sans incidents. Nombreux Anglais et Hindous. Nous allons cantonner à Pradelles, où nous passons tous une nuit délicieuse au château.

23 octobre - Vendredi : Départ de Pradelles à 5h30. Nous

---

[1] Le régiment d'artillerie est constitué de 9 batteries à 4 canons chacune réparties en 3 groupes, chaque groupe de 3 batteries étant commandé par un chef d'escadron.
[2] Maréchal des logis qui tient les écritures de la batterie et assure les opérations concernant, le campement, le couchage, la distribution des denrées autres que les vivres.

marchons vers Ypres. Température délicieuse et très douce. Vers 11 h. nous atteignons Ypres que nous traversons au grand trot, il paraît que ça chauffe. Du reste le canon tonne fortement. Vision féerique de la Grand-place avec ses halles, mais bien rapide. A toutes les maisons, on nous acclame comme des sauveurs. Enfin, nous arrivons juste à temps près de Saint-Jean pour prendre notre place dans le groupe qui s'en va prendre position. Position d'attente, les 7ème et 8ème mettent en batterie. Les marmites pleuvent. Nous allons jusqu'à Fortuin, mais finalement nous revenons à Saint-Jean passer la nuit. Partout les Anglais nous entourent. Ils donnent à première vue une excellente impression. Ils n'ont pas l'air d'avoir peur.

24 octobre - Samedi : Nous allons soutenir le 114 qui vient de prendre le village de Zonnebeke. Mise en batterie à l'ouest de la route d'Ypres en arrière du passage à niveau de Zonnebeke. Nous tirons tout près, de 1000 à 1200 mètres, sur les fantassins boches. Les balles nous arrivent d'un peu partout. Papot va démolir à bout portant les dernières maisons de Zonnebeke où les Boches tiennent encore. Il revient indemne avec sa pièce. Bombardement formidable du village par les Boches, le clocher saute vers midi. Nous progressons ; les prisonniers passent sur la route, ils ont l'air éreintés. Vers 8 heures du soir attaque de la 18ème division d'infanterie. Canonnade grandiose. Nous revenons bivouaquer près de Fortuin.

25 octobre - Dimanche : Même position de batterie que la veille. Très belle journée. Nous revenons bivouaquer comme hier à la ferme. Il pleut.

26 octobre - Lundi : Nous ne faisons rien de la journée. La situation a pourtant l'air bonne. Le soir au bivouac, nous apprenons la nouvelle officielle des succès russes. Le capitaine Maury est cité à l'ordre de l'armée pour une action d'éclat, dont il s'étonne lui-même.

27 octobre - Mardi : Départ à 5 h. Nous occupons une nouvelle position de batterie, à la lisière d'un petit bois, derrière la cote 35 à un km est du carrefour de Fortuin. Nous couchons sur la position.

28 octobre - Mercredi : Rien de changé. Nous tirons quelques coups de canon. La 4ème pièce est citée à l'ordre du régiment. L'adjudant Papot est nommé sous-lieutenant.

29 octobre 1914 - Jeudi : Toujours en batterie au même endroit. Nous tirons un peu. Nous prenons nos repas dans une ferme voisine, encore indemne. Papot arrose ses galons. Il pleut, nous logeons sous la tente abri qui nous protège bien.

30 octobre - Vendredi : Rien de nouveau pour nous. On annonce l'arrivée de deux nouvelles divisions allemandes. Le matin violente canonnade à notre droite. On parle de m'envoyer à la 5ème, mais ce n'est qu'un bruit vague.

31 octobre - Samedi : Les Allemands ont vigoureusement attaqué notre droite, mais ont été finalement repoussés. Il y eut un moment critique, les Anglais pensèrent reculer. Le 20ème reçoit les félicitations du général Guignabaudet!!!

1er novembre - Dimanche : Rien de nouveau pour moi j'attends mon changement de batterie. On combat toujours ferme à notre droite. Toujours en position au même endroit, nous tirons de temps en temps.

2 novembre - Lundi : On annonce des progrès des Anglais à droite. Changement parmi les officiers du régiment. Rien pour moi.

3 novembre - Mardi : Rien de nouveau. Le bruit court d'une défaite navale allemande.

4 novembre - Mercredi : On me réclame au 2ème groupe, bien que je n'aie reçu aucun avis officiel. J'attends le commandant qui ne sait rien. Enfin dans la soirée je reçois l'ordre du colonel. Je me présente au capitaine Legros commandant le 2ème groupe à la place du commandant Bacot blessé quelques jours avant. Je le trouve à son P.C. situé près du carrefour de la route de Wieltje à Passchendaele et de la route de Zonnebeke à Langemark. Je me rends ensuite à la 5ème où je trouve le lieutenant Mussat. Le capitaine Maurer ne rentre qu'à la nuit de son observatoire. Il se montre fort aimable.

5 novembre - Jeudi : Le matin, je vais avec le capitaine jusqu'au P.C. du capitaine Legros. Les Boches marmitent mais ne nous font aucun mal. Je fais connaissance avec la 5ème et passe la journée en compagnie de Mussat.

6 novembre 1914 - Vendredi : Journée calme. Les Allemands tirent à peine de notre côté. Très beau temps.

7 novembre - Samedi : Journée très calme. Les Allemands semblent se reposer. Ils reculent sur certains points, dit-on. Dans la nuit, vive canonnade. Les obus tombent tout près de nous et ébranlent notre petite maison.

8 novembre - Dimanche : Mussat est allé à l'échelon. Je reçois un jeune sous-lieutenant polytechnicien d'Espinay Saint-Luc, qui arrive sur le front. Je passe la journée très agréablement avec lui. C'est un ex-postard[1].

9 novembre - Lundi : D'Espinay passe à la 4ème. Vers 4 h. du soir les Allemands se réveillent. Les marmites[2] dégringolent dans la direction de notre bicoque. Je vais avec les cuirassiers à la batterie. Bien nous en prend. La maison est encadrée. Notre dîner est assaisonné de briques. Nous y couchons malgré tout. Toute la nuit, vive fusillade et violente canonnade.

10 novembre - Mardi : Le bombardement de la veille reprend à deux reprises différentes. Nous sommes indemnes. Dans la nuit rebombardement avec des obus de très gros calibre.

11 novembre - Mercredi : A ma sortie de la maison avec le maréchal des logis Chollet, nous sommes salués par une rafale de 77 fusant. C'est tout. Journée calme. Le soir, violente tempête avec pluie. Nous couchons dans un trou, Mussat et moi.

12 novembre - Jeudi : Rien de nouveau de notre côté.

13 novembre - Vendredi : Léger bombardement durant la nuit. Très mauvais temps.

14 novembre - Samedi : Il doit y avoir un lieutenant à l'observatoire avec le capitaine. C'est Mussat qui commence. Je reste donc seul à la batterie. Nous nageons dans la boue. Journée calme.

---

[1] Ancien élève de l'école de la rue des Postes à Paris.
[2] Obus de gros calibre ennemis.

15 novembre 1914 - Dimanche : Dans la nuit quelques obus de 77 nous réveillent. Nous sommes au repos sur place. Tempête de neige. J'apprends la mort officielle de ce pauvre Raimond tombé à Charleroi au mois d'août[1].

16 novembre - Lundi : Je vais à l'observatoire avec le capitaine. Nous déjeunons gaiement avec le commandant Potron du 68ème. Journée calme. Je m'amuse à tirer quelques coups sur la maison rouge où l'on voit des Allemands circuler. Je fais connaissance avec Bachy et E. Nouhault.

17 novembre - Mardi : Journée calme. A la nuit tombante fusillade passagère. Nos 120 ripostent toute la nuit.

18 novembre - Mercredi : Je vais l'après-midi remplacer le capitaine au poste d'observation de Gravenstafel dit l'épicerie ou la maréchalerie. J'y trouve Bachy et Nouhault. Nous tirons sur une route lointaine, où circulent des voitures, des cavaliers, etc... et nous découvrons une batterie boche.

19 novembre - Jeudi : Je passe ma journée à l'observatoire. Il neige. On ne voit rien. A ma rentrée à la position, j'apprends que les Boches ont arrosé la batterie avec des 77. Un sous-officier, Freton, est très légèrement blessé.

20 novembre - Vendredi : Je reste à la batterie, forte gelée. Nous tirons beaucoup. Le capitaine fait appeler Mussat à l'observatoire l'après-midi.

21 novembre - Samedi : Très belle mais très froide journée R.D.N.

22 novembre - Dimanche : Nous sommes de repos. Le capitaine et Mussat vont à l'échelon. Je déjeune gaiement en compagnie de Bonneterre et Saint-Luc. Des bruits bizarres nous viennent de l'arrière. Le 9ème corps d'armée aurait failli être coupé d'Ypres.

---

[1] Raimond Grison (1894-1914), fils de Paul et Marie Rosset et cousin germain de l'auteur, appartenait à la promotion de Saint-Cyr de la Croix du Drapeau (1913-1914) qui monta en ligne en casoar et gants blancs.

23 novembre 1914 - Lundi : Les Allemands marmitent[1], près du carrefour, des fantassins qui s'étaient imprudemment montrés. Ils démolissent aussi notre observatoire.

24 novembre - Mardi : Je vais avec le capitaine à l'observatoire pour chercher un nouvel emplacement. Il dégèle ; brouillard intense. Le téléphone marche mal. La 2ème et la 4ème qui étaient allées au repos à Brielen reviennent à peine arrivées. Dans la nuit canonnade et fusillade ; on parle d'attaque mais de la part de qui.

25 novembre - Mercredi : Repos sur place. Je vais l'après-midi avec Mussat voir une batterie de 120 long à tracteurs près de Wieltje.

26 novembre - Jeudi : Il dégèle. Ce n'est que de la boue. Je déjeune avec Bonneterre et Saint-Luc. Je parle longtemps à un sergent d'infanterie qui ne croit guère à une attaque par ici.

27 novembre - Vendredi : On parle d'une grande victoire russe. Notre dîner est agrémenté d'un certain nombre d'obus de 105 qui tombent tout près de notre maison mais ne nous empêchent pas de jouer aux cartes ensuite et de dormir en paix.

28 novembre - Samedi : Repos. Mussat va à l'échelon. Le matin nous sommes assez bien marmités. Un obus de très gros calibre tombe au milieu de la batterie, mais par bonheur ne fait aucun mal. Trou énorme. Nous ramassons l'ogive qui mesure 26 cm de diamètre. L'après-midi je vais reconnaître l'objectif de la 1ère batterie, dont nous prenons la mission pendant deux jours. Je trouve le capitaine Héritier et Munié[2] au P.O. du 1er groupe.

29 novembre - Dimanche : Nous sommes encore arrosés[3] à plusieurs reprises. Je vais deux fois à l'observatoire du 1er groupe.

30 novembre - Lundi : Calme plat - R.D.N. de notre côté. Les Allemands canonnent toujours beaucoup.

---

[1] Lancent des obus

[2] L'auteur a rajouté dans son carnet "Munié qui fut blessé à la fin de décembre et mourut vers le 6 janvier 1915. C'était un charmant officier".

[3] Bombardés par des obus ennemis

1er décembre 1914 - Mardi : Nous allons au repos à Brielen loin des coups de canon, ce qui nous semble étrange. Nous y trouvons le commandant de Saint-Paul nouveau commandant du 1er groupe.

2 décembre - Mercredi : Nous sommes toujours au repos. Le général Besse ancien colonel du 20ème R.A. vient nous voir en passant.

3 décembre - Jeudi : Nous revenons dans la soirée à la position de batterie. Ypres est toujours bombardée. Nous recevons quelques 77 en la traversant. Nous arrivons sans incident. Notre petite maison est occupée par des fantassins qui finalement nous laissent la place. Mauvaise nouvelle, le capitaine de Montcabrier commandant la 6ème batterie a disparu depuis hier soir 2h. On n'a aucun renseignement sur son compte.

4 décembre - Vendredi : Sainte Barbe. Le matin de très bonne heure vive canonnade de notre part ; les artilleurs fêtent leur patronne. Au groupe, calme plat car nous apprenons la mort du capitaine de Montcabrier dont le corps a été retrouvé près des tranchés d'infanterie où il allait voir un camarade. Mussat est souffrant et va à l'échelon. Je vais le soir à l'observatoire, car les fantassins se préparent à construire d'autres tranchées en avant. Finalement contre-ordre et je passe la nuit à la batterie.

5 décembre - Samedi : Rien d'extraordinaire dans la matinée. Le soir, des officiers du 20ème corps d'armée viennent voir la position pour nous relever. Où irons-nous ? Je pars le soir en reconnaissance avec le fidèle trompette Pironneau (dit Pipir) par des chemins impossibles. Je trouve Marché à Frezenberg. Il nous conduit à une ferme où se trouvent les officiers du 1er groupe du 12ème R.A., ainsi que le capitaine Legros. Après que tous eurent bien dîné et bien bavardé, le capitaine de la 2ème du 12ème me donne enfin quelque renseignements. Départ avec Naud et un jeune sous-lieutenant Dumas, camarade de Saint-Luc, pour reconnaître les observatoires en pleine nuit par une boue inimaginable. Nous arrivons dans le bois du Polygone au milieu du claquement des balles dans la tranchée de 1ère ligne où se trouvent les observatoires. Je retourne à la ferme où tout le monde dort, puis en route pour l'échelon à Wieltje où je retrouve le capitaine Maurer qui m'attendait. Je n'ai jamais été si exténué ni si affamé. Il était à peu près minuit.

6 décembre - Dimanche : Départ de la batterie vers 4h30. Tout va bien pour commencer. Puis nous croisons des relèves du 21ème corps

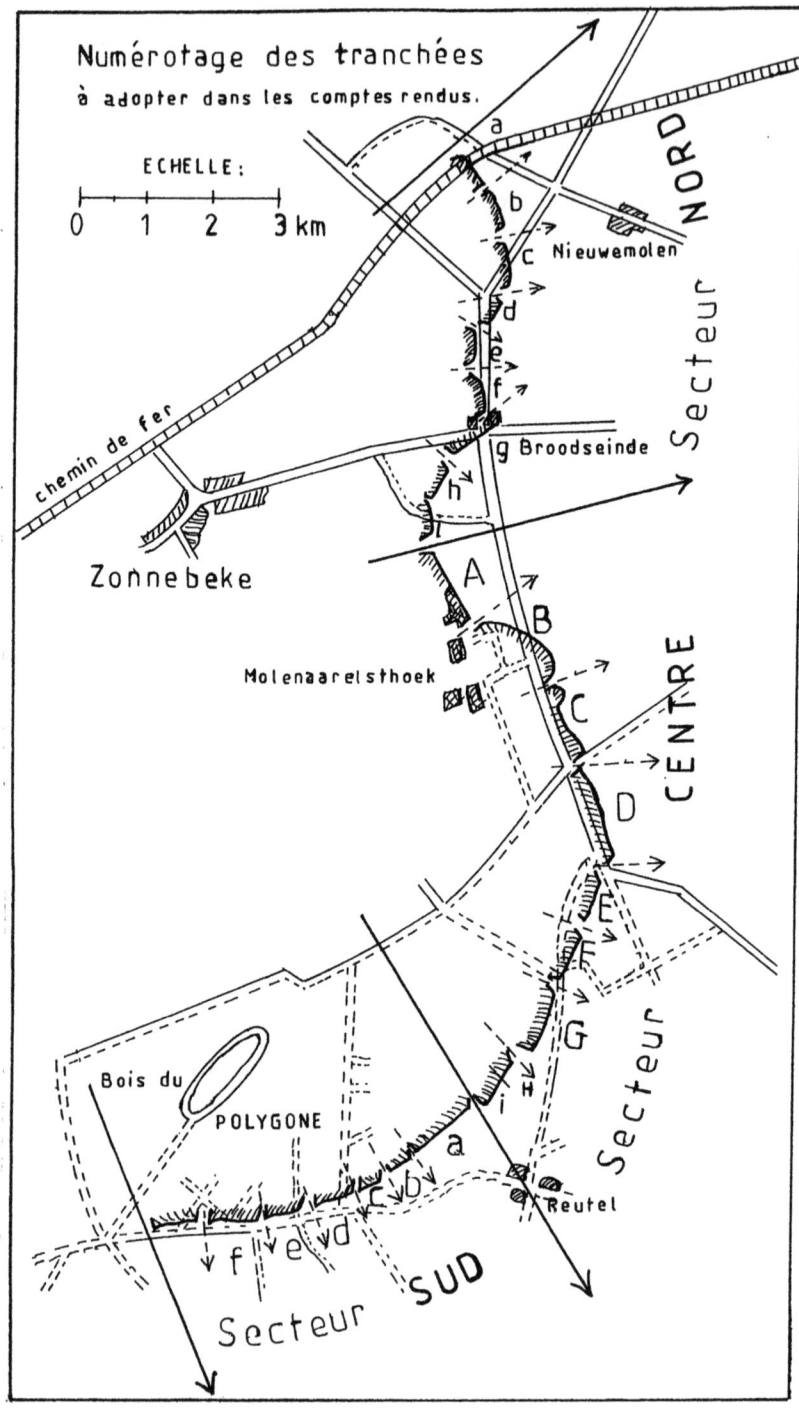

d'armée. Arrivés à Frezenberg, impossible d'avancer. Le capitaine Maurer s'énerve et veut que je le conduise sur le champ au capitaine Legros. Puis fureur folle, il paraît que je n'ai pas fait mon métier, en faisant la reconnaissance à sa place et sur son ordre. A quoi je lui réponds, que j'aimerais mieux me faire casser la figure dans les tranchés que d'entendre pareille chose. Je me place à la hauteur de ma section en attendant la fin de l'orage. En effet tout se tasse et le capitaine calmé me prie de diriger la batterie. Nous arrivons à la position au petit jour. Désespoir du capitaine en apercevant la mare de boue dans laquelle se trouvent nos canons; finalement il me laisse en faisant dire au capitaine Legros qu'il était indisposé. Je passe ma journée à aller à l'observatoire et à faire poser des lignes téléphoniques. Le soir nous dînons tous à la ferme. Discussions entre Bonneterre et le capitaine Legros au sujet du claquement et du sifflement des balles. Je suis à bout et ne suis pas fâché de dormir un peu.

7 décembre - Lundi : Je reste à la batterie. Mussat va à l'observatoire et règle sur la maison au cheval crevé dite "Maison à tabac". Le capitaine souffre des reins et ne bouge pas de la ferme.

8 décembre - Mardi : Je vais à l'observatoire avec Naud. Nous commençons par être arrosés par des 105. Puis je règle le tir sur la 1ère ligne. Le capitaine Legros me fait si bien raccourcir qu'un coup tombe à quinze mètres de notre tranchée. Le tir est assez délicat à cause des arbres, nous sommes en effet obligés de nous servir des plaquettes[1].

9 décembre - Mercredi : Temps épouvantable. Il a plu toute la nuit. Notre position de batterie est un vrai marécage.

10 décembre - Jeudi : Je vais à l'observatoire. Je tire quelques coups de canon. Le soir les Allemands bombardent nos tranchées et en particulier l'observatoire. A 5h. du soir nous partons au repos à Noordhofwyk à 1500 m d'Ypres sur les bords du canal de l'Yser par une pluie battante. Nous logeons dans une fabrique de chicorée. Nous sommes du moins à l'abri.

11 décembre - Vendredi : La 2ème batterie est au repos avec nous. Nous passons le temps à jouer au poker ce qui ne m'est guère avantageux.

---

[1] Dispositif en tôle d'acier adapté à la fusée du projectile réduisant constamment la vitesse de celui-ci, afin de réaliser une trajectoire plus courbe, notamment pour ne pas écrêter les arbres. Il existait des plaquettes P (près) et L (loin).

Nous buvons aussi force champagne, d'où discussions à perte de vue.

12 décembre 1914 - Samedi : Toujours au repos. La 7ème vient dîner avec nous. Anniversaire de Mussat dignement arrosé.

13 décembre - Dimanche : Je vais à la messe à Brielen avec Bénazé. Le soir nous apprenons que le repos est supprimé jusqu'à nouvel ordre. De nombreuses troupes traversent Ypres. Il va peut-être y avoir attaque. Dîner très gai en compagnie de la 7ème.

14 décembre - Lundi : Départ à 3 h. du matin de Noordhofwyk. Nous prenons l'ancienne position de la 6ème, une section contre avions (Mussat) et l'autre avec la 2ème batterie. Violente canonnade. Nous attaquons mais surtout à droite. Nous nous établissons à la ferme de la 2, cohabitée par le groupe Lagrange du 49ème. Vers 4 heures du soir, Bachy tire avec une batterie de 10 pièces. Effet assez grandiose.[1]

15 décembre - Mardi : Notre attaque aurait réussi en partie. Nous avons légèrement avancé à droite. Temps toujours épouvantable. Les Boches marmitent la position de la 4ème qui a deux blessés.

16 décembre - Mercredi : Rien d'extraordinaire. Bénazé est chargé d'installer en 1ère ligne un canon de 65 de débarquement! Idée géniale.

17 décembre - Jeudi : Toujours la même vie. Pour nous c'est le repos. Le 1er groupe (1ère et 3ème batterie) est violemment bombardé près du Bois du Polygone. La 4ème part au repos, nous devons prendre sa mission. Gai dîner en compagnie du capitaine Lagarde du 49.

18 décembre - Vendredi : Nous prenons la position de la 4ème à 5 h 1/2 du matin R.D.N.

19 décembre - Samedi : Je vais à l'observatoire. Réglage des pièces sur le nouveau front que nous avons à battre. Je reviens vers 11 h. Notre déjeuner est agrémenté de coups de 77[2]. Le capitaine Maurer est toujours souffrant.

---

[1] La batterie normale n'a que 4 canons.
[2] Calibre d'obus de l'artillerie de campagne allemande correspondant au 75 mm français.

20 décembre 1914 - Dimanche : Je reste à la batterie. Beau temps. Nombreux avions allemands qui peuvent repérer à loisir nos positions car personne ne se gêne. Les Boches nous servent cette fois du 15cm pour notre déjeuner.

21 décembre - Lundi : Je vais à l'observatoire. Le téléphone ne marche pas. Je passe toute la journée dans les tranchées. Le capitaine m'y rejoint avec Germon, qui remplace à la 6ème le capitaine Schneider lequel va commander la 1ère. Le capitaine Maurer a la fièvre à son retour.

22 décembre - Mardi : Je place à 6 heures du matin une section à la gauche de la 2ème. Je prends un bain de boue sérieux avec mon cheval par dessus moi. On parle d'attaque de notre part du côté de Broodseinde.

23 décembre - Mercredi : Pas d'attaque. Je passe ma journée dans les tranchées en compagnie de Naud et Saint-Luc. Ce dernier siffle des airs allemands dans un poste d'écoute. Les Boches lui répondent.

24 décembre - Jeudi : La batterie part au repos à 5 h 30. Je reste avec une section à la disposition de Bachy en vue de l'attaque. A 7 heures comme rien ne se déclenche, Bachy me laisse partir. Je croise la 6ème près du pont en dessous, elle s'est embourbée et a eu des blessés. J'arrive à Noordhofwyk sans incident. L'après-midi, je vais par un beau temps de gelée à Ypres et à Brielen. Puis nous allons dîner chez le commandant de Saint-Paul à la "Villa Marchal", mais là nous apprenons de tristes nouvelles. Le capitaine Bergé de la 3ème a été tué dans la tranchée d'une balle en plein front ; la ferme de la 2ème a été très violemment bombardée. Bachy, Eprinchard et un certain nombre d'hommes ont été enfouis dans une cave. Bachy a été retiré. Mais que sont devenus les autres ? Triste veillée de Noël malgré l'excellent menu du commandant de Saint-Paul.

25 décembre - Vendredi : Je vais à la messe à Brielen. En revenant, j'ai des détails sur le bombardement d'hier par Nouhault. Bachy va mieux. Eprinchard, le chef de la 2ème[1] et les cuisiniers et ordonnances de la 2ème (Bonhomme, Bellanger) ont été tués. Triste journée, temps brumeux. Le soir, le capitaine Viel vient dîner avec nous.

26 décembre - Samedi : Je vais à Saint-Jean à l'enterrement du

---

[1] Maréchal des logis chef Amirault.

capitaine Bergé et d'Eprinchard. Bien triste cérémonie. Je reviens au cantonnement. Nous déjeunons à la 7ème et dînons tranquillement à "l'Herberg de rooden Hert".

27 décembre 1914 - Dimanche : Départ à 4h30. Nous nous croisons sur la route avec la 4ème qui ne veut pas céder la place. Discussions avec Bonneterre, nous nous en tirons cependant. Il dégèle, nous contemplons les ruines de nos anciennes fermes (celle du capitaine Legros a été littéralement coupée en deux et l'ordonnance de Naud tué). Nous logeons dans une ferme du côté du Hanebeek.R.D.N.

28 décembre - Lundi : Je vais à l'observatoire, qui a été démoli lui aussi. Je ne peux tirer, les deux téléphonistes s'étant égarés. Je reviens vers midi. Germon partage notre déjeuner. Le soir de 17 h à 19 heures, tir de bombardement d'après la carte sur un centre de ravitaillement supposé à l'est de la route de Reutel à Poezelhoek.

29 décembre - Mardi : Journée calme. Nous nous établissons à la ferme de la 4ème. Les Allemands ont bombardé nos tranchées et blessé deux officiers d'infanterie.

30 décembre - Mercredi : Je vais aux tranchées. Je règle. Le capitaine Legros n'est pas de bonne humeur. Je déjeune avec Naud ; d'Espinay Saint-Luc est chargé d'établir un mortier lisse en première ligne.

31 décembre 1914 - Jeudi : Je reste à la batterie. Mussat va à l'observatoire. Temps épouvantable pour le dernier jour de l'année. Nous recevons une foule de victuailles pour le nouvel an. Les Allemands célèbrent le passage de 1914 à 1915 par une forte canonnade et une fusillade nourrie.

1914 adieu - Fugit irreparabile tempus[1].

1915

---

[1] Le temps irréparable fuit (fin d'un vers de Virgile dans les Géorgiques, III, 284).

1er janvier 1915 - Vendredi : Je passe le premier jour de l'année dans les tranchées. Le téléphone ne marche pas de toute la matinée. Je reviens déjeuner à la batterie. Je retourne au Bois du Polygone ; le téléphone marche enfin. Je tire sur la première ligne à la corne S.E. avec grandes plaquettes. Je mets quelques coups dans le 1000 à la grande joie des fantassins du 290. Ces obus font un bruit effrayant en arrivant. Le capitaine Legros me souhaite la bonne année en m'engueulant.

2 janvier - Samedi : Nous allons au repos à Noordhofwyk. Nous y trouvons la 1ère. Dîner en compagnie du capitaine Schneider qui nous raconte ses histoires du Maroc.

3 janvier - Dimanche : Je vais avec Mussat à la messe de Brielen. Nous y retrouvons la 7ème. Le capitaine Legros nous rejoint le soir.

4 janvier - Lundi : Toujours au repos. Déjeuner plantureux chez le capitaine Viel. Dîner non moins somptueux au Rooden Hert avec la 2ème et la 7ème. Le capitaine Legros reçoit sa citation à l'ordre de la VIIIème armée pour le bombardement de la 2ème ainsi que Bachy et des ordonnances trompettes de l'état-major du 2ème groupe.

5 janvier - Mardi : Nous revenons à la position de batterie sans incidents d'autant qu'on laisse maintenant les canons en place. Je vais avec Saint-Luc aux tranchées pour voir l'installation de son crapouillot[1]. Nous déjeunons ensemble. Journée calme, brumeuse et pluvieuse.

6 janvier - Mercredi : Matinée tranquille. L'après-midi je vais tirer sur les tranchées. Je cause avec un capitaine du 268, qui m'annonce que nous devons rester seuls ici pour tenir compagnie aux Anglais. Décidément, le 9ème corps d'armée a toutes les chances ; il se trouve toujours au bon endroit.

7 janvier - Jeudi : Je reste à la batterie avec le capitaine et Mussat. Les fantassins de la 17ème compagnie du 268 réclament notre concours, pour démolir une maison de Reutel d'où partent des coups de fusil. Le capitaine Maurer part en reconnaissance l'après-midi. Dîner très gai à la ferme de la 2ème. Le commandant Lazard et le capitaine Lefaure sont décorés de la Légion d'honneur.

---

[1] Petit canon employé dans la guerre de tranchée au plus près des fantassins et servi par des artilleurs.

UN CRAPOUILLOT. [1]

8 janvier 1914 - Vendredi : Je vais à la tranchée de la 17ème compagnie située entre le Polygonebeek[2] et la clairière sans tranchée. Ces fantassins sont donc complètement isolés des camarades. Pour y arriver, c'est plutôt compliqué et fangeux. Les balles ne décessent pas de claquer. L'entrée du boyau est battue par une mitrailleuse. Le capitaine Ligniez et le lieutenant Métivier me reçoivent à bras ouverts. Je déjeune avec eux. Malheureusement le téléphone ne marche pas de la journée. Il serait bon en effet de calmer les Boches, qui ne décessent pas de lancer des grenades et de tirer des coups de fusil.

9 janvier - Samedi : Je retourne de bonne heure à la tranchée. La fusillade est beaucoup moins nourrie. Les Allemands envoient toujours quelques bombes. Le téléphone ne marche encore pas le matin. Enfin tout le monde met du sien, Désiré le sergent-chef en tête et vers 3 heures du soir je puis enfin communiquer avec la batterie et tirer sur la maison en question. Nombreux écarts en direction. Malgré tout, nous entourons la maison de coups de canon, sans la démolir complètement. Je reviens à la nuit. Les Allemands nous envoient des 105 sur notre route et nous font faire des détours dans la boue.

10 janvier - Dimanche : Je reste à la batterie. Journée calme. Bonneterre et Saint-Luc nous rendent visite.

11 janvier - Lundi : Nous allons au repos et nous emmenons le canon de la 4ème. Opération difficile. Je reste en plein jour avec trois voitures embourbées sur la crête de Frezenberg. Nous nous en tirons malgré tout et nous arrivons à Noordhofwyk où nous retrouvons la 1ère et la 7ème.

---

[1]. Photo in « La France héroïque et ses alliés » par Gustave Geffroy, Léopold-Lacour, Louis Lumet, paru chez Larousse copyright 1916.
[2] Ruisseau situé au sud-est du Polygone.

12 janvier 1915 - Mardi : Agréable repos en compagnie de la 2ème et la 7ème. Le soir, je vais me promener à Poperinghe avec Marchal. Très grande animation, on ne s'y croirait plus en guerre.

13 janvier - Mercredi : Mussat part à 6 heures pour faire visiter à Poperinghe le matériel de la 4ème. Le directeur de l'asile d'aliénés d'Ypres propose au capitaine Maurer de lui vendre sa cave pour 15000 frs! Dîner plantureux en compagnie du capitaine Legros qui oublie toute question de service. Le docteur Durand du 3ème groupe est d'une très aimable société.

14 janvier - Jeudi : Départ à 5 h. Nous regagnons la position de droite sans encombre. Tout est calme. Le capitaine retourne dans les tranchées.

15 janvier - Vendredi : Je vais au Polygone ; je retrouve en ligne la 17ème compagnie du 268. Tout est calme. Je tire quelques coups de canon. Les Allemands envoient de nombreux obus derrière nous. En revenant je suis surpris en mauvaise posture dans le petit bois du cheval crevé près de la ferme par des rafales de 77. Je file rapidement de la zone dangereuse oubliant mes gants et quelques autres choses.

16 janvier - Samedi : Nous sommes invités à déjeuner chez Bachy. Le capitaine Legros arrive au moment où nous partions. Nous allons déjeuner dans les tranchées avec les fantassins, explique le capitaine Maurer. Repas plantureux, huîtres et vin du Rhin. Effets désastreux sur l'estomac de Mussat qui est obligé de rendre les armes à plusieurs reprises. Nous dînons avec l'E.M. Discussions infinies au sujet des rations.

17 janvier - Dimanche : La capitaine Maurer retourne aux tranchées. Rien de nouveau. La quarte est de retour[1], je passe mon après-midi en compagnie de Saint-Luc et de Bonneterre.

18 janvier - Lundi : Le capitaine va encore aux tranchées. La 4ème est bombardée à cause des sapeurs qui construisent des tranchées de 2ème ligne devant la petite maison, au haut de la crête.

19 janvier - Mardi : Mussat va aux tranchées. Je déjeune avec Saint-Luc et passe un après-midi fort agréable en sa compagnie. Nous

---

[1] Quatrième batterie.

faisons à la nuit tombante une promenade dans le petit bois aux chevaux crevés, où le Hanebeek fait de nombreux méandres. Nous écoutons l'eau chanter. Superbe coucher de soleil sur Frezenberg et Ypres. Nous parlons de la Sologne que Saint-Luc connaît bien lui aussi. Nous ne pensons plus à la guerre.

20 janvier - Mercredi : Repos à Noordhofwyk. Nous y trouvons la 1ère et la 9ème. Je vais le soir à Brielen.

21 janvier - Jeudi : Nous sommes au repos avec la 2ème et la 7ème batterie.

22 janvier - Vendredi : Dernier jour de repos. Il gèle.

23 janvier - Samedi : Nous revenons à la position de batterie de gauche. Il fait beau. Nombreux avions allemands.

24 janvier - Dimanche : Tir projeté à 6 heures sur un ravitaillement. On ne me réveille pas à temps. Le capitaine va à l'observatoire de Naud, au P.C. du commandant Rouannet du 90, près du petit pont du Polygonebeek. Le capitaine Schneider est blessé près du capitaine Maurer d'une balle au poumon. Mussat va à l'échelon reconnaître une position de repli. Je reste seul : les tranchées de 2ème ligne devant notre maison sont bien arrosées par du 77.

25 janvier - Lundi : Je me lève à 5 heures pour faire exécuter le tir sur un ravitaillement signalé par les fantassins. Vers 6 heures violent bombardement de Zonnebeke par des 15 ou 21 cm, puis fusillade nourrie du côté de Broodseinde. Le 75 répond, nous nous mettons aussi à tirer. Il semble que les Allemands aient attaqué en l'honneur du Kaisergeburtstag[1]. Brouillard épais. Les fantassins craignent partout une attaque. Le capitaine Maurer décide brusquement qu'il ira passer la nuit au poste du commandant Rouannet. Le chef nous donne quelques renseignements sur l'attaque allemande au carrefour de Broodseinde, qui a complètement échoué avec de fortes pertes pour les Boches.

26 janvier - Mardi : Pas d'attaque, journée calme. Le capitaine Maurer revient de la tranchée avec un mal de reins assez fort.

---

[1] Anniversaire de l'empereur d'Allemagne.

27 janvier 1915 - Mercredi : Bombardement intermittent de la crête. En nous promenant avec d'Espinay, nous trouvons un lapin pris au collet.

28 janvier - Jeudi : Il gèle dur, temps très clair. Les sapeurs en profitent pour travailler et circuler sur la crête avec des voitures. Aussi, les Boches les arrosent-ils assez copieusement. Les sapeurs se replient en bon ordre avec, comme point de direction, notre ferme, malgré les efforts du capitaine Maurer brandissant son revolver. Finalement, le marmitage étant assez bien tassé, nous évacuons la ferme avec la suite imposante des ordonnances et cuisiniers. Nous y revenons déjeuner, le capitaine Maurer et moi. Mussat reste à la 2ème. Note du capitaine à l'artillerie divisionnaire de la 17ème D.I. Déjeuner encore mouvementé. Le capitaine Maurer emploie les moyens les plus persuasifs pour inviter le sergent sapeur à interrompre son travail par les temps clairs. Saint-Luc vient me voir. Tandis que nous nous chauffions en devisant tranquillement, Thibault arrive tout essoufflé, suivi du colonel et d'un capitaine sapeur de la 17ème D.I.. Ils viennent se rendre compte des choses de visu. Les Boches se calment.

29 janvier - Vendredi : Très gai déjeuner avec la 4ème et un jeune lieutenant du 90 Carpentier plein d'entrain et de cran. Punch dans leur maison près du passage à niveau.

30 janvier - Samedi : Je vais aux tranchées. Il dégèle. Je ne vois rien d'extraordinaire.

31 janvier - Dimanche : Nous allons au repos à Noordhofwyk. Je vais avec Mussat à la messe de Brielen. La 2ème nous rejoint.

1er février - Lundi : Toujours au repos. Le capitaine va à Popperinghe. Vaccination des hommes contre la typhoïde à Saint-Jean.

2 février - Mardi : Temps épouvantable. Le capitaine déjeune à Ypres. Nous passons la journée à jouer au poker avec Bachy, Nouhault et Quintard.

3 février - Mercredi : Dernier jour de repos. Je vais me promener à cheval le long du canal de l'Yser jusqu'à Boesinghe. Il fait très beau.

4 février - Jeudi : Nous revenons à la position sans incident. Les fantassins reçoivent des bombes formidables et sont assez démoralisés d'autant que l'une d'elles, tombant sur la maison au fauteuil rouge, a démoli deux mitrailleuses et un certain nombre d'hommes. Nous répondons par de nombreuses rafales. Le capitaine Legros inquiet diffère son repos jusqu'au lendemain.

5 février 1915 - Vendredi : Temps splendide. Avions boches. Cette fois la batterie est bien repérée. Dès le matin arrosage de la région par des 105. Le capitaine Bissaud et Germon sont obligés d'évacuer leur ferme. Puis l'objectif se précise. C'est à la quinte qu'il en veulent. Vers midi la batterie est merveilleusement encadrée par du 105 percutant et fusant. Il y a un blessé assez gravement, le coiffeur Malveau. Rebombardement vers 14 h. Je cours à la batterie et je fais évacuer au bout de quelques salves, car les abris sont insuffisants. Nous cherchons avec le capitaine une nouvelle position du côté de la voie du chemin de fer. Vers 17 heures les Allemands rebombardent la batterie mais sans d'autre résultat que quelques caissons ou débouchoirs[1] traversés par les éclats.

6 février - Samedi : Le temps se couvre, il pleut. nous cherchons une nouvelle position de batterie du côté de la voie ferrée et nous commençons à l'aménager sans être vus des avions.

Caisson de 75 avec débouchoir

7 février - Dimanche: Brouillard, calme plat, tir d'après les indications des fantassins du 66. Déjeuner somptueux avec Bachy, E. Nouhault, de Vienne, lieutenant de hussard à la division. J'attrape pour le reste de la journée un assez fort mal de tête et une non moins forte "gula lignea"[2].

---

[1] Le débouchoir sert à déboucher l'évent, c'est à dire à percer la fusée en un point convenablement choisi pour que le projectile éclate en l'air au point voulu.
[2] Gueule de bois.

8 février 1915 - Lundi : La quarte revient du repos. Tir sur les tranchées comme la veille. Les Boches lancent des torpilles aériennes qui font un vacarme formidable.

9 février - Mardi : Les Allemands arrosent la région avec du 77. La 4ème marmitée change de ferme. Le soir nous tirons, comme avant-hier, sur les premières lignes boches. Le 66 nous a fait dire que la tranchée était évacuée. Coup malheureux, un obus a touché le pignon de "la maison au fauteuil rouge" et a blessé dix fantassins qui n'avaient pas évacué leur tranchée. Le capitaine Maurer va aussitôt aux tranchées. Plusieurs fantassins du 66 sont assez grièvement blessés.

10 février - Mercredi : Les Allemands arrosent légèrement la région. Très beau temps. Nombreux avions. Je charme mes loisirs par la lecture de "Bouvard et Pécuchet"[1].

11 février - Jeudi : Matinée calme. Le capitaine tire quelques coups de canon. Saint-Luc vient nous voir l'après-midi. Vers 4h, violent bombardement de la position de la quarte. Saint-Luc se précipite sous les obus pour faire évacuer sa batterie. Tir sur zone bien en direction. En fin de compte, aucune casse.

12 février - Vendredi : Nous allons au repos, je me fais vacciner contre la typhoïde à Saint-Jean. Le soir, scène orageuse à propos de la chambre du capitaine, entre Mussat, Bénazé et le vaillant Quintard, médecin du groupe.

13 février - Samedi : Je vais à Saint-Jean au G.B.D. où je trouve l'aumônier divisionnaire et Buzy.

14 février - Dimanche : Messe à 7h 30 au "Rooden Hert"". Un certain nombre d'hommes y assistent.

15 février - Lundi : Je vais le matin à Brielen. Très mauvais temps. Perquisition chez les habitants par ordre du capitaine Legros à la suite d'une histoire de fusées perdues qui se retrouvent le soir dans un sac.

16 février - Mardi gras : Nous remplaçons la 4ème à la position de

---

[1] Roman posthume de Gustave Flaubert (1821-1880).

gauche et à sa nouvelle ferme habitée par une boiteuse et deux autres femmes. Temps magnifique. Nombreux aéros et saucisses. Bonneterre est bombardé par des obus de gros calibre. Le soir fusillade. Rien en fin de compte.

17 février 1915 - Mercredi des cendres : Très mauvais temps, Roucheyrolle est blessé dans sa ferme par une balle, en téléphonant.

18 février - Jeudi : Beau temps. Mussat va à l'observatoire de gauche (P.C. du commandant du 90). Le chevalier Bissaud d'Ahun est bombardé par du 77.

19 février - Vendredi : A 6h30 fusillade intense. La compagnie de droite, la 17ème compagnie du 290ème régiment d'infanterie, aurait été attaquée. Mais c'est surtout du côté de la 18ème D.I. que les Allemands attaquent (château d'Herenthage).

20 février - Samedi : Rien d'extraordinaire. La 4ème remplace la 6ème. Le capitaine Maurer déjeune avec le colonel Devin du 125 ; à 15 heures orage violent avec éclairs, tonnerre, c'est bizarre à cette époque. Le 290 signale une porte cochère où on aurait vu une sentinelle boche monter la garde ? C'est sur la lisière du Parc de Polderhoek en face la solution de continuité de nos tranchées.

21 février - Dimanche : Je vais à la tranchée. Brouillard intense qui se dissipe vers midi. Déjeuner avec le capitaine Collet (20ème compagnie du 290). Je tire l'après-midi, temps délicieux. Pas de porte cochère, une simple grille. J'envoie 68 obus dans la région. Et après avoir été rendre compte du tir au commandant Renard à la butte de tir, je rentre tranquillement à la batterie par un temps délicieux[1].

---

[1] L'action de l'artillerie française dans le secteur a été relatée par le colonel Eggenspieler commandant le 290ème régiment d'infanterie dans son livre: « Histoire d'un régiment de réserve du Berry » (Edition Bourdier Paris 1932, page 160 à 162). Il indique que les artilleurs du 20ème d'artillerie lui apportaient une aide très efficace, les officiers et sous-officiers se rendant souvent aux tranchées pour observer et régler les tirs avec grande précision. Il cite les noms des capitaines Maurer et Legros, des lieutenants Bachy et Grison qui « étaient des artilleurs remarquables. » Les Allemands recevaient ainsi « des dégelées de 75 plus souvent qu'ils ne désiraient. » Il raconte les « bons tours » de ses soldats qui avaient remarqué, par exemple, des corvées de planches dont les extrémités émergeaient de la tranchée allemande proche : « quand le monôme aux planches était en route, on faisait rappliquer le 75. Il fallait voir les bouts de planche voltiger dans tous les sens. » Enfin, il est impressionné par un tir de

22 février 1915 - Lundi : Saint-Luc déjeune avec nous et s'attire les foudres du capitaine Legros qui nous voit jouer aux cartes.

23 février - Mardi : Le colonel Michel du 268 est blessé en allant à la tranchée située à droite du Polygonebeeke. Le commandant Guenée est malheureusement tué à ses côtés. C'était un officier très aimable. Hélas, Παντᾶ ῥεῖ, οὐδέν μένει, c'est la constatation du soldat[1].

24 février - Mercredi : Nous allons au repos, il neige. Je déjeune avec Marchal à Saint-Jean chez le colonel Lafont.

25 février - Jeudi : Je vais me faire vacciner à Potijze. Je reviens par Ypres.

26 février - Vendredi : Je vais à Ypres le matin avec Bachy et le capitaine Maurer. Nous allons à l'hôtel de [2] près de la gare. Mussat est désigné pour aller tirer contre avions à Poperinghe avec de Bénazé.

27 février - Samedi : Nous déjeunons avec deux capitaines du 68ème très aimables et pleins d'entrain, ce qui nous fait bien augurer de l'état d'esprit des fantassins. Ce sont des amis du capitaine Viel.

28 février - Dimanche : Retour sur le front. Tout est calme, nous dit la 4ème. Temps magnifique. Je vais à la 6ème. Pour commencer, vers 8 heures, bombardement du passage à niveau par du 77. Puis en revenant à la batterie, j'aperçois des 105 fusants au dessus d'elle. Vers midi, bombardement de la voie ferrée par du 15 cm, puis vers 15 heures, rebombardement de la batterie par du 105 en fonte.

---

75 auquel il assiste sur une tranchée allemande : « Les obus rasaient notre tranchée de si près qu'on saluait involontairement à leur passage. Ils éclataient avec un fracas violent sur la tranchée allemande ; nos poilus riaient dans leur barbe, ils étaient enchantés. » Face à ce passage, Pierre Grison a écrit en marge cette information technique : « on tirait même avec plaquettes P pour ne pas écrêter les arbres de la lisière. »
[1] Phrase résumant la pensée du philosophe grec Héraclite (576-480 av. J.- C.) : Tout passe, rien n'est immuable.
[2] Mot manquant dans le carnet.

MARS - 8ème MOIS DE LA GUERRE
Quorum pars infima fui[1]

1er mars 1915 - Lundi : Belle matinée, vent terrible, aussi pas d'avions. Tout est calme. Dans l'après-midi, violente tempête de neige, visite du colonel qui va voir le colonel d'infanterie avec le capitaine Maurer. Un canon de la 6ème saute. Nous dînons avec Bachy et Nouhault.

2 mars - Mardi : Bombardement de la crête de Frezenberg à 4 heures du matin. Rien de bien particulier dans la journée. Le capitaine Bissaud et Germon viennent déjeuner avec nous. Le soir nous apprenons que nous devons être relevés pour 15 jours. Bonnes nouvelles de partout surtout en Champagne.

3 mars - Mercredi : Mauvaise nuit, je ne sais pourquoi j'ai eu de l'oppression et des vertiges. Il pleut. Les Allemands sont bien calmes. Le poste du colonel du 290 est bombardé, il veut venir chez nous.

4 mars - Jeudi : La 4ème revient : à 6 heures le colonel du 290 vient nous envahir avec sa smala. Le capitaine Legros revient. Nous déjeunons avec le commandant d'Alès, de Bourges. Le soir nous tirons sur l'ordre de l'infanterie ; ce ne décesse pas. Enfin nous pouvons nous caser tous pour la nuit.

5 mars - Vendredi : Il se confirme que nous sommes relevés par le 20ème corps d'armée pour aller au repos. Des officiers du 39ème viennent reconnaître les positions de batterie. Nous déménageons de position. Nous prenons la ferme de la 4ème qui doit rester un jour de plus. Le soir, prise de bec entre le capitaine Maurer et le capitaine Legros au sujet de l'itinéraire à suivre le lendemain. Nous dînons gaiement avec la 4ème. Naud seul va à la ferme de l'état-major.

6 mars - Samedi : Relève à 4 heures. Tout va pour le mieux.

---

[1] Evénements où j'ai pris la plus petite part (Pastiche du vers de Virgile, Enéïde L.II, 6 : "Et quorum pars magna fui", situé au début du récit qu'Enée fait à la reine Didon sur la ruine de Troie, qui signifie "événements où j'ai pris une grande part"), phrase inscrite au début du deuxième carnet de guerre de l'auteur (1er mars 1915 - 11 octobre 1915), après laquelle celui-ci a recopié trois citations obtenues à la 5ème batterie par le capitaine Maurer, le lieutenant Mussat et le chef Dubar, précédées de la mention « Ne heroum memoria pereat » (Que le souvenir des héros ne périsse pas).

Malheureusement, il pleut. Nous passons par Saint-Jean, nous cantonnons à Ypres, puis nous continuons par Vlamertinghe jusqu'à Poperinghe. Le capitaine Maurer nous offre, à Nouhault et à moi, un fameux déjeuner. Nous rejoignons la colonne avant Watou. Là imbroglio : ordre, contre-ordre. Nous nous engageons sur la route d'Houtkerque, demi-tour en séparant les trains. Nous reprenons la route de Haringhe et nous arrivons enfin vers 15 heures à notre cantonnement qui est fort bon au premier abord.

7 mars - Dimanche : Nous reconnaissons notre cantonnement. La 6ème est près de nous ; quant à l'état-major il est au diable et en France. Nous sommes chez de braves gens. Le capitaine et moi avons chacun un lit. Nous rendons visite à la sixte. Le matin je vais à la grand'messe de Haringhe. Il pleut.

8 mars - Lundi : Belle journée. Nous apprenons la mort du canonnier servant Malveau, blessé le 5 février par une rafale de 105. Le pauvre diable est mort trois jours après. Le capitaine Legros passe l'inspection du cantonnement dans la soirée.

9 mars - Mardi : Le capitaine va voir le colonel qui accepte l'invitation pour la revue de la batterie. Saint-Luc vient égayer notre déjeuner. Je l'accompagne jusqu'à sa ferme en France. Le soir à 20 heures revue de la 5ème très réussie. Parmi les acteurs se sont distingués : Court, brigadier de tir, le canonnier conducteur Anguillaume (genre Polin)[1], le canonnier Piparias, Siaudan, Grelet, le docteur Besson.

10 mars - Mercredi : Rien de particulier. Le capitaine va à 14 heures à une réunion des capitaines chez le colonel.

11 mars - Jeudi : Les servants réapprennent la signalisation. Je vais à la 4ème voir Saint-Luc et Bonneterre. Bachy vient déjeuner à la 5ème.

12 mars - Vendredi : Le capitaine va à Dunkerque. Dans la matinée visite du général Pellarin. Saint-Luc et Bonneterre viennent déjeuner avec moi. Nous dînons avec un sapeur automobiliste assez amusant.

---

[1] Chanteur comique (1863-1927), spécialiste de chansons de troupier.

13 mars 1915 - Samedi : Je vais à Bergues avec Saint-Luc où nous déjeunons ; puis nous continuons jusqu'à Dunkerque. Il fait un temps splendide pour se promener à cheval. Je rentre vers 7 heures et demie du soir.

14 mars - Dimanche : Le capitaine retourne à Dunkerque. Je vais à la grand'messe à Haringhe où je retrouve Saint-Luc. Nous allons déjeuner ensemble à la 4ème. Nous rendons visite à la fermière qui vient d'avoir un bébé baptisé le jour même. Le soir nous dînons à la batterie avec le sapeur de l'autre jour.

15 mars - Lundi : Manoeuvre de groupe sur la route d'Oost-Cappel à Rexpoëde. Elle se termine en queue de poisson.

16 mars - Mardi : Remanoeuvre de groupe du côté de Watou. Le commandant Bacot doit revenir incessamment.

17 mars - Mercredi : Manoeuvre de régiment du côté de Wylder, Bambecque. Le général Guignabaudet couvre le régiment de fleurs.

18 mars - Jeudi : Le capitaine Maurer va à Dunkerque. Le commandant Bacot est de retour. Je déjeune à la sixte[1]. Le soir nous dînons avec le capitaine Viel.

19 mars - Vendredi: Saint Joseph. Je vais à la messe à Haringhe. Le commandant Bacot vient voir la batterie vers 10 heures. Garde à vous solennel.

20 mars - Samedi : Temps épouvantable, il neige. Je déjeune gaiement à la 4ème. Le soir, le capitaine Bissaud et Germon viennent nous tenir compagnie.

21 mars -Dimanche : Printemps - Journée splendide. Je vais à la messe à Haringhe. Je me promène à cheval jusqu'à Houtkerque où je retrouve Naud et Bonneterre à la grand'messe. Après-midi solitaire. On s'attend à relever l'A.D.18. Contre-ordre, on parle de notre remplacement par les Anglais. Mystère. Le soir, j'apprends la perte de trois cuirassés aux Dardanelles.

---

[1] 6ème batterie.

22 mars - Lundi : Le capitaine Maurer part le matin pour Dunkerque. Je reste seul toute la journée. Saint-Luc et Bonneterre viennent partager mon dîner. Le capitaine rentre vers 22 heures enchanté d'avoir administré une raclée à des embusqués. Déjeuner chez le commandant Lazard.

23 mars - Mardi : Toujours au repos. Le soir, vers 3 heures le général Curé nouveau commandant du 9ème corps d'armée nous rend visite. Il parle de relève, puis de repos de 8 à 10 jours ???

24 mars - Mercredi : Le matin, manoeuvre de groupe. Le soir, on apprend que nous relevons la 18ème D.I. Les Anglais se sont moqués de nous.

25 mars - Jeudi : Nous attendons les ordres de détail. Temps épouvantable. Saint-Luc et Bonneterre viennent déjeuner avec moi. Le capitaine déjeune à la 3ème. Vers 3 heures nous allons voir un combat de coqs. Le commandant Bacot est allé reconnaître les positions à occuper. Le soir à 21 heures, ordre de départ pour le lendemain.

26 mars - Vendredi : Le capitaine part à 7 heures pour faire sa reconnaissance. Je dois le rejoindre avec la batterie de tir à 21 heures à Potijze. Je pars vers 16 h 30. Promenade agréable par Proven, Poperinghe, Vlamertinghe. Traversée pittoresque de la place des halles d'Ypres au clair de lune. Vers minuit la batterie est en position sans encombre.

27 mars - Samedi : Le capitaine va à l'observatoire. Je le relève à midi. J'aperçois du train et quelques Prussiens. Temps splendide. Cantonnement luxieux. Piano Louis XIV provenant du château d'Hooge. Calme plat.

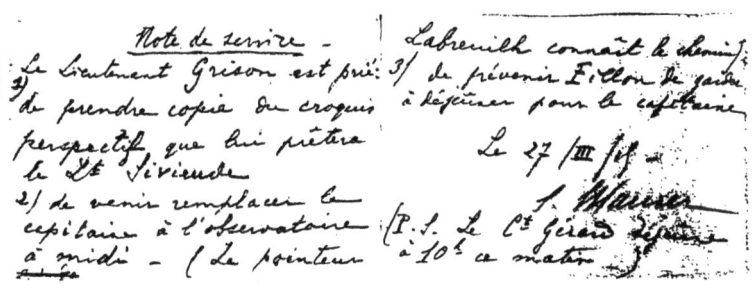

28 mars 1915 - Dimanche des Rameaux : La 4ème nous rejoint. Mussat revient au bercail. R.D.N. Nous devons tirer sur avions. Nous sommes bombardés dès le soir pendant un réglage avec avions et T.S.F[1].

29 mars - Lundi : Réveil matinal à 1 h 30. Nous partons aussitôt pour relever la batterie du 33 qui tire sur avions du côté de Verlorenhoek. Nous voilà embusqués. Mussat se signale par son expérience dans ce genre de tir.

30 mars - Mardi : Très beau temps. J'ai l'occasion de tirer vers 12 heures. Il paraît que le réglage n'était pas mauvais ?

31 mars - Mercredi : Toujours ciel pur. Quelques avions seulement.

1er avril - Jeudi : Mussat va à Poperinghe chercher la "METHODE" !! pour descendre les avions. Le capitaine déjeune chez Monsieur Marchal. Le soir visite de Goldschmidt et d'un de ses amis interprète. Nous causons longuement ainsi qu'avec un lieutenant du 5ème lourd notre voisin du 95 (visite du général Mangin et du commandant Bacot).

2 avril - Vendredi Saint : R.D.N. Je me promène le soir jusqu'à la 4ème. On compte sur une relève incessante par les Anglais. Il paraît que nous restons avec le 3ème groupe rattachés au 20ème corps d'armée.

3 avril - Samedi : Le temps se gâte. Les Anglais nous relèvent décidément, sauf la 5ème qui reste sur avions. Je déjeune chez Monsieur Marchal.

4 avril - Pâques : Je vais à la messe à 7 h 30 à Verlorenhoek. Le père Emonay nous fait un bon laïus. Nombreuse assistance.

5 avril - Lundi : Le temps est meilleur le matin. Le soir il pleut, je vais jusqu'à la ferme du groupe inondée d'Anglais. Je reviens avec d'Espinay Saint-Luc, avec lequel je cause un bon moment.

6 avril - Mardi : Beau temps le matin, nous tirons sur quelques

---

[1] Télégraphie sans fil.

avions. Le soir déluge, bourrasque, un gros arbre tombe sur une pièce et l'endommage. Le 3ème groupe qui devait rester part avec les autres. A 19 heures nous apprenons notre départ pour le lendemain. Toute la nuit mouvement de troupes, à cause de la relève par les Anglais.

7 avril - Mercredi : Il fait toujours un temps épouvantable. Nous nous apprêtons à partir. Que devons nous faire par la suite ??? Départ à 9 h 30, traversée d'Ypres, Poperinghe pour la dernière fois peut-être. Nous cantonnons presqu'au même endroit qu'il y a dix jours sur la route de Watou à Haringhe. Il paraît que nous devons aller en réserve d'armée du côté d'Arras.

8 avril - Jeudi : Excellente nuit. Malheureusement je suis pris de colique ce qui me rend de méchante humeur ; vers 8 heures, nous recevons l'ordre de nous diriger sur Watou où nous devons cantonner. O illogisme ! nos pièces sont aussi éloignées de ce village que précédemment.

9 avril - Vendredi : A 6 heures, départ de Watou non sans quelque retard pour la 5ème, 7ème, 8ème et 9ème batterie du 20ème et quelques autres du 33 et du 49. Longue étape par Houtkerque, Herzeele, Wormhout, où nous mettons sabre au clair en l'honneur du général Foch qui n'est pas là, puis par Ledringhem, Arnèke, Noordpeene, Renescure, Campagne et enfin Wardrecques où nous cantonnons chez d'excellentes gens. Il fait bon d'être en France. Giboulée de grêle.

CREDO

Je crois au courage de nos soldats, à la science et au dévouement de nos chefs.

Je crois à la force du droit, à la croisade des civilisés, à la France éternelle, impérissable et nécessaire.

Je crois au prix de la douleur et au mérite des espoirs.

Je crois à la confiance, au recueillement, au bon travail quotidien, à l'ordre, à la charité militante.

Je crois au sang de la blessure et à l'eau du bénitier, au feu de l'artillerie et à la flamme du cierge, au grain du chapelet.

Je crois aux vœux sacrés des vieillards et à la toute-puissante ignorance des enfants.

Je crois à la prière des femmes, à l'héroïque insomnie de l'épouse, au calme pieux des mères, à la pureté de notre cause, à la gloire immaculée de nos drapeaux.

Je crois à notre grand passé, à notre grand présent, à notre plus grand avenir.

Je crois aux vivants de la patrie et je crois à ses morts.

Je crois aux mains armées de fer et je crois aux mains jointes.

Je crois en nous, je crois en Dieu. Je crois, je crois.

Et jusqu'au bout, quoi qu'il puisse arriver, je ne cesserai de réciter cet acte de foi qui est mon cantique, ma litanie, mon Credo, mon Alleluia.

Henri LAVEDAN,
de l'Académie Française

Je crois à l'héroïque confiance de nos parlementaires.

Je crois au rire et à l'esprit pétillant de nos jours tristes.

Je crois à la Parisienne, à son sourire, à la grâce de son tango.

Je crois aux voluptueuses insomnies des épouses et des maîtresses,

à la mâle vigueur de l'embusqué, à la douceur de sa peau parfumée.

Je crois à l'âcre odeur du guerrier, à sa rapide chasteté.

Je crois au ruissellement de l'eau dans les tranchées, à sa chanson gazouillante dans les bottines.

Je crois au gel, à la neige, à la pluie.

Je crois à la belle mort par la bombe, par la balle et par l'obus.

Je crois à la rapide consolation des vivants, à la lente fourniture des morts.

Je crois, je crois, je crois, croâ, croâ, comme disent les corbeaux.

Credo profane   Chemin, Hiver 14-18.

Avant dernière page du premier carnet de guerre.

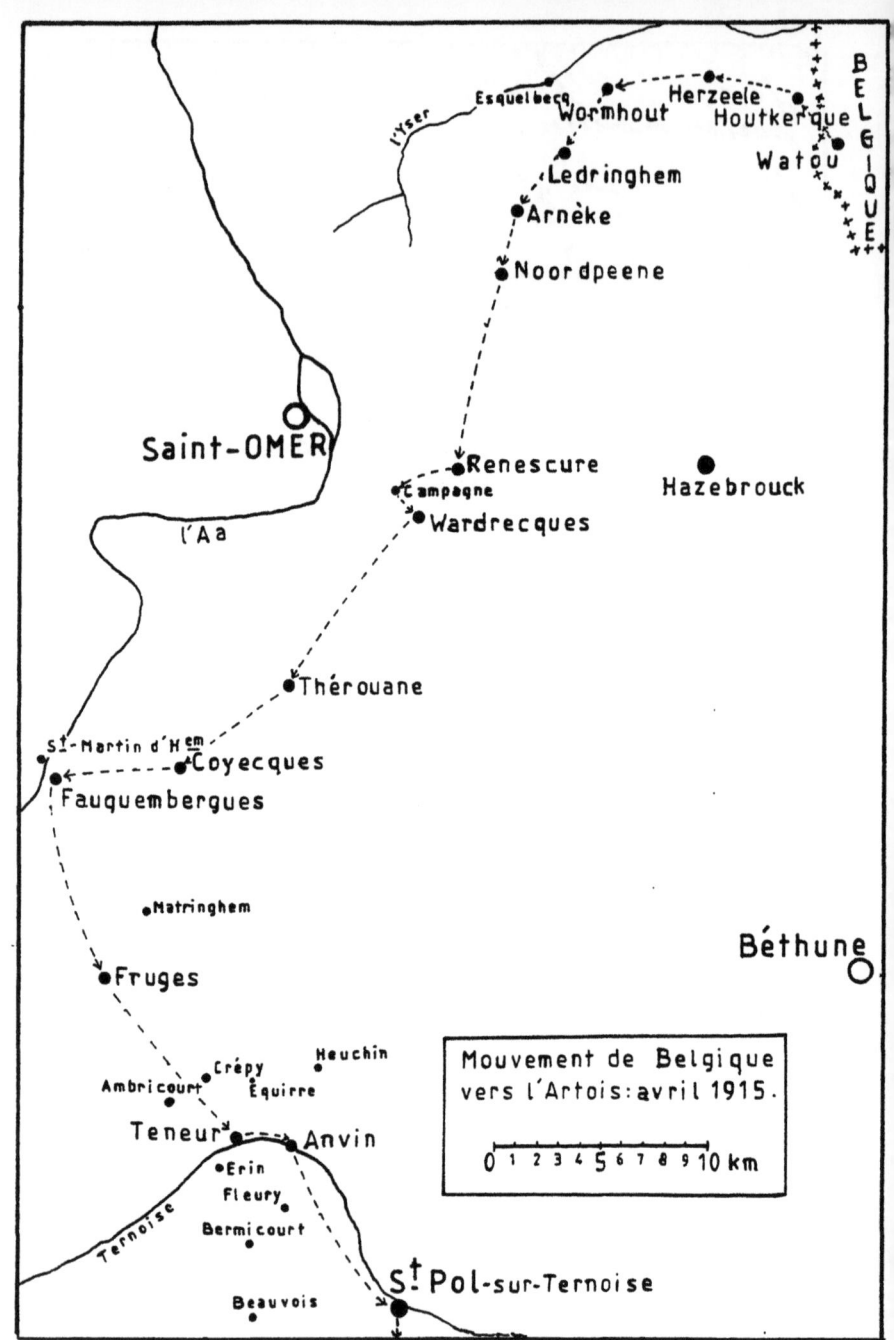

IV

Le 20ème d'artillerie se déplace d'Ypres vers Laon. Tir contre avions au canon de 75 près d'Arras (avril à juin 1915)

10 avril 1915 - Samedi : Ordre de départ à 6 heures, puis contre-ordre, départ à 8 heures. Etape de Wardrecques à Fauquembergues par Thérouanne, Coyecques. Nous sommes cantonnés à Saint-Martin-d'Hardinghem. Le soir nous nous promenons avec Mussat jusqu'à Fauquembergues, village bien situé sur l'Aa. Du reste, le pays est accidenté et assez pittoresque. Nous nous attendons à partir le lendemain lorsque nous apprenons que nous restons au repos toute la journée du 11.

11 avril - Dimanche : Beau temps le matin. Je suis de jour. La 7ème et Thibault viennent déjeuner avec nous. Je vais à la messe de Fauquembergues. Journée splendide (Berthe aux grands pieds).

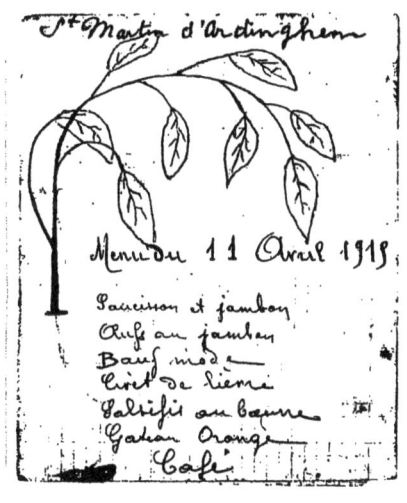

12 avril - Lundi : Départ à 5 h 30. Nous rejoignons le 2ème groupe à Matringhem, puis nous partons pour Fruges point initial d'une marche de la division. Nous sommes à l'avant-garde. Promenade par Ruisseauville, Blangy-sur-Ternoise, puis dislocation. Nous cantonnons entre Teneur et Anvin à Maisnil-les-Teneur.
Cantonnement peu brillant. Je vais l'après-midi voir la quarte. Je retrouve Bonneterre, Saint-Luc et je rencontre notre nouveau médecin le docteur Grodvolh, ancien élève de "Saint-Grégoire" de Tours.

13 avril - Mardi : Mussat va au logement. Nous partons à

6 heures par Anvin, Saint-Pol, Sibiville. Nous cantonnons à Honval, pauvre hameau. Le général Besse a vu passer à Saint-Pol son ancien régiment. Nous ignorons notre sort futur. Il semble que nous devons rester ici le lendemain. Je reçois une lettre de Maman, avec le récit de Jacques sur l'explosion d'un 75. Hélas ! (cf. annexe II)

14 avril - Mercredi : Mauvais temps. Visite du général Pellarin et du général Curé. Je perds mon pari avec Bonneterre.

15 avril - Jeudi : Nous allons à Saint-Pol en carriole avec Mussat, Bonneterre, Saint-Luc, le docteur Grodvolh et Germon. Déjeuner très gai à l'hôtel de France, fortement arrosé. D'où une douce ébriété, et long palabre sur la vie de l'avant et celle de l'arrière, ce qui n'est pas du goût du lieutenant de cuirassier qui cafarde Saint-Luc à un commandant de chasseur. Tout s'arrange et nous revenons par une route splendide à Honval. A Saint-Pol se trouve le général d'Urbal, commandant l'armée dont nous faisons partie (20ème, 9ème, 10ème, 33ème, 21ème corps d'armée).

16 avril - Vendredi : Très belle journée. Conférence à Rebreuve par le capitaine Maury sur le tir contre avions.

17 avril - Samedi : Je suis de jour. Promenade des chevaux très agréable par un très beau temps.

18 avril - Dimanche : Messe à 8 heures à Rebreuve par le nouvel aumônier du régiment. Décidément ce pauvre Bonneterre n'a pas la cote ! Saint-Luc, Bonneterre et Grodvolh dînent chez nous.

19 avril - Lundi : On parle de départ imminent. Peu à peu la nouvelle se répand. Revue du cantonnement par le commandant Bacot. On se tient prêt à partir dans la nuit.

20 avril - Mardi : Réveil vers 0h30. Nous partons à 2h30 par Rebreuve, Avesnes-le-Comte. Finalement, nous cantonnons à Barly. Nous déjeunons tous gaiement. Les capitaines partent à 12 heures en auto pour les reconnaissances. Je vais avec Saint-Luc visiter le château mis au pillage par le 31ème chasseur. Le reste de la journée, je roupille. Histoire de cuisiniers : Fillion ne pardonne pas au capitaine Maurer de lui avoir jeté l'autre jour un plat par la fenêtre. Nous devons renforcer le front vers Anzin. La 4ème part à 18 heures ce soir.

21 avril 1915 - Mercredi : Dans la matinée, de Saint-Pierre vient me voir. Départ à 14 heures pour le front par Fosseux, Wanquetin, Montenescourt, Gouves, Duisans (échelons)[1] et Saint-Aubin (avec téléphone). A la nuit, nous allons avec les servants aménager la position de batterie. Confusion complète, personne ne sait exactement où se fourrer.

22 avril - Jeudi : Nous nous abritons provisoirement dans les abris de la 4ème aménagés merveilleusement par le 7ème d'artillerie. Repos toute la journée. Le soir, à la nuit, reprise du travail. On amène les pièces.

23 avril - Vendredi : Il paraît que je vais commander les équipes de 80 de montagne de l'A.D. 17. Je passe la matinée avec Saint-Luc à la batterie. Inaction complète. Je couche à Anzin

24 avril - Samedi : L'après-midi, le capitaine et Mussat viennent régler le tir à l'observatoire. Je vais dîner au PC du commandant. Bruits étranges. La 1ère et 2ème qui étaient à côté de nous remplacent des batteries du 33. On aurait reçu une bonne frottée au nord d'Ypres. L'A.D.18 partirait de ce côté. On parle aussi de mettre la 5ème contre avions. Je couche à la batterie. Nouhault senior me tient compagnie après dîner à la Villa chez le commandant Bacot.

25 avril - Dimanche : Je reste toute la matinée à la position. Je déjeune à la villa des Lilas. Repas très gai sans le "Madjor". Je vais tirer tout le reste des obus ordinaires à l'observatoire avec Mussat. Boyaux merveilleux, abris splendides. Il se confirme que nous allons tirer sur avions près d'Arras. Le capitaine et Mussat ont reconnu la position à 800 mètres d'Arras sur la route de Saint-Pol. Je passe la nuit à la villa des Lilas, nuit agitée. Nombreux coups de canon.

26 avril - Lundi : Je vais à la position de batterie à pied. Le capitaine arrive affolé car les bois n'arrivent pas. Enfin il trouve un gîte et se calme. Visite du commandant de Lesquen. Région bien calme. Château hospitalier grâce à une bonne soeur. Je vais le soir à Arras pour chercher du bois. Nuit délicieuse.

27 avril - Mardi : On commence à construire des plates-formes.

---

[1] Chaque batterie d'artillerie comporte un échelon à trois pièces, sans canon, qui attellent six caissons de munitions (600 obus environ), la forge, le chariot de batterie, ainsi que les attelages haut-le-pied.

Déjeuner avec Noué et Michon. J'en sors avec le cafard. Je vais à Aubigny chercher des madriers. On ne m'en donnera qu'en payant comptant. Je reviens vers 17 h 30 à la batterie.

28 avril - Mercredi : Je vais à Lattre-Saint-Quentin au parc de guerre du 9ème C.A. Je reviens par Duisans, Anzin Saint-Aubin. Je suis à la batterie à 12 h 30. Très beau temps, deux plates-formes sont terminées. Pas d'avions allemands.

29 avril - Jeudi : Je retourne à Aubigny pour acheter les madriers, ce à quoi nous sommes autorisés. Je déjeune à l'échelon avec Goldschmidt et Grodvolh. Je vais avec ce dernier jusqu'aux positions où est revenue la 4ème. J'y vois Naud, Germon. Saint-Luc est à l'observatoire. Je reviens à Anzin où je trouve le capitaine Binaud grippé. Sur la route, Poncet, ancien brigadier au 1er d'artillerie casse du caillou comme garde forestier. Retour à la batterie. Aux Dardanelles, on a débarqué, paraît-il. Le commandant Keller du 49 a été tué à Ypres.

30 avril - Vendredi : Lever à 4 heures. Avions allemands qui se baladent tranquillement ; pour comble de guigne, le téléphone ne fonctionne pas. Très belle journée. Calme plat. Le capitaine Viel nous tient agréablement compagnie. Au déjeuner, on parle de notre départ pour Ypres, où se trouve la 18ème D.I. qui a fort trinqué. Visite de Grodvolh dans la soirée. Tout fait présager un départ. Le capitaine Bissaud est évacué.

Mai - 10ème mois

1er mai - Samedi : Mussat tire le matin sur les aéros. Barbier déjeune avec nous. Nous devons être relevés le 2 au soir. La 4ème et la 6ème partent ce soir. Je vais jusqu'à l'échelon. Le 17ème corps d'armée occupe déjà Duisans. Nous sommes survolés par un avion teuton à forme française.

2 mai - Dimanche : Je suis de jour. Très nombreux avions vers 5 heures qui viennent à la queue leu leu au dessus de nous. Enfin le téléphone marche. Je puis appliquer la méthode Pujot qui donne un bon groupement. Nous tirons pendant une heure sans cesse. De tous côtés il y en a. On passe de l'un à l'autre. R.D.N. Nous restons "sur avions" jusqu'à nouvel ordre.

3 mai 1915 - Lundi : Mussat tire quelques coups de canon. Nous devons partir le soir pour rejoindre le groupe. Un capitaine du 57 arrive vers 15 heures et nous annonce son arrivée pour le lendemain. Déjeuner avec le capitaine Mathieu et Bachy.

4 mai - Mardi : Il pleut le matin. Je vais l'après-midi à Arras grâce à un lieutenant de dragon de l'état-major. Arrivée vers 17 heures du capitaine Thiebaud du 57ème. Très gai et très amusant dîner agrémenté de réflexions méridionales (Odyssée du 18ème etc...etc...). Départ de la batterie à 20 h 30 direction Saint-Pol.

5 mai - Mercredi : Nous passons à Saint-Pol vers 3 heures ; arrivée au Marais près d'Anvin. Pas de 2ème groupe, aucun cantonnement. Nous allons à Saint-Martin. Là, le capitaine Maurer nous quitte pour faire une reconnaissance car nous allons décidément du côté de Lens. Nous partons le soir à 15 h 30 pour Divion par Valhuon, Diéval et arrivée à Divion vers 7 heures du soir. Je vais, exténué, jusqu'à la 4ème où l'on m'offre aimablement une tranche de gigot. Puis, ordre de partir avec Saint-Luc et Migault pour la position, en auto. Nous débarquons à Bully chargés de pelles pioches. Nous errons à la recherche du capitaine qui est à Grenay. Chahut devant la maison d'un officier à midi pour savoir le chemin. Enfin, arrivons à un caboulot où le capitaine roupillait. Je suis venu pour rien. Je reconnais la position avec Germon et j'attends l'arrivée d'une pièce qui est partie après nous. Nuit au poste de police des fantassins.

6 mai - Jeudi : Nuit assez courte. Vers 5 h 30 arrivée de Dubar avec la 4ème pièce. Je vais avec le capitaine à la recherche d'un observatoire. Nous en trouvons un assez bon dans une maison du coron à 600 mètres des Boches. Vers 16 heures réglage de la 1ère pièce. Bonne direction, observation facile en portée mais latérale, donc difficile en direction. Enfin nous mettons en plein dans le crassier qui est notre objectif (cf. chevalier d'Ahun) ; les Boches répondent. Gai dîner dans l'estaminet du capitaine. La batterie arrive vers 23 heures. J'abrite Saint-Luc.

7 mai - Vendredi : On parle toujours d'attaques imminentes de notre part. Dans l'après-midi, l'artillerie lourde commence le réglage. Nous réglons nos deux autres pièces vers 17 heures (Mussat). L'attaque est différée.

8 mai 1915 - Samedi : Tir le matin sur la demande de l'infanterie. On se prépare à l'attaque. Le soir, l'artillerie termine son réglage. Je vais avec le capitaine à l'observatoire. Bombardement du crassier double. Les Allemands ripostent. Je couche à la batterie. Tir de nuit.

9 mai - Dimanche : Quatre heures de préparation par l'artillerie. A 9 heures bombardement formidable sur tout le front. A 10 heures attaque. Je rejoins après le déjeuner le capitaine à son observatoire. A droite, le 90ème n'a pu progresser sur un terrain découvert de 600 m, pris par le feu des mitrailleuses. Nous tirons sur une mitrailleuse supposée près de la fosse 16. Vers 15 heures, une section du 90 essaie de déboucher, mais en vain. Je tire avec des fantassins du 225. Puis ordre vague de tirer sur des troupes allant de la fosse 16 vers le crassier. Enfin, je tire sur une maison où Allergès a cru voir une fumée de mitrailleuse. Résultats de la journée : le 114 et le 20 auraient pris quatre tranchées plus à gauche, mais Loos est toujours aux Allemands. L'ordre du général d'Urbal serait de la prendre dans la nuit. Deux canons de la 6ème sont hors d'usage et l'un d'eux a sauté.

10 mai - Lundi : Sur le front de la 17ème division d'infanterie, aucun résultat. Bonnes nouvelles officieuses du côté d'Arras. Mussat se couvre de gloire en démollissant des emplacements de mitrailleuses qui fauchèrent hier nos fantassins. Le capitaine met aussi en plein dans un trou le sien. L'aumônier vient rendre visite à la batterie. L'après-midi, vif combat sur l'éperon de Notre-Dame de Lorette. On le suivait de la batterie.

11 mai - Mardi : Matinée calme. Vers midi la bataille recommence, elle paraît toujours très vive du côté de Notre-Dame de Lorette. Nouvelle attaque de la 17ème D.I. vers 14 heures. Assez vive canonnade. La 4ème se porte en avant près de l'église du coron. Résultats de la journée inconnus. Un deuxième canon de la 6ème saute.

12 mai - Mercredi : Journée calme chez nous. On se bat toujours du côté de Notre-Dame de Lorette. La 17ème D.I a fait des pertes importantes sans résultat appréciable ; un régiment de Narbonne, le 281, a refusé de sortir des tranchées, dit-on. Les colonels du 125 et du 114 ont été tués. Du côté d'Arras, toujours de bonnes nouvelles. J'apprends la mort de mon oncle Paul[1].

---

[1] Paul Grison (1857-1915), père de Raimond tombé au champ d'honneur devant Charleroi le 23 août 1914.

13 mai 1915 - Jeudi - Ascension : Matinée calme. J'apprends qu'un obus a écrabouillé la maison où se trouvaient les agents de liaison près du général Brillant. Le pauvre Quinqueneau est parmi les victimes, dit-on. Ordre du général d'Urbal disant que de l'attaque de la Xème armée dépend le sort de la guerre. Bonnes nouvelles le soir : un état-major de brigade prussien a été pris dans Carency.

14 mai - Vendredi : Je reste à la batterie. Le soir, la bataille se continue acharnée du côté de Notre-Dame de Lorette. Bonnes nouvelles : Carency et Ablain-Saint-Nazaire pris avec 27 canons et 2 mortiers de 21. Le soir nous tirons pour faire diversion.

15 mai - Samedi : Je passe ma matinée à la 4ème. On confirme la mort de ce brave Quinqueneau qui avait été à ma pièce à la 1ère batterie du 1er. J'accompagne Saint-Luc à l'observatoire du capitaine Maurer d'où nous suivons les phases de la bataille qui se livre du côté de Liévin. Pas de nouveaux renseignements. Nous trouvons au crassier des gars du Berry du 295 qui me rappellent mon séjour à Bourges et sont très amusants avec leurs conversations "type solognot".

16 mai - Dimanche : On nous change encore notre numéro. Front de 600 mètres à battre. Mussat va régler avec le capitaine. Il tire sur la fameuse batterie de 77 de Loos-en-Gohelle qui nous nargue. Il voit sortir deux Prussiens d'une fausse meule. Le matin, il y a eu une messe à 6 heures à Grenay pour Quinqueneau. Le capitaine est d'un pessimisme noir, l'offensive semblant s'arrêter et le ministère italien donnant sa démission.

17 mai - Lundi : Il pleut. Le soir, bombardement de la batterie et de Grenay (Barret et Vivien blessés). La ferme des chevaux est bombardée (fantassins du 125 tués) à deux reprises différentes. Mussat va tirer sur avions avec la 1ère section.

18 mai - Mardi: Journée morose. Je lis "l'Avènement de Bonaparte" d'Albert Vandal[1] et je laïusse avec Bonneterre et d'Espinay toute la soirée. Mission infime ; suivant le mot du capitaine, le crassier double est une truffe, on peut y voir autant de trous que l'on veut, creusés par les Boches. J'habite maintenant au coron de même que le commandant qui se rattache à la 4ème au grand désespoir du popotier d'Espinay. Des fantassins me barbottent mes rasoirs dans le coron 939.

---

[1] Historien français (1853-1910).

Cartes d'Etat-Major n°7 et 33. Archives de l'Institut Géographique National. Autorisation n°90-9019.

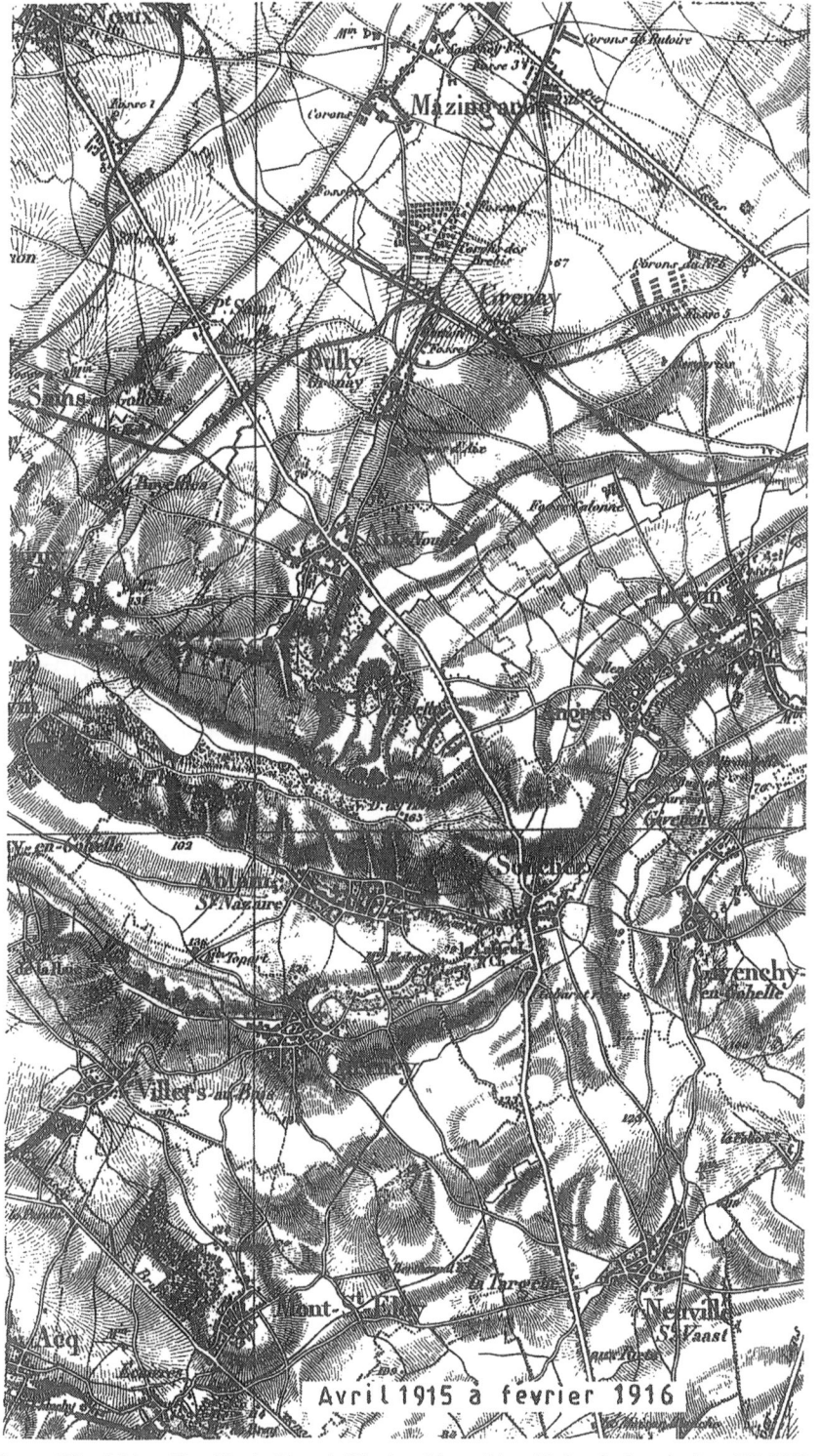

Cartes d'Etat-Major n°7 et 33. Archives de l'Institut Géographique National. Autorisation n°90-9019.

19 mai 1915 - Mercredi : Journée maussade. Mussat est cité à l'ordre de la division pour avoir au prix de périls immenses démoli des mitrailleuses ! ainsi que des avions !! Nous faisons partie de l'A.D. 58. E. Nouhault vient prendre l'apéritif avec le capitaine Maurer au café Pothier et me chipe ma canne, don de Fillion notre ex-cuisinier.

20 mai - Jeudi : Le matin, je vais à l'observatoire avec le capitaine. Bombardement de la place de l'église du Maroc[1], près de laquelle je me trouve avec d'Espinay. Déjeuner avec Saint-Luc. Le capitaine part en reconnaissance vert 12 heures du côté d'Aix-Noulette où nous devons attaquer avec le 68 et le 90. Nous roupillons ferme dans une meule de paille en prévision d'une nuit blanche. Départ à 20 heures de Grenay. Arrivée vers 24 heures à la nouvelle position près d'Aix Noulette. Je couche dans les champs.

21 mai - Vendredi : Je vais à l'observatoire avec le capitaine. Mission indécise. Temps brumeux. Le soir nous devons placer une pièce dans le chemin creux près du château de Noulette. Nous faisons de nombreux kilomètres pour cette mission bizarre improvisée par l'état-major. On y prend, dit-on, Rollencourt[2] d'enfilade. Le soir, triste nouvelle, le général Moussy, le plus brave général du corps d'armée, celui qui a sauvé Ypres en novembre 1914, a été tué à Grenay durant le bombardement.

22 mai - Samedi : Nous reconnaissons un observatoire à la Haie G poste d'observation d'un commandant du 3ème chasseurs, troupe épatante. Temps brumeux, on ne voit rien. Nous partons le soir à 20 heures. Tout se passe sans incident. Vers minuit fusillade formidable, suivie d'une canonnade intense : nous étions aux premières loges au château.

23 mai - Dimanche - Pentecôte : Le commandant, Naud, Germon, rappliquent tous vers 7 heures. Brume. Vers 10 heures, je vais avec d'Espinay au poste d'observation de la Haie G. J'y retrouve toute la bande du commandant de batterie. Réglage sur les fameuses rues de Rollencourt. Je déjeune à Aix-Noulette. Retour à la pièce : Dubar dit avoir vu une colonne de voitures boches. Temps superbe. Je dîne avec le

---

[1] Il s'agit des corons du Maroc, situés à 1500 mètres à l'est de Grenay.
[2] Hameau situé entre Liévin et Angres.

capitaine, je couche au parc du château, nuit délicieuse malgré quelques obus qui tombent dans le parc. L'Italie entre dans la danse.

24 mai 1915 - Lundi : Nous nous servons de la jummelle à ciseaux. On y voit à merveille. Il y a sur un chemin d'Angres, une circulation assez intense. On voit aussi des ouvriers et des femmes, français sans doute. Toujours temps splendide. Je passe le soir à regarder dans la lunette à ciseaux. Nous repérons une route où des Boches circulent. Dîner plantureux et agréablement arrosé à la septième notre voisine toujours si accueillante.

LA JUMELLE A CISEAUX [1]

25 mai - Mardi : Jour de l'attaque, qui se déclenche à 12 heures. Canonnade toujours formidable. Nous tirons sur Rollencourt, puis sur la route où nous embêtons fortement les Allemands qui y circulent. Malheureusement, c'est à 5000 mètres, donc tir assez imprécis. Résultat de la journée : prise des ouvrages blancs, en partie du moins.

26 mai - Mercredi : Vie champêtre. A 12 heures reprise de l'attaque. Nous tirons peu avec notre monocanon. La 9 n'en a plus qu'un sur 4, les autres ayant sauté. Nombreux blessés. Cette guerre des tranchées est vraiment terrible, pour nos fantassins. Je dîne le soir à la 4ème.

27 mai - Jeudi : Le matin de bonne heure, je règle la pièce et tire quelques coups sur des Prussiens. Nous étions à peu près les seuls à tirer. Résultat : bombardement merveilleusement précis par du 15 cm, vitesse formidable, on n'entend pas les obus venir. Puis, tour du 21 sur le château. Après-midi calme ; on veut nous faire changer de position. Mais ce serait tomber de Charybde en Scylla. Nuit calme.

---

[1] Photo in « La France héroïque et ses alliés » par gustave Geffroy, Léopold - Lacour, Louis Lumet, paru chez Larousse, copyright 1916.

28 mai 1915 - Vendredi : Matinée calme, aucun tuyau sur les opérations. Le soir, bombardement quotidien du château par des marmites. Nous tirons sur la fameuse route. Tir au lapin très amusant. Mais rebombardement par du 13cm ; aucun dégât, les coups sont courts. La 9ème vient observer près de nous (Marchal).

29 mai - Samedi : Matinée calme. Le soir Marchal trouve un carrefour bourré de Boches, de voitures, autos, etc... Nous tirons toujours sur la route. La 4ème et la 6ème partent pour Bully-Grenay remplacer le groupe Bissaud. Nous restons.

30 mai - Dimanche (Trinité) : Le matin Bénazé vient nous visiter et observer près de nous. Je règle sur le carrefour en fusants[1] très discrètement. Le soir vers 14 heures, tir d'efficacité en explosifs : débandade de Boches. Nous devons partir dans la nuit. Réponse immédiate et nourrie par du 105 fusant et du 77. Je riposte avec Dubar. En fin de compte, il faut s'abriter. Dîner plantureux à la 7ème. Départ à minuit sans incident.

31 mai - Lundi : Nous nous acheminons vers Savy par Bouvigny, Servins, Camblain-l'Abbé, Aubigny-en-Artois. Repos.

11ème mois

1er juin - Mardi : A 8 heures, se tenir prêt à partir. Je prends une "grôlée" en compagnie de Grodvolh et d'Espinay. Finalement on reste toute la journée à ne rien faire. Le soir nous apprenons que nous restons au même bivouac. Nous dînons avec un capitaine du 90ème qui nous remplace dans notre cantonnement et nous tolère en attendant.

2 juin - Mercredi : Le capitaine part en reconnaissance à 6 heures. Toujours au bivouac. Il paraît que l'on songe toujours au 9ème corps d'armée pour le grand coup, et au 2ème groupe aussi.

3 juin - Jeudi : Je vais à la 4ème qui a changé de cantonnement. Grodvolh et Goldschmidt nous charment par leur musique. Gai déjeuner en compagnie des officiers du 90ème et de l'aumônier. Horace avait raison :

---

[1] Il s'agit d'obus amorcés avec une fusée fusante qui explosent avant d'arriver au sol. Pour l'obus explosif l'efficacité maximum est obtenue à 10 mètres de hauteur, les éclats atteignant la vitesse considérable de 1000 mètres par seconde.

> "Huc vina et unguenta et nimium breves
> Flores amoenae jube ferre rosae,
> Dum res et aetas et Sororum
> Fila trium patiuntur atra."[1]

De nous tous, combien en restera-t-il dans quelques jours ?

4 juin - Vendredi : Je vais à la 4ème le matin. La nouvelle se confirme. Enfin ce sera du moins glorieux. En attendant, je sers la messe de l'aumônier à la petite église de Savy. Gai déjeuner avec les fantassins. Après-midi très chaud. Le soir, le capitaine s'apprête à aller en reconnaissance, lorsque l'ordre arrive d'aller tirer sur avion. Me voilà embusqué malgré moi ; je le regrette vivement. Nous serons bien à l'ombre en arrière, quand les camarades risqueront leur vie.

5 juin - Samedi : Le capitaine et Mussat vont reconnaître la position de batterie du côté de Bray. Je vais rendre visite à la 4ème dont je ne partagerai pas les dangers. C'est vraiment vexant, après avoir raconté aux fantassins que nous les accompagnerons (ce qui au fond ne signifie rien), de leur dire que maintenant nous allons tirer sur les avions à l'arrière. Dernier dîner avec les officiers de la 12ème compagnie du 90, capitaine de Verdal, lieutenant Rodier, David,...

6 juin - Dimanche : Départ à 1 heure pour Bray : position agréable près des bois dominant la vallée de la Scarpe. C'est l'embuscade rêvée avec plumard (le mien ne vaut rien, la paille est meilleure). Je vais à la messe à Ecoivres. Journée radieuse, pas un avion ennemi, sauf un malheureux qui se montre à peine le soir vers 8 heures et est pourchassé aussitôt. Cependant nous avons été bombardés par du 77 à bout de course, ce qui a mis en émoi tous nos types (à part la 4ème pièce). Décidément nous avons besoin d'un site plus agité.

7 juin - Lundi : Toujours pas d'avion à l'horizon. Bombardement de la vallée par du 13 cm, sans aucun effet du reste. Mussat est officiellement lieutenant.

8 juin - Mardi : Chaleur étouffante. Visite du commandant. R.D.N. Orage vers midi, ce qui soulage un peu. On demande des officiers volontaires pour le 58. Je me propose.

---

[1] Livre II, ode n°3 : « En ce lieu, fais apporter des vins et des parfums, Et de charmantes roses, hélas trop éphémères, Pendant que les circonstances, la jeunesse, Et le sombre fuseau des trois Parques le permettent. »

9 juin 1915 - Mercredi : Toujours pas d'avion. Je viens l'après-midi à Aubigny. Goldschmidt et Grodvolh nous jouent des sonates de Mozart. D'Espinay mon concurrent pour le 58 a un vague cafard, car la 4ème n'a pas de canons. Vers 6 heures, le capitaine va faire une promenade à cheval nocturne.

10 juin - Jeudi : Je vais à l'échelon du 1er groupe. J'y trouve la 6ème qui a esquissé le fameux mouvement en avant mais s'est arrêtée en chemin. Elle retourne à Savy. Neuville-Saint-Waast a été pris définitivement hier par le 125ème. Ce n'est pas moi qui suis désigné pour le 58. D'Espinay avait tort de se désespérer.

11 juin - Vendredi (fête du Sacré-Coeur) : Je vais à la messe à Ecoivres. Que Dieu nous donne la victoire. Cette inaction horrible me pèse et que faire ? L'occasion du 58 manquée ! De plus, je n'aurai plus la ressource d'aller bavarder avec Saint-Luc, dans les moments d'ennui. Je suis bien l'obscur soldat qui a trimé tout l'hiver dans la boue de Belgique au milieu des obus et des balles. Je regrette cette période active de la campagne, car peu importe le profit qu'on retire pour soi.

12 juin - Samedi : Il fait assez beau. Je passe une bonne partie de l'après-midi avec Michon et Latrilhe, ce qui m'égaie. J'apprends la mort du brigadier Berthelot tué dans la tranchée par une grenade en servant le 58. C'était un garçon très brave. Le capitaine apprend qu'il est décoré de la Légion d'honneur.

13 juin - Dimanche (1900-1915)[1] : Je vais à la messe à Ecoivres. Remises de décorations au colonel (officier) et au capitaine Maurer par le général Guignabaudet en présence de la batterie. Je vais à Acq reconnaître la tombe du brigadier Berthelot. Train blindé qui fait un chahut monstre. De retour à la batterie je suis bombardé dans notre maison par du 13 cm.

14 juin - Lundi (anniversaire de Marengo, Friedland)[2] : R.D.N. Saint-Luc vient me voir. Il est content de son nouveau métier. Je passe l'après-midi au 1er groupe. Le soir, le commandant nous confirme notre mission d'accompagnement le jour de l'attaque qui ne doit pas tarder.

---

[1] L'auteur se rappelle, probablement avec une douce mélancolie, sa première communion qu'il fit le 13 juin 1900 au pensionnat Saint-Martin de Tours.
[2] Bataille de Marengo remportée par Bonaparte sur les Autrichiens le 14 juin 1800 et Friedland remportée sur les Russes le 14 juin 1807.

>Ὁ οἴα κεφαλή τοῦ Μυσσατός !¹

15 juin 1915 - Mardi : Latrilhe vient déjeuner avec nous. Nous devons partir demain pour l'attaque peut-être dans la nuit. Ordre de se tenir prêt le lendemain pour 2 h 15.

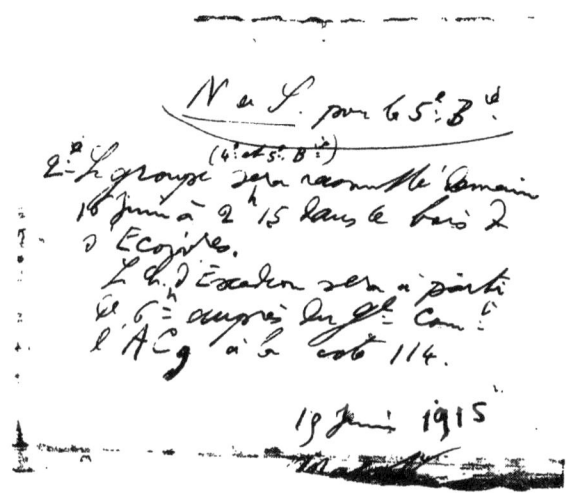

16 juin - Mercredi (Ligny)[2] : Nous restons en position d'attente à Ecoivres toute la matinée. Départ à 1 heure direction de la Targette. Arrêt à hauteur de Berthonval sous un soleil ardent. L'attaque de la 17ème D.I. n'a pas réussi comme on l'espérait. Cela va mieux paraît-il à la 18ème. En attendant nous ne faisons rien. Augereau, brigadier au 58, a été tué. Heureusement Saint-Luc n'a rien jusqu'à présent. Finalement nous revenons à Ecoivres, gros Jean comme devant.

17 juin - Jeudi : Toujours la position d'attente. Inertie complète. Résultats de la journée d'hier inconnus. J'ai l'impression d'être un inutile. Aussi je sauterai sur la première occasion qui se présentera de faire quelque chose. Comme les mercenaires dans l'immense Carthage, je me sens seul au milieu de toute cette accumulation de troupes. Je ne sais où est Grodvolh ce matin. Avec lui je ne m'ennuierai pas trop. Nous voilà de

---

[1] O, quelle va être la tête de Mussat !

[2] Allusion à la bataille de Ligny en Belgique où Napoléon Ier battit les Prussiens le 16 juin 1815, deux jours avant Waterloo.

nouveau embusqués sur avions. Il faut que je me fasse à cette idée que c'est maintenant la dangereuse mission de la 5ème. Le soir j'apprends que d'Espinay a été blessé. Les blessures sont, paraît-il, légères ; je le souhaite ardemment.

18 juin - Vendredi (Waterloo) : Aucun renseignement sur l'attaque. Je crains bien que nous ne nous portions pas encore aujourd'hui en avant. Je vais déjeuner avec Goldschmidt, Grodvolh et Augé, ce qui me change un peu. Cette attente me pèse. On entend le canon gronder de tous côtés, tandis que nous sommes nonchalamment allongés à l'ombre. Le 68ème et 135ème ont échoué aux 5 chemins devant un réseau de fils de fer et de barres de fer intact.

19 juin - Samedi : J'apprends la mort de l'adjudant Chiron, vaguemestre, et la blessure de Lecomte par un obus de 13, lors du bombardement d'Ecoivres hier soir. J'essaie un jeune cheval ; d'Espinay vient nous voir, il va mieux et est enchanté. L'adjudant Baudot passe au 58.

20 juin - Dimanche : Messe à l'échelon par l'aumônier. Le soir d'Espinay et l'un de ses collègues du 58 viennent nous entretenir de leurs exploits. Le capitaine Legros doit reprendre le commandement du groupe.

21 juin - Lundi : Journée calme. Je renonce à mon jeune cheval qui me dépose quatre fois sur le sol. Le soir, je me promène pour tuer le temps. R.D.N.

22 juin - Mardi : Les jours se suivent et se ressemblent de façon désespérante. Goldschmidt est évacué pour maux de reins. Remise de la croix de guerre par le colonel au capitaine Maurer et à Marché. Le capitaine Legros prend contact avec le groupe. A la nuit, bombardement dans la vallée par du 13 cm. Mussat fait un certain nombre de pèlerinages à la cave.

23 juin - Mercredi : Rebombardement au lever du jour. Je déjeune agréablement en compagnie de Grodvolh et d'Espinay.

24 juin - Jeudi : Déjeuner avec Aubert, lieutenant à une S.M.I.[1],

---

[1] Section de munitions d'infanterie.

et Bénazé qui m'emmène à la 7ème où je passe l'après-midi et la nuit très agréablement. Quelle vie différente de celle que nous menons à la 5ème. Au moins, on a l'impression de se sentir dans un milieu militaire avant tout. Le capitaine Viel nous lit des passages de Consolato, la fille du soleil.

25 juin - Vendredi : Je reviens à la batterie R.D.N. Déjeuner très agréable et conversation intéressante avec le capitaine Viel. Le soir orage et déluge. Je parle au capitaine Legros et je lui dis ma façon de penser sur la vie que je mène et son utilité.

26 juin - Samedi : Beau temps. Je n'ai plus besoin d'aller chez Grodvolh qui est à Aubigny pour quatre jours. Le capitaine Viel vient déjeuner avec nous. Je l'accompagne jusqu'à Aubigny où je retrouve la 4ème. Nous buvons le Champagne avec le capitaine Viel et des officiers du 68ème. Je rentre à la 7ème où je dîne agréablement et où je passe la nuit.

27 juin - Dimanche : Retour à la batterie. Mauvais temps. L'après-midi je vais avec Marché à Agnières où nous trouvons Naud. R.D.N. La 5ème est décidément destinée à tirer éternellement sur avions, j'en ai maintenant la conviction. Mussat réclame les auto-canons. Quant à moi, je voudrais bien tirer sur les Boches.

28 juin - Lundi : Il pleut. Je déjeune chez le capitaine Legros avec Marché et Grodvolh. Il paraît que le 9ème corps d'armée n'en a pas pour longtemps par ici. On parle même de l'Italie.

29 juin - Mardi (Saint Pierre et Saint Paul) : Toujours la même vie. Rapport du capitaine sur les tirs de la batterie contre les aéros. Conclusion : canons spéciaux ; personnel, hommes et officiers, spécialisé (pour mon compte, je ne veux pas de cette spécialisation). Gai dîner à la 4ème ; je couche avec eux à Agnières.

30 juin - Mercredi : Retour à Bray. Temps épouvantable. Vraiment cette vie est par trop inactive. Nous en sommes réduits à écouter les insanités de Raoul, lieutenant à une S.M.I.

12ème mois

1er juillet - Jeudi : Temps brumeux, pas d'avions. Bénazé vient déjeuner avec nous.

2 juillet 1915 - Vendredi : Matinée brumeuse. Vadrouille dans les boyaux jusqu'à la 6ème avec le capitaine Legros. On rencontre S.M. le commandant Bacot. Dubar est enfin cité mais seulement au régiment pour la pièce de Noulette. Pas un mot du commandant Bacot à mon égard quand il lut la citation. On ne peut être plus aimable. En outre le chevalier me fait réputation de démoralisé, à moi qui ne demande qu'à combattre quelle que soit la durée de la guerre, ce qui m'importe peu. Quel milieu délicieux et charmant ! J'espère avoir l'estime de mes camarades et des hommes ; au fond ce sont les seuls bons juges. Si je restais entre deux tranchées, il y aurait peut être un Lonieux quelconque, pour aller me chercher mort ou vivant, c'est ma seule consolation. Pour me distraire, je vais voir Grodvolh avec lequel je reste tout l'après-midi. Le soir, avions allemands, notre tir ne vaut rien.

3 juillet - Samedi : Temps très lourd. Déjeuner avec Aubert. Nous devons partir au repos dans la nuit du 5 au 6. Il se confirme qu'il y aura des permissions de quatre et de deux jours.

4 juillet - Dimanche : Messe à Ecoivres. Je passe une très agréable soirée à la 7ème. Obus asphyxiants. Les fameuses permissions sont en fin de compte limitées à 4 % de l'effectif !

5 juillet - Lundi : Nous devons partir demain à 4 heures. Le capitaine tient à tirer désormais dans le ciel. Mussat m'annonce triomphalement qu'on exploite les plates-formes, ce qui au contraire me consterne. Quand pourrais-je enfin faire autre chose ou plutôt quelque chose. Pour l'instant c'est le repos ; n'y pensons plus. Je passe de bons moments avec Grodvolh dans le bois des Alleux. Nous parlons d'une foule de choses, de notre vieille boîte en particulier[1]. Sans lui, c'eût été à mourir d'ennui pendant toute cette période de tir sur avions invisibles.

6 juillet - Mardi (Wagram)[2] : Ouf ! Départ de Bray à 3 h 30 direction Saint-Pol-sur-Ternoise. Nous faisons halte près de cette ville. Déjeuner à Saint-Pol offert par le capitaine aux sous-officiers. Arrivée à Erin vers 16 heures, après quelques à coups. Je loge avec Bonneterre. Mais nous devons quitter Erin pour Teneur.

---

[1] Allusion à l'école Saint-Grégoire de Tours où ils étaient élèves ensemble.
[2] Allusion à la bataille de Wagram remportée par Napoléon Ier le 6 juillet 1809 sur l'archiduc Charles d'Autriche

7 juillet 1915 - Mercredi : Départ à 1 heure pour Teneur. Arrivée par un temps épouvantable. Cantonnement assez vaste. Je ne suis pas mal. Les hommes préfèrent la tente et la paille qui ne manque pas.

8 juillet - Jeudi : Calme plat. Au fond, la vie n'est pas très mouvementée dans ce pays assez pittoresque. Saint-Luc et de La Débutrie viennent nous voir dans notre ermitage. Mussat est en permission.

9 juillet - Vendredi : Le pays est assez pittoresque, j'en profite pour aller me promener à cheval. Je fais le cours des sergents-chefs de 3 à 5 heures.

10 juillet - Samedi : Promenade à cheval avec la batterie. A une heure, revue du régiment par le colonel qui salue l'étendard absent et remet les décorations aux héros. Je dîne à la 7ème avec de Bénazé et le capitaine Maury.

11 juillet - Dimanche : Je vais à la messe à Teneur, puis à la grand'messe à Erin dite pour les morts du 20ème. Dans l'après-midi, promenade très pittoresque du côté de Froideval, Ambricourt avec Grodvolh. Chenu dort avec nous. Des bruits de paix pessimistes nous viennent par le capitaine Maury.

12 juillet - Lundi : A 5 heures, promenade des chevaux. Revue des chevaux par le colonel. Bachy et Saint-Affrique viennent dîner, suivis de Mussat qui rentre de permission.

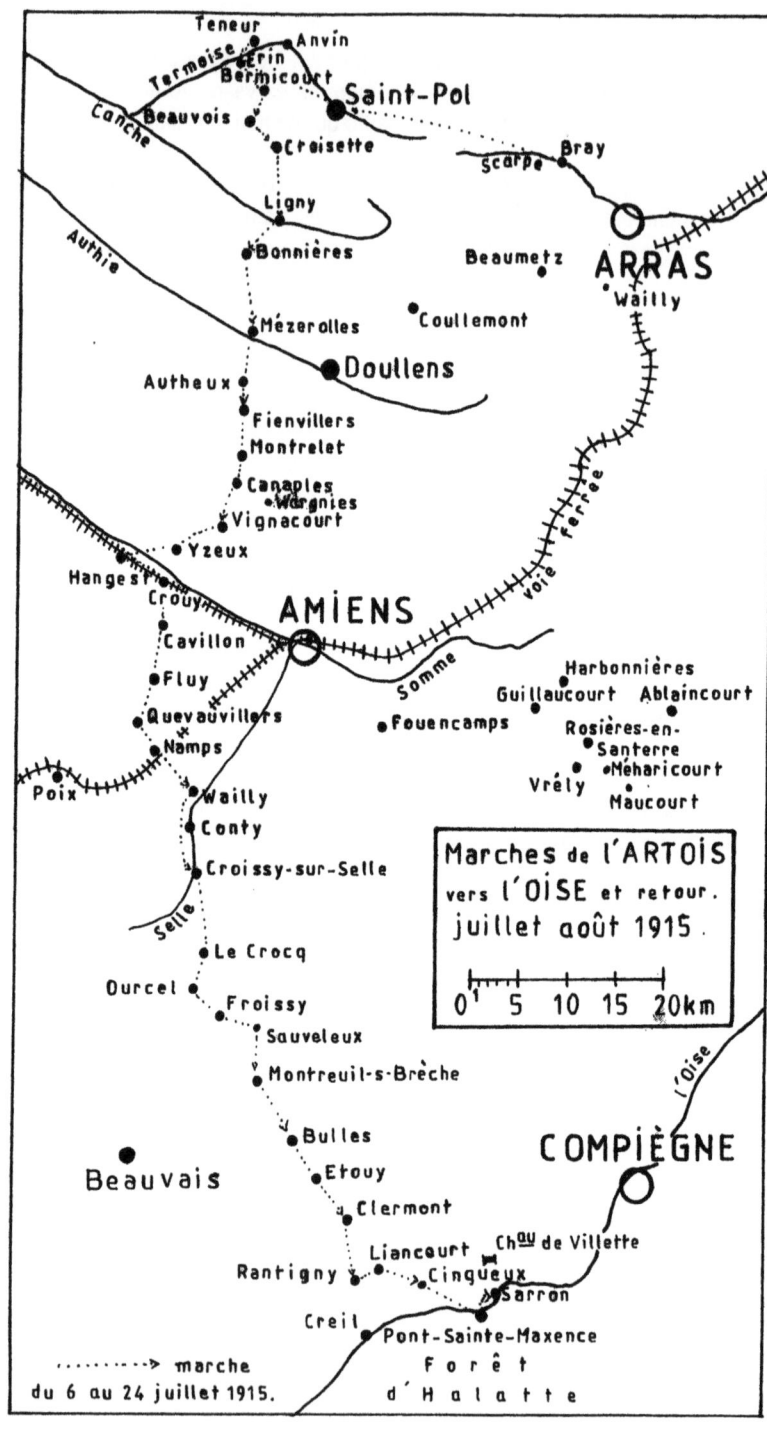

V

Après une marche vers l'Oise, retour en Artois vers Notre-Dame de Lorette. Mort au champ d'honneur de Saint-Luc (juillet 1915 à mars 1916)

13 juillet 1915 - Mardi : Agréable promenade des chevaux à travers de beaux bois et de belles vallées. Nous changeons demain de cantonnement, les permissions des officiers sont suspendues.

14 juillet - Mercredi : Je pars à 2h15 pour faire le cantonnement du groupe. Je fais la route avec Chenu et Thibault par Bermicourt, Le Bout-Haut, Beauvois, Croisette, Hautecôte et enfin Ligny-sur-Canche, où nous trouvons un cantonnement médiocre. Pas d'incidents. Je loge avec Grodvolh. Il pleut à verse.

15 juillet - Jeudi : Départ à 4h30 par Bonnières, Remaisnil jusqu'à Mézerolles, où nous cantonnons avec le 3ème groupe. Je me promène l'après-midi en compagnie de Bénazé. Les Anglais, paraît-il, prennent le front jusqu'à Amiens. Goldschmidt est de retour. D'Espinay Saint-Luc est cité à l'armée avec un laïus très élogieux, mérité du reste.

16 juillet - Vendredi : Petite étape avec l'infanterie, mais fort longue comme durée, par Autheux, Fienvillers, Montrelet, Fieffes et Canaples, où nous cantonnons avec la division et une foule d'autres troupes. Bonneterre et Marché sont de retour de permission. Je passe le soir avec Bonneterre. Il pleut, temps maussade.

17 juillet - Samedi : Vie très calme. Je reçois les tragédies de Sophocle. Concert donné par Grodvolh et Goldschmidt. Frézot dîne avec nous. Le capitaine est en verve pour réciter de l'Horace.

18 juillet - Dimanche : Nous quittons Canaples. Nous passons par Vignacourt (à-coups formidables devant le colonel), puis par Yzeux, Bourdon et Hangest-sur-Somme. Nous arrivons à Crouy où nous cantonnons avec le 3ème groupe. Nous voyons passer en chemin de fer des batteries du 20ème corps d'armée. Le capitaine va à Amiens.

19 juillet - Lundi : Départ de Crouy à 5 heures. J'ai l'insigne honneur de régler l'allure. Etape par Cavillon, Briquemesnil, Fluy, Quevauvillers, Namps-au-Mont, puis Wailly, où la 5ème cantonne avec le 1er groupe. Pays toujours pittoresque et verdoyant. Popote chez une parisienne qui n'a pas l'air d'avoir froid aux yeux.

20 juillet - Mardi : Etape infime. Nous allons à Luzières, non loin de Conty. Le capitaine Legros habite un château. Nous ne sommes pas mal à la 5ème. Grodvolh se nourrit de musique. Le soir il se détend à notre usine où se trouvent deux nymphes, ayant des prétentions pour le chant.

21 juillet - Mercredi : Séjour à Luzières. Concours hippique à la 4ème. Les notables de l'endroit nous honorent de leur présence. Le soir Mussat se signale comme accompagnateur au piano. Les nymphes de l'usine nous font leurs adieux.

22 juillet - Jeudi : Etape par Monsures, Croissy, Le Crocq, Ourcel-Maison, Puits-la-Vallée, Froissy, Sainte-Eusoye et Sauveleux, hameau où la 5ème cantonne seule. Pas d'eau.

23 juillet - Vendredi : Etape par Reuil-sur-Brèche, Montreuil-sur-Brèche, Bulles, Etouy, où tout le régiment est cantonné. Il a plu pendant la route. Pays couvert de bois et de forêts. Logement excellent.

24 juillet - Samedi : Dernière étape. Etouy, Clermont, Rantigny, Liancourt, Cinqueux, Pont-Sainte-Maxence et Sarron, où nous cantonnons. Les gens nous font bon accueil n'ayant encore vu aucun soldat. Le soir, nous nous promenons en bateau avec Grodvolh et l'instituteur. Nous essuyons un orage formidable sur l'Oise.

25 juillet - Dimanche : Messe à Sarron. On s'installe. Le capitaine Maurer part en permission avec Grodvolh.

26 juillet - Lundi : Je reprends le cours des sous-chefs. Je me promène à cheval avec le capitaine Viel dans la forêt d'Halatte. Gai déjeuner au château de Villette avec la 7ème.

27 juillet - Mardi : Promenade à cheval avec la batterie. Le curé me passe des odes d'Horace qui charment mes loisirs pendant ces pluies torrentielles.

28 juillet 1915 - Mercredi : Brusquement, j'apprends mon départ pour Bourges avec Bonneterre pour me mettre au courant du nouveau canon Schneider P.d.7. Départ vers 5h30 pour Creil où nous allons en voiture. Arrivons à Paris, toujours à sa place. Bonneterre nous quitte. Je vais directement à Bourges.

29 juillet - Jeudi : Arrivée à Bourges à 6h30. Je reconnais les lieux. Le colonel du 37ème me donne des tuyaux. Je revois des sous-officiers du 1er. Bonneterre et Migault arrivent à 12h20. Difficultés pour se loger. Enfin on y arrive. Je loge à l'hôtel central. Papa arrive le soir et passe la nuit à Bourges.

30 juillet - Vendredi : Nous allons à l'entrepôt de réserve générale où un ouvrier d'Etat (Gilquain) nous explique très aimablement et d'une façon très précise le canon de 75 Schneider type P.D.7.[1].

31 juillet - Samedi : Nous continuons nos cours. Nous avons obtenu des permissions de 24 heures du général Lucas. Je pars pour Tours à 3 heures. Temps très chaud.

DEUXIEME ANNEE DE GUERRE

1er août 1915 - Dimanche : Je revois cette bonne et nonchalante ville de Tours. Visite à Marmoutier chez Monsieur Cochard, toujours bien souffrant mais bien agréable causeur, puis chez Mademoiselle Christen. Mon frère Jean arrive dans la soirée de Romorantin.

2 août - Lundi : Fin de notre stage.

3 août - Mardi : Nous allons à l'entrepôt une dernière fois. Je dîne avec P. Deschamps.

4 août - Mercredi : Dépêche du colonel nous disant de prendre cinq jours de permission. Je pars pour Romorantin dans la soirée. J'y retrouve toute la famille.

---

[1] Canon de campagne fabriqué par les établissements Schneider et dérivé du 75 modèle 1897, moins puissant que celui-ci mais plus léger.

5 août 1915 - Jeudi : Je revois les sapins de la Sologne.

6 août - Vendredi : Promenade dans les bois.

8 août - Dimanche : Papa vient à Boisfuseau[1]. Mon frère André passe dans l'infanterie.

9 août - Lundi : Départ par une chaleur suffocante. Papa m'accompagne jusqu'à Blois. Je file sur Paris.

10 août - Mardi : Arrivée à Paris à 5 heures. A la gare du Nord, j'apprends que le 9ème corps d'armée a dû partir de Pont. Au Bourget on me le confirme. Je dois partir à 21 h 50 pour Guillaucourt. En attendant je retourne à Paris. Je déjeune à la Bastille. Je vais le soir jusqu'à la Banque de France voir F. Juglar[2] et je prends un train de ravitaillement à 21 h 50 au Bourget.

11 août - Mercredi : Arrivée à Guillaucourt vers 6 heures. Je fais 6 km à pied pour rejoindre la batterie à Rosières-en-Santerre. Nous occupons un front ultra calme. Mussat a une section "sur avions", l'autre, la mienne, est sur les tranchées. Je vais reconnaître avec le capitaine le secteur des fantassins (80ème et 114ème). Le commandant Durand du 114 se montre fort aimable. Hélas ma joie est de courte durée. La 2ème section va aussi tirer contre avions, alors qu'il y a à peine assez de canons pour tenir le front de notre secteur. Enfin c'est ma destinée. Le capitaine Maurer n'est pas content non plus.

12 août - Jeudi : Je vais prendre le commandement de la 2ème section jusqu'à ce que la 4ème et la 6ème nous remplacent dans notre mission.

13 août - Vendredi : Je suis désigné pour faire l'instruction du 75 Schneider P.d.7. au 3ème groupe. Je reste toute la journée à Rosières à attendre ledit groupe. Je reviens passer la nuit à la position. Nous passons quelques bons moments avec Saint-Luc et Bonneterre.

14 août - Samedi : L'adjudant me remplace dès le matin. Le capitaine Maury doit venir. Je retourne pour la nuit à la section.

---

[1] Propriété de famille à 4km à l'est de Romorantin.
[2] Fernand Juglar (1865-1932), chef de service de la Banque de France à Paris, oncle à la mode de Bretagne de l'auteur.

15 août 1915 - Dimanche : Toujours la même position. Le capitaine Legros me propose d'être adjoint au commandant Lazard ou de passer à la 9ème. Entre les deux, mon coeur ne balance pas.

16 août - Lundi : Nous devons aller le lendemain tirer sur avions mais j'apprends mon changement de batterie. Bonneterre est adjoint du 3ème groupe. J'avoue que je n'aurais jamais pensé à lui.

17 août - Mardi : Je vais rejoindre ma nouvelle batterie. J'y retouve le capitaine Maury et cet excellent Marchal. Le soir Marchal me montre son secteur, les observatoires, etc... Nous retrouvons Bénazé à la mairie de Maucourt.

18 août - Mercredi : Je passe la journée à l'observatoire. Bénazé me tient compagnie. Nous déjeunons ensemble. Les Allemands sont assez calmes.

19 août - Jeudi : Je reste à la batterie avec le capitaine. Je passe mon temps à lire. Histoire de chambre avec... Il paraîtrait même que je ne dois pas rester à la 9ème. Enfin nous verrons.

20 août - Vendredi : Je vais à l'observatoire. Je cause avec le capitaine de la 24ème compagnie du 338. Nous tirons quelques coups en réponse aux Allemands qui tirent vers Maucourt.

21 août - Samedi : Je reste à la batterie R.D.N.

22 août - Dimanche : Je passe ma journée à l'observatoire. Les Allemands envoient des bombes. Riposte par du 75. Je joue au bridge dans la soirée avec les fantassins. Essai de liaison la nuit par fusée.

23 août - Lundi : J'accompagne Marchal à Maucourt. Je rencontre le capitaine Viel et Bénazé. Ce dernier part à un cours de tir. O ironie !

24 août - Mardi : Je vais à l'observatoire. Bombardement du côté de l'échelle. Nous répondons. Gai déjeuner avec les officiers du 338. Le colonel me fait appeler le soir à Harbonnières. Papot est de retour à la 9ème où je reste provisoirement. Bénazé va peut-être passer dans l'aviation.

25 août 1915 - Mercredi : Je passe la matinée à la batterie. L'après-midi je remplace le capitaine Viel à son observatoire de Maucourt. Je dîne agréablement à la 7ème. Bruits de départ.

26 août - Jeudi : Je reste à la batterie R.D.N.

27 août - Vendredi : Je vais à la tranchée. Violent bombardement de Méharicourt à plusieurs reprises dans la journée. Je déjeune avec les fantassins de la 19ème compagnie du 338. Je tire le tromblon. On lance des bombes de 50 kilos. Le soir les fantassins du 125 sont relevés par le 327. R.D.N. pour les batteries.

28 août - Samedi : Je reste à la batterie. Bombardement de Méharicourt. Des officiers du 53 viennent voir notre position de batterie. Le soir violent orage.

29 août - Dimanche : Je vais à l'observatoire. Toujours les mêmes fantassins. Nous ne sommes toujours pas relevés.

30 août - Lundi : Je reste à la batterie. Papot part en mission spéciale pour six jours. Départ imminent.

31 août - Mardi : Je vais à l'observatoire. Les Allemands nous envoient des obus et une grosse bombe auxquels nous répondons. Le départ n'est pas encore pour aujourd'hui.

14ème MOIS

1er septembre - Mercredi : Je reste à la batterie R.D.N.

2 septembre - Jeudi : Je vais pour la dernière fois à l'observatoire. Le 15ème nous relève. Nous partons à 20 heures de Vrély. Marchal y reste jusqu'au lendemain.

3 septembre - Vendredi : Arrivée à Fouencamps vers 3 heures. Nous commençons par dormir dans la rosée. Finalement vers 6 heures nous avons un cantonnement. Mauvais temps. Nous ne partons que le lendemain.

4 septembre - Samedi : Nouvelle étape. Nous cantonnons à

Wargnies. Mauvais temps.

5 septembre 1915 - Dimanche : Nous nous dirigeons sur Doullens que nous traversons. Arrivée à Coullemont bourré de troupes. Nous retrouvons les fantassins, entre autre le 268 et 290[1]. Le capitaine Maury a reconnu les positions de la journée.

6 septembre - Lundi : Le capitaine et Marchal partent dans la matinée en reconnaissance. Je pars le soir avec la batterie à 5h30 par Beaumetz. Mise en batterie pénible à Rivière. Nuit glaciale passée sur l'herbe, bombardement assez violent mais sur les tranchées.

7 septembre - Mardi : On aménage l'emplacement. Papot est de retour. Il va le soir avec Marchal reconnaître le parcours du fil téléphonique. Toujours bombardement nocturne.

8 septembre - Mercredi : Je vais avec Marchal dans l'après-midi à l'observatoire. Nuit assez calme. Nous avons une ferme à 1300 mètres des Boches habitée par de bons vieux.

9 septembre - Jeudi : Nous allons avec Marchal jusqu'aux tranchées de 1ère ligne. Nous sommes canardés dans un boyau. Marchal perd sa jumelle. Déjeuner avec le capitaine Viel et Bénazé. Bridge. Violent bombardement de nuit.

10 septembre - Vendredi : R.D.N. Très beau temps. Le capitaine Viel déjeune avec nous.

11 septembre - Samedi : Nous nous promenons avec Marchal dans les tranchées. Bénazé nous plume au bridge. Calme plat.

12 septembre - Dimanche : R.D.N.

13 septembre - Lundi : On place une pièce pour tirer isolément la nuit. Nous sommes prévenus à la nuit. Nous ne tirons pas.

14 septembre - Mardi : Le temps se gâte. Nous plaçons la pièce à un endroit plus défilé. Je vais la pointer le soir.

---

[1] Régiments d'infanterie.

15 septembre 1915 - Mercredi : Je me promène à cheval à Beaumetz puis jusqu'à Dainville où je vais trouver le commandant Bondet de la part du capitaine. Le soir balade avec Marchal.

16 septembre - Jeudi : Nous nous promenons dans les tranchées le matin. Le soir nous faisons des tours d'horizon pour rechercher le chat maigre.

17 septembre - Vendredi : Saint-Luc vient me rendre visite. Toujours le même, plein d'entrain, il est enchanté de son 58. Le temps n'est plus où tous les trois avec Bonneterre, nous bavardions de longues heures ensemble en Belgique.

Παντᾶ ῥεῖ, οὐδέν μένει.[1].

Du moins, il reste toujours le souvenir.

18 septembre - Samedi : Dans la nuit du 17 au 18, explosions formidables d'une voiture de 3000 grenades. Dégats effrayants. Je déjeune chez d'Espinay Saint-Luc à Wailly, puis je fais un tour avec lui dans les tranchées et nous terminons l'après-midi à Rivière tranquillement. D'Espinay a de vagues idées noires.

19 septembre - Dimanche : Bénazé vient déjeuner avec nous. Je vais dans un poste d'écoute du 77ème voir les coups que le capitaine doit tirer à 5 heures. J'en vois deux seulement. Temps délicieux pour se promener.

20 septembre - Lundi : Nous canonnons davantage. Le grand jour approcherait-il ? Le soir très violent bombardement des tranchées allemandes. Le maréchal des logis Parot est grièvement blessé au pied par un obus isolé.

21 septembre - Mardi : Matinée calme. Le soir reprise de la canonnade. Marchal va régler avec Papot à l'observatoire. Est-ce J-N ?

22 septembre - Mercredi : Continuation de la canonnade. Papot doit commander deux pièces de la 7ème.

---

[1] "Tout s'écoule, rien n'est fixe", formule résumant la philosophie d'Héraclite, philosophe grec (576-480 Av.J.-C.).

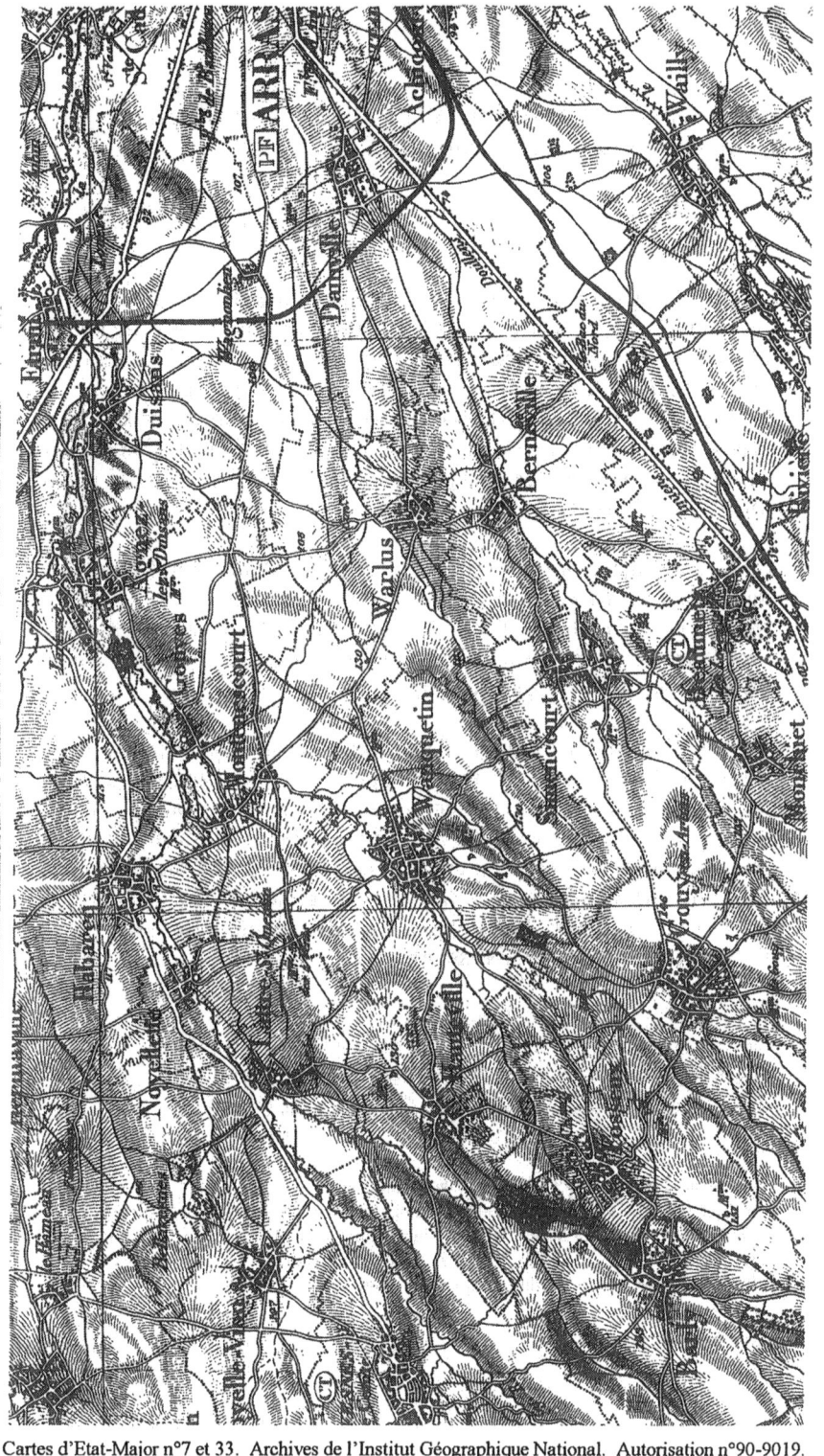

Cartes d'Etat-Major n°7 et 33. Archives de l'Institut Géographique National. Autorisation n°90-9019.

23 septembre 1915 - Jeudi : Marchal bourgeonne. Je vais jusqu'à l'observatoire du 33. R.D.N. On fait des brèches dans les réseaux de fil de fer. Le soir le temps change, orage, pluie.

24 septembre - Vendredi - Automne : La canonnade continue de notre côté. Très mauvais temps.

25 septembre - Samedi : Très vive canonnade du côté du Nord, dès le jour. Nous nous préparons à l'attaque ; à partir de 7h, la batterie tire; à 12h25 attaque. Nous tirons sans discontinuer jusque vers 3h. Alors nos canons P.d.7. ne rentrent plus en batterie[1]. Ils ne valent pas nos 75. Bilan de la journée. Du côté anglais très bonnes nouvelles. Loos et Hulluch pris, Lens est menacé. La 17ème, la 18ème et la 452ème division d'infanterie ont attaqué, mais sont revenues aux parallèles de départ. Nous avons du moins occupé les Allemands.

26 septembre - Dimanche : Matinée calme. En Champagne l'attaque a très bien réussi. 18000 prisonniers, dit-on, avance de 10 km sur un front de 40 km. Nous allons à l'observatoire l'après-midi avec Marchal. Les Allemands sont calmés. Les fantassins occupent le chemin de crête. Nous causons longtemps avec un capitaine du 141 territorial.

27 septembre - Lundi : Il paraît que Thélus est pris. Tout va bien. Hélas à 13 heures j'apprends la disparition de ce brave Saint-Luc, puis un peu plus tard la nouvelle de sa mort. Il est tombé en chargeant à la tête des fantassins du 68. Il a voulu servir ainsi l'honneur de son nom, dit-on. Je vais à Wailly, où je puis le voir une dernière fois étendu sur son lit de paille dans cette petite maison, où je l'avais trouvé si gai huit jours auparavant. Enfin, c'est la guerre. Ce sont ces sacrifices là qui nous vaudront la victoire. En attendant ma tristesse est intense.

28 septembre - Mardi : Je vais à cheval jusqu'à Gouy-en-Artois. On me donne des tuyaux à l'état-major du 9ème corps d'armée. Je vois Grodvolh à Beaumetz. Il est bien attristé lui aussi. C'est lui qui était chargé de prévenir la famille de Saint-Luc. Nous cheminons ensemble sur la route

---

[1] A chaque départ d'obus, le tube du canon recule surcomprimant l'air du cylindre de frein par l'intermédiaire d'un piston repoussant l'huile, puis revient en position de tir sous l'effet de la décompression de l'air du cylindre. Lorsque le tube ne revient pas en avant on dit que « le canon ne revient pas en batterie » et avant de reprendre le tir, il faut procéder à des vérifications, notamment l'huile du frein hydropneumatique.

d'Arras, bien tristement. La version qu'il me donne, c'est que Saint-Luc est parti avec le 114, puis est revenu entraîner les fantassins et qu'il a été tué en allant rechercher sa canne qu'il avait oubliée dans les fils de fer. Il est enterré demain à 8 heures.

D'ESPINAY SAINT-LUC
BERTRAND (2 cit.), sous-lieutenant au 49ᵉ d'art.
Officier doué des plus belles qualités militaires. Depuis son affectation au service de l'artillerie de tranchées, a fait preuve d'un grand courage et d'un beau sang-froid. Blessé à l'attaque du 17 juin 1915, a refusé d'être évacué, préférant rester au service de sa batterie, donnant ainsi un bel exemple de dévouement et d'énergie.
Officier d'une activité et d'une bravoure remarquables. A fait preuve, aux attaques des 24 et 25 septembre 1915, d'un calme et d'un sang-froid au-dessus de tout éloge. N'a pas hésité à suivre les premières vagues d'infanterie au moment de l'assaut pour faire une reconnaissance plus rapide du terrain. Est tombé mortellement blessé.

29 septembre - Mercredi - Saint Michel du péril de la mer : Je vais à la messe à Rivière. Je n'ai pas le courage d'aller à Beaumetz à l'enterrement de Saint-Luc et entendre son oraison funèbre. Tout cela, c'est du "flatus vocis"[1]. Je reste dans mon coin, replié sur moi-même, assailli par un défilé de souvenirs qui me passent dans l'esprit. Je vais à Beaumetz, où je pousse jusqu'au cimetière pour reconnaître la tombe de Saint-Luc. Je passe quelques instants avec Grodvolh, puis je reviens à Rivière.

30 septembre - Jeudi : Nous apprenons notre départ pour la soirée. Où allons-nous ? Nous partons le soir à 8 heures pour Caucourt, au nord d'Aubigny-en-Artois, par une pluie battante.

1er octobre - Vendredi : Nous y arrivons vers 2 heures du matin, nous couchons dans la rosée dans l'attente d'un cantonnement du reste assez médiocre. Nous espérons y rester une nuit.

2 octobre - Samedi : Réveil à 1 heure. Nous partons pour le coron des Brebis près de Grenay où nous arrivons vers 6 heures. J'ai des coliques qui me coupent en deux pendant la route. Finalement nous restons au coron. On ne sait pas très bien ce que l'on veut faire de nous. Le commandant est parti en reconnaissance. Je vais faire un petit pèlerinage à Grenay jusqu'à la position du 9 mai près du Marais. J'ai passé de bien bonnes heures dans ce coron avec Bonneterre et

---

[1] C'est du vent (mot à mot : vent de la voix).

Saint-Luc. Que cela est loin. De nous trois, il en manque un maintenant. Le capitaine part vers 18 heures en reconnaissance. Nous allons nous mettre en batterie au nord de la route de Houchain, derrière Loos, à côté des Anglais.

3 octobre 1915 - Dimanche : Nous reconnaissons les lieux. Les Anglais se sont battus ferme pour prendre Loos. Nombreux cadavres anglais et même français provenant de l'attaque du 9 mai. Nous allons à Loos, Marchal et moi. Nous y sommes canardés ainsi qu'au retour. Les marmites tombent constamment autour de nous.

4 octobre - Lundi : Toujours le bombardement. Le capitaine règle ses pièces.

5 octobre - Mardi : Le capitaine règle sa batterie dans la matinée. Les Allemands ripostent aussitôt avec du 150. Ça ne va pas, paraît-il, entre Bonneterre et le commandant. Qui va lui succéder, s'il ne reste pas ?

6 octobre - Mercredi : Bonneterre quitte le groupe. Il est remplacé par un aspirant nommé sous-lieutenant. Bombardement des batteries anglaises.

7 octobre - Jeudi : Matinée brumeuse et calme. Le soir, coup malheureux sur notre batterie. **Je suis enfoui complètement**[1]. Marchal me retire. Papot est retiré du gourbi sans aucun mal, le capitaine aussi. Nous nous en tirons à bon compte. La batterie anglaise de notre gauche prend aussi quelque chose. La 7ème m'offre une généreuse hospitalité.

8 octobre - Vendredi : Nouveau bombardement dans la matinée. Les Allemands décidément nous en veulent. Mais ce n'est que le réglage. Vers 12h30, bombardement continu de la crête et des batteries avec des obus suffocants. La batterie se met à tirer sous un feu violent de 15 et de 21[2]. Enfin, nous arrivons tout de même à riposter. De plus, le gaz nous fait pleurer à chaudes larmes. Vers 16 heures le bombardement allemand

---

[1] L'auteur a souvent raconté à sa famille cet ensevelissement vivant, juste à l'entrée d'une tranchée. Entièrement recouvert de terre, il était conscient, n'était pas blessé, pouvait respirer, mais ne pouvait absolument pas bouger, pas même le petit doigt. L'officier le précédant ne le voyant plus, s'est écrié "Où est Grison ?" Ne recevant aucune réponse et ne le voyant toujours pas, il a pensé qu'il était enfoui et, aidé d'autres camarades, a pu le déterrer sain et sauf.

[2] Calibres d'obus de l'artillerie adverse exprimés en centimètres.

diminue d'intensité. Anglais et Français en profitent pour tirer à outrance. Nous apprenons que l'attaque allemande a été repoussée dans notre secteur. Marchal a manqué être asphyxié au poste d'observation.

9 octobre 1915 - Samedi : Journée brumeuse et très calme. Papot va aux Brebis.

10 octobre - Dimanche : Je vais à mon tour aux Brebis. Je déjeune chez Goldschmidt avec Mussat et Grodvolh. Le capitaine Viel m'offre le soir un somptueux dîner. Nous bavardons longtemps ensemble.

11 octobre - Lundi : Je pars des Brebis vers 9 heures avec le capitaine Viel. Les Allemands sont plus agités que les jours précédents. Très violente canonnade à notre droite. De notre côté, les batteries anglaises se font toujours canarder avec des marmites. On n'a pas l'impression d'une attaque dans notre secteur. Je vais à l'observatoire vers 15 h. Nous avons attaqué, paraît-il, du côté de Grenay. Les Allemands emploient toujours les obus suffocants. Le groupe s'étend sur la gauche pour seconder une attaque anglaise éventuelle. Je reviens à la batterie. La nuit vient de bonne heure maintenant. Les soirées sont longues.

12 octobre - Mardi : Il s'en est fallu de peu que je ne commence jamais ce 3ème carnet[1]. Ce matin, tandis que Marchal réglait, un obus est tombé sur la 2ème pièce près de laquelle je me trouvais, démolissant canon et caisson et m'assourdissant presque complètement. Un de nos pointeurs Roy est blessé assez sérieusement au bras. Je reste passablement abruti. Décidément notre position n'est guère sûre, d'autant que par des temps clairs comme aujourd'hui, on est vu de partout. Les Anglais doivent attaquer demain, paraît-il, et nous devons les soutenir en tirant sur le "Bois Hugo".

13 octobre - Mercredi : Attaque des Anglais, nous avons comme mission de battre le "Bois Hugo". Les Allemands nous ont laissés assez tranquilles aux batteries, sauf au début où la 7ème a eu des blessés. Un téléphoniste du commandant a été tué. Les Anglais ont pris la redoute Hohenzollern. Le soir, les Boches nous empestent avec leurs obus suffocants au moment du dîner.

---

[1] Il s'agit du 3ème carnet manuscrit de l'auteur qui commence ce jour 12 octobre 1915 et se continue jusqu'au 16 juillet 1916.

Campagne de 1915 (suite)

12 Octobre — Mardi
N°178 s'en est fallu de peu que je ne commence jamais ce 3e carnet. Ce matin, tandis que Marghal réglait, un obus est tombé sur la 2e pièce près de laquelle je me trouvais, démolissant bouclier et caisson et m'assourdissant presque complètement. Un de mes pointeurs Rey est blessé assez sérieusement au bras. Je suis passablement abruti. D'ailleurs notre position n'est guère sûre, d'autant que par des temps clairs comme aujourd'hui on est vu de partout. Les Anglais doivent attaquer demain, paraît-il et ne devons les soutenir en tirant sur le Bois Hugo.

13 Octobre — Mercredi
A l'égard des Anglais, nous avons consigne mission de battre le Bois Hugo. Les Allemands ne ont pas pensé assez tranquilles aux batteries, sauf au début où ils ont cru des pluies d'obus téléphonistes les communiquant par tir. Les Anglais ne font, dit-on, aucun progrès et les Boches nous empestent avec leurs obus suffocants au moment du dîner.

14 octobre 1915 - Jeudi : Je vais au repos aux Brebis. Je déjeune avec le docteur Durand et l'état-major. Grodvolh m'entraîne à Béthune. Je passe avec lui un agréable après-midi. Je dîne au 2ème groupe de Mussat et le capitaine Maurer s'y trouvait aussi. En passant à Noeux-les-Mines, nous avons vu défiler les Ecossais rentrant au son de la cornemuse. Cette guerre est vraiment originale, on se serait cru transporter à une époque lointaine. Ce son triste et mélancolique évoquait les landes et les bruyères d'Ecosse en plein pays de mines et en pleine guerre moderne (décor de Walter Scott).

15 octobre - Vendredi : Je rentre à la position. Journée calme mais triste et brumeuse.

16 octobre - Samedi : Toujours la brume. La 7ème est au repos à Barlin. Le capitaine Maury apprend qu'il va être affecté à la 33ème brigade, ce qui ne l'enchante pas.

17 octobre - Dimanche : Je vais aux Brebis. Le capitaine Maury quitte la batterie. Je dîne seul. Monsieur Longuet, mon ancien professeur de l'école Saint-Grégoire de Tours, n'a sans doute pas pu venir. On ne parle plus du 9ème corps d'armée en Serbie.

18 octobre - Lundi : Nous restons tous à la batterie. Matinée brumeuse. Nous changeons d'observatoire. J'y reste l'après-midi avec Marchal. Quelques obus de 15 tombent près de notre gourbi à la batterie.

19 octobre - Mardi : Toujours brouillard intense dans la matinée. Le soir, le soleil se lève. Marchal va à l'observatoire. Je l'y remplace vers 3 heures. A 5 heures les Allemands attaquent vers la redoute Hohenzollern mais nous apprenons ensuite qu'ils ont été repoussés.

20 octobre - Mercredi : Je vais aux Brebis. Je déjeune avec le docteur Durand. Je bavarde quelque temps avec Grodvolh et je termine très agréablement la journée en compagnie de Bénazé.

21 octobre - Jeudi : Rien de nouveau à la batterie. Toujours le brouillard. Des officiers anglais viennent chercher des souvenirs à la batterie. Nous comblons leurs désirs avec des douilles de 75. Nous partons vers 7 heures au repos, nous arrivons vers 10 heures à Barlin.

22 octobre - Vendredi : Installation au cantonnement, qui n'a rien d'extraordinaire. C'est le pays noir. Nous ne sommes pas trop mal logés. Je vais avec le vétérinaire Magneron voir la sortie des mineurs d'un puits. Marchal et Papot se promènent à cheval. Nous dînons gaiement avec Magneron. Le docteur Durand nous a fait une agréable visite, n'ayant pu trouver le capitaine Lejeune affligé d'une timorite aiguë.

23 octobre - Samedi : Nous restons tous à Barlin. Nouhault sénior[1] déjeune avec nous. Nous passons tout l'après-midi avec lui.

24 octobre - Dimanche : Mauvais temps. Bénazé déjeune avec nous. Nous partons à 3h30 pour la position de batterie. Nous y arrivons sans encombre.

25 octobre - Lundi : Temps épouvantable. Il pleut toute la journée. Nous vivons dans notre trou à la lueur d'une bougie. Il y a un mois c'était l'attaque de Wailly de triste mémoire. Les jours passent bien lentement. Où sont ces bonnes journées de Belgique, où malgré la boue, la pluie, on n'avait cependant pas le temps de s'ennuyer avec le Chevalier d'Ahun, le capitaine Maurer, Naud, Bonneterre et surtout ce brave d'Espinay Saint-Luc. Mais où sont les neiges d'antan! Nous n'étions alors qu'au début de cette guerre gigantesque et surtout de cette guerre de tranchées, qui est plutôt fastidieuse par ces temps de brume. Je lis de l'Huysmans[2] pour tuer le temps.

26 octobre - Mardi : Très belle journée. Clarté merveilleuse. Marchal va aux Brebis. Nous réglons avec Papot sur la fosse 14 bis. Malheureusement les Boches prennent notre succession et règlent sur la batterie. En quatre coups de 15, ils nous démolissent un canon et deux caissons. Pas de blessés heureusement. Marchal revient le soir à la position. Je vais aux Brebis car je dois partir en permission demain.

27 octobre - Mercredi : Grodvolh nous emmène à Béthune avec Anger dans son carrosse. Il s'en faut de peu que nous ne versions malgré la connaissance approfondie de Grodvolh dans l'art de conduire en grandes guides[3]. Déjeuner rapidement expédié. Nous prenons le train à 11h30. Lenteur désespérante. Enfin nous arrivons à Paris vers 9h30 du soir. Plus de train pour Tours, je couche à l'hôtel.

---

[1] Il y a deux Nouhault au 20ème régiment d'artillerie, Emile et Léonce.
[2] Ecrivain français (1848-1907).
[3] Allusion à la guide d'un cheval de voiture tenue longue pour le faire avancer vite.

28 octobre 1915 - Jeudi : Je m'arrête à Orléans où je vois la famille quelques heures. Je repars pour Tours. Je voyage avec Léveillé, maintenant lieutenant de génie. Il a été blessé à Prosnes. Il m'apprend la mort de Morizot. Décidément il n'en restera plus parmi mes meilleurs camarades artilleurs. Perte déjà d'Aboville[1] : Morizot, Saint-Luc. Enfin c'est la guerre et quelle guerre lente. J'arrive à Tours à bon port. Mon oncle Joseph[2] et ma tante m'attendent à la gare, car ils partent demain pour Le Havre.

29 octobre - Vendredi : Je me promène un peu. Temps triste et froid.

30 octobre - Samedi : Repos complet.

31 octobre - Dimanche : R.D.N.

1er novembre - Toussaint : Je vais aux offices à la cathédrale. Nous allons avec papa jusqu'au cimetière.

2 novembre - Mardi : Je vais jusqu'à Marmoutier où je trouve Monsieur Liran, puis rue Manceau, où je rencontre Monsieur Courtois[3].

3 novembre - Mercredi : Visites chez Madame Valentin, puis chez Monsieur Cochard toujours assez souffrant physiquement mais très actif d'esprit. Je termine mes permissions en dînant chez tante Madeleine.

4 novembre - Jeudi : Départ de Tours à 3h23. Arrivée à la gare du Nord vers 8heures. J'y retrouve Anger. Nous allons ensemble à Creil. Notre train ne partira pas avant la nuit. Retour à Paris. Finalement nous partons vers 9heures du soir pour Barlin.

5 novembre - Vendredi : Tout va bien jusqu'à Saint-Pol. Puis lenteur désespérante du train, enfin vers 11heures nous débarquons à Barlin. Là nous apprenons que le régiment est à Division. J'y vais sur des

---

[1] Nom du quartier de l'école d'artillerie de Poitiers.
[2] Joseph Boudon, qui a été sous-directeur de la banque de Paris et des Pays-Bas à Bruxelles et dont la femme est Charlotte Petit, est aussi l'oncle du capitaine Viel commandant la 7ème batterie.
[3] Louis Liran est le directeur du collège Saint-Grégoire de Tours et Georges Courtois est le directeur honoraire.

avant-trains de la 7ème. A Divion j'apprends que le 3ème groupe est à Heuchin à 17km au moins. Gaffe monumentale au P.C. du 2ème groupe. Finalement je repars pour Heuchin sur des avant-trains de la 7ème. J'y arrive vers 18h.R.D.N. à la 9ème. Tout le régiment est au repos.

6 novembre - Samedi : Le pays est très pittoresque. Nous faisons avec Papot dans la soirée une très belle promenade à cheval du côté de Teneur, Ambricourt, Crépy, Equirre.

7 novembre - Dimanche : Je suis de jour. Je vais à la promenade des chevaux dans la matinée. Brouillard intense toute la journée. Nous jouons au bridge avec la 7ème et le corps médical toute l'après-midi. Malheureusement ce froid humide a eu une influence désastreuse sur mes intestins.

8 novembre - Lundi : Mauvais temps. Nous ne bougeons pas de la journée ni les uns ni les autres.

9 novembre - Mardi : Nous faisons Papot et moi une agréable promenade à cheval, en terrain varié à travers bois, plaines, vallées, collines. Nous sautons fossés, tas de betteraves, etc... Le soir dîner très gai avec le docteur Durand, Clouzeau et Magneron. Malheureusement Marchal a un furoncle à la lèvre, qui le gêne beaucoup.

10 novembre - Mercredi : Marchal est assez souffrant et garde le lit. Messe à 11h30 pour les morts du régiment. Le commandant Lazard doit revenir aujourd'hui.

11 novembre - Jeudi : Le commandant est de retour. Tempête épouvantable. Marchal ne va pas mieux.

12 novembre - Vendredi : Marchal est évacué. Le commandant visite le cantonnement. Puis, c'est le tour du général Curé. Toujours temps affreux. Clouzeau et Magneron nous tiennent compagnie.

13 novembre - Samedi : Nous sommes sur notre départ. La 7ème part le soir même, nous ne partirons que le lendemain.

14 novembre - Dimanche : Départ à 6h30. Nous faisons d'une seule traite les 40km d'Heuchin aux Brebis. Reconnaissance. Bonne position de batterie mais objectif fastidieux et difficile. Les tranchées ne sont qu'à 80 mètres au plus les unes des autres. Les batteries arrivent dans la nuit du 14 au 15.

15 novembre - Lundi : A 2 heures arrivée de la batterie. Départ à 4 heures des Brebis. Temps glacial, il a gelé. Enfin nous arrivons à la position du 33 (capitaine de Sainte-Marie). On finit par placer les pièces. Je règle en direction. Le commandant a toujours une imagination délirante.

16 novembre - Mardi : Je vais à Loos pour régler sur le crassier. Je rends visite à une foule de fantassins du 77. Un capitaine m'offre aimablement à déjeuner. Je règle sur la tranchée de première ligne avec deux pièces, ce qui n'est pas sans danger. Vers 5 heures, nous rentrons avec les téléphonistes. Les Boches nous saluent près de la route de Lens et nous forcent à attendre pendant plus d'une demi-heure la fin de leur bombardement.

17 novembre - Mercredi : Journée calme. Il tombe des ondées continuellement. Je tire quelques coups de canon sur une maison de la route de Lille. Nous faisons connaissance avec notre nouveau capitaine.

18 novembre - Jeudi : La batterie a une pièce à l'ancienne position. Le matin, brouillard intense. Malgré tout, je vais avec le commandant voir avec peine quelques coups fusants. Je vais déjeuner aux Brebis où je retrouve aussi le capitaine Petitcolas. Le soir, gai dîner avec Marchal, qui est de retour, le capitaine et Benazé. Je rentre coucher à la batterie.

19 novembre - Vendredi : Marchal revient à la batterie. Nous allons le soir au poste d'observation. On ne voit rien à cause de la brume.

20 novembre - Samedi : Nous allons le matin à l'observatoire du crassier de Loos. Nous ne pouvons avoir la communication avec la batterie et nous rentrons bredouilles.

21 novembre - Dimanche : Le temps se refroidit. Nous tuons le temps en lisant ou en jouant au bridge. Papot enfile des boyaux avec sa pièce isolée.

22 novembre - Lundi : Nous partons de bonne heure pour Loos.

Arrivés au crassier, nous ne voyons pas à vingt pas à cause du brouillard. Nous revenons encore bredouilles. Le 68 craindrait une attaque boche. Nous sommes prêts. L'aumônier vient nous voir. Tir de contrôle, erreur de site à la 3ème pièce, d'où coup court. Mon frère André va partir sur le front comme fantassin. Que Dieu le garde !

23 novembre - Mardi : Je suis désigné pour faire tirer un canon de 80 de montagne placé dans la Pépinière. Je vais le matin au P.C. du "colon" du 68. J'y retrouve le capitaine Cabestan et Adhamar qui nous montrent l'emplacement de ma pièce. Brouillard intense, on ne voit rien. A 1h30 je rends visite au général de division. Il faut que je tire après-demain. Marche et contre marche pour rassembler mon personnel. Je dîne avec Grodvolh et Marché et rentre coucher à la batterie.

24 novembre - Mercredi : Je retourne à ma pièce. Elle s'installe péniblement. Bourgoin me perd une culasse. Je rends visite au commandant Quillet, très aimable. Il a connu mon oncle Ferdinand[1] autrefois à Poitiers. L'orientation de la plate forme est mauvaise. D'où travail supplémentaire. Je pose une ligne jusqu'au crassier.

25 novembre - Jeudi : On aménage la position. Transport de munitions. Cela va lentement. Le 58 fait un tir, auquel les Boches répondent vertement.

26 novembre - Vendredi : Temps épouvantable. Il neige. Les Boches bombardent le crassier avec du 105 fusant. Enfin mes travaux avancent.Je tirerai ce soir. Le téléphone marche mal. Enfin, vers 19h30 ma pétoire envoie des coups fusants ; la direction n'est pas mauvaise, c'est le principal. Je reviens exténué, couvert de boue, car les boyaux sont remplis de flaques d'eau.

27 novembre - Samedi : Je me repose la matinée. Vers 11 heures les Boches nous bombardent avec du gros calibre ainsi que nos bons voisins les Anglais. Je pars vers 12h30 vers la Pépinière. Je compte tirer vers 15h30. Mais je suis arrêté en route par un bombardement effroyable du crassier de Loos avec 105, 15 cm et 21. Je ne puis rejoindre le sous-officier et le téléphoniste du commandant qui m'avaient devancé, car la tranchée est comblée et les Boches tirent sur quiconque veut passer. Je reviens donc à la batterie n'ayant pu tirer que deux coups que je n'ai à

---

[1] Chef d'escadron Grison, artilleur (polytechnique 1887-89)

peine pu voir. A mon retour j'apprends que le téléphoniste a été blessé (bras cassé) et que le sous-officier s'en est tiré.

28 novembre 1915 - Dimanche : Il gèle dur. Je pars à 6h15. Impossible de réparer la ligne qui est en miettes. Je règle en plusieurs fois en faisant tirer ma pièce à heure fixe. Les Boches sont plus calmes. Quelques rafales seulement sur le crassier. Enfin j'ai pu tirer les coups avec cette fameuse pièce. L'état-major sera content. Si on m'en donnait les moyens, je pourrais peut être faire du travail intéressant.

29 novembre - Lundi : Il dégèle. Nous devons être relevés le soir par le 33. Je vais passer la consigne de mon canon de 80 à travers les boyaux dans un état lamentable. Les Boches lancent des bombes à la Pépinière. Je vais coucher aux Brebis.

30 novembre - Mardi : Je pars vers 10 heures avec mon ordonnance. Je déjeune à Bruay avec des artilleurs du 21ème corps d'armée, dont l'un, le sous-lieutenant Dumas, camarade de Saint-Luc, m'avait accompagné dans la reconnaissance du Bois du Polygone le 5 décembre 1914. J'arrive à Heuchin vers 4 heures. Cantonnement tout changé.

1er décembre - Mercredi : La journée se passe à faire le cantonnement. Le docteur Durand et Clouzeau viennent passer la soirée avec nous. Il paraîtrait que nous allons changer de cantonnement.

2 décembre - Jeudi (Austerlitz)[1] : Nous allons l'après-midi à Saint-Pol avec Marchal et le docteur Durand. Agréable promenade. Nous rentrons pour un bridge. Le soir à 10 heures, j'apprends que je vais remplacer Mussat à la 5ème, lequel part en mission ; de plus, le groupe va cantonner à Aumerval et Bailleul-lès-Pernes.

3 décembre - Vendredi : Je quitte Heuchin par un temps épouvantable. Je fais l'étape moitié à cheval, moitié en voiture. Enfin j'arrive vers 1heures à Mazingarbe où je trouve Mussat et Nouhault. Mussat va suivre l'instruction des auto-canons et ne compte guère revenir. Il se pourrait donc que je revienne définitivement à la 5ème. J'attends le retour du capitaine Maurer qui est en permission. Départ de Mussat, je reste avec L. Nouhault.

---

[1] Allusion à la bataille d'Austerlitz que l'empereur Napoléon 1er remporta le 2 décembre 1805 sur les Autrichiens et les Russes

4 décembre 1915 - Samedi (Sainte Barbe) : Temps toujours affreux. Naturellement pas un avion. Je passe la soirée avec Nouhault. Nous nous tenons mutuellement compagnie.

5 décembre - Dimanche : Je fais un tour aux deux sections, celle de Mazingarbe et celle de Vermelles, puis je reviens à la grand'messe de Mazingarbe. Nous allons le soir avec Nouhault voir les officiers anglais de la section d'auto-canon. Ils sont très aimables et nous offrent un thé somptueux.

6 décembre - Lundi : Vent terrible. Naturellement pas d'avions. Je passe solitairement ma journée, car Nouhault est allé faire un tour jusqu'à Béthune.

7 décembre - Mardi : Rien de nouveau. Le capitaine Maurer rentre à la batterie. Nouhault nous quitte. Il m'a bien tenu compagnie pendant ces quelques jours.

8 décembre - Mercredi : Assez belle journée. Je vais du côté d'Aix-Noulette, pour savoir où trouver le 158ème. J'apprends que je rencontrerai sans doute André à Verdrel. A mon retour, j'apprends que je retourne à la 9ème le 14 et que Marchal arrive à la 9ème le 10. Combinaisons vraiment bizarres. C'est sans doute le 80 de montagne qui me vaut ce retour au 3ème groupe. Je suis considéré comme un idoine en ce genre de sport, qui ne me déplaît pas, car on se promène et personne ne s'avise de venir me donner des conseils.

9 décembre - Jeudi : Journée épouvantable. La pluie ne décesse pas. Nous restons toute la journée à la ferme avec le capitaine. Ce ne serait vraiment pas très varié de rester constamment contre avions.

10 décembre - Vendredi : Il pleut toujours. Marchal arrive à la 5ème vers midi. Je vais l'après-midi à la recherche d'André. Je vais jusqu'à Rebreuve près d'Houdain. Je n'ai pas de chance. Je ne trouve que son sergent-major qui m'apprend que sa compagnie vient de partir pour les tranchées.

11 décembre - Samedi : Mauvaises nouvelles des Balkans. Je vais avec Marchal jusqu'à Vermelles. Il fait un vent effroyable. Le capitaine va se promener à cheval dans la soirée. Je reste tranquillement à la ferme.

12 décembre 1915 - Dimanche : R.D.N. Nous allons à la grand'messe. Forte canonnade du côté de La Bassée. Nous faisons quelques parties de bridge.

13 décembre - Lundi : Soleil radieux dans la matinée. Le temps est plus froid. Le 33ème vient reconnaître les lieux pour remplacer la 5ème contre avions. Nous terminons la journée par quelques parties de bridge.

14 décembre - Mardi : Je pars à pied vers 7 heures avec Marchal. Je l'accompagne jusqu'au "Maroc" où je quitte la quinte[1]. Je rentre à la 9ème. Le capitaine Petitcolas est parti depuis le matin avec le commandant pour Loos. Notre position n'a pas changé d'aspect. Le capitaine tire pour régler. Irrégularités de portée et de direction. Il revient vers midi assez boueux. Nous passons tranquillement la soirée ensemble.

15 décembre - Mercredi : Froid de canard. J'accompagne le capitaine à l'observatoire de la route de Vermelles. Nous prenons la hausse du jour, assez différente de celle d'hier. Il me faut m'occuper de la pièce isolée en l'absence de Papot. Je vais le soir avec le commandant à son P.O.[2]. Mais le téléphone ne marche pas. Multitude d'objectifs.

16 décembre - Jeudi : Le commandant me fait dire vers 7 heures qu'il m'attend pour aller à Loos. J'apprends qu'il est parti à toutes jambes sans m'attendre. Je le retrouve chez le chef de bataillon avec le capitaine Viel. Nous devons tirer devant lui. Impossible d'avoir une communication quelconque. Nous revenons bredouilles, chacun de notre côté, après avoir essuyé quelques 105 sur le crassier. Brouillard toute la journée, le capitaine essaie cependant de tirer avec la pièce isolée mais est obligé d'y renoncer ; je fais un bridge à la 7ème avec Bénazé, Mounier et le docteur Durand. Le commandant me fait appeler le soir, pour nous faire part de ses projets approuvés par le colonel au sujet d'une nouvelle pièce isolée, mais qui risque fort d'être écharpée cette fois.

17 décembre - Vendredi : R.D.N. Brouillard intense toute la journée. E. Nouhault se charge maintenant de mon 80. En revanche, le 1er groupe nous passe un canon, dont je serai sans doute chargé, d'après ce que m'a dit le commandant hier soir. Je ne demande pas mieux, si je puis

---

[1] Il s'agit des corons du Maroc, la quinte étant la 5ème batterie.
[2] Poste d'observation.

ainsi empoisonner les Boches. C'est ce qu'il faut chercher avant tout en ce moment. J'apprends que mon oncle part pour l'Orient avec son groupe lourd et qu'il emmène Jacques, mon frère, avec lui.

18 décembre - Samedi : Brouillard intense. Le commandant n'en emmène pas moins le capitaine à Loos où ils ne voient rien. Journée lugubre ; je ne bouge pas de la position.

19 décembre - Dimanche : Clarté merveilleuse dans la matinée. Le capitaine tire de l'observatoire. R.D.N.

20 décembre - Lundi : Vive canonnade anglaise dans la nuit. Je vais à Loos de bonne heure pour tirer sur un ouvrage boche. Brouillard. Je prends la hausse de la 1ère pièce. Je retourne à la batterie où la batterie tire sous les ordres du commandant ! Je lui fais remarquer poliment, le soir, que ce n'est pas flatteur pour nous. Papot rentre de permission. Marchal vient nous rendre visite. Vive canonnade dans la nuit.

21 décembre - Mardi : Temps épouvantable. La pluie ne décesse pas. Vers midi, les Allemands bombardent la fosse 7 et ses abords avec des 105. Nous ne bougeons pas de la position. Nous passons notre temps à faire quelques tirs à l'infini et à jouer aux cartes. Marché, ancien orienteur du capitaine Legros, passe à la 5ème et est remplacé par un officier du parc. Décidément tout change. Nous sommes loin du temps, où, au 2ème groupe brillait le noble seigneur d'Ahun que nous faisions geler dans sa ferme, sous prétexte que la fumée était vue des Boches. Nous passions des heures assez joyeuses, parfois avec le capitaine Maurer, et le personnel de la 4ème, Naud, Bonneterre et Saint-Luc. Maintenant, c'est plus monotone.

22 décembre - Mercredi : Je pars vers 8 heures avec le trompette de la batterie, pour tâcher enfin de rencontrer André, qui m'avait écrit qu'il restait au cantonnement jusqu'au 25. A Rebreuve, personne du 158. Je déjeune à Houdain. J'apprends que le 21ème C.A. va au grand repos pour un certain temps. Peut-être pourrai-je alors voir André. En attendant, je rentre à la position de batterie pour dîner. Le capitaine part au repos. Aux Brebis, j'apprends que Grodvolh a été évacué.

23 décembre - Jeudi : Pluie diluvienne dès le matin. Le colonel est à Loos avec le commandant Lazard. Le temps se lève, clarté merveilleuse. Je tire quelques coups fusants sur la fosse 14. Dans la soirée nous allons avec Papot au P.O. du groupe, d'où nous réglons en explosifs sur la fosse 14. Le capitaine revient des Brebis dans la soirée. Pluie diluvienne.

24 décembre - Vendredi : Il pleut toujours. R.D.N. Nombreux tirs de représailles. L'aumônier doit dire la messe de minuit à la fosse. Veillée de Noël à la position.

25 décembre 1915 - Samedi : Messe de minuit sur le crassier de la fosse 7. Réveillon à la 7ème. Nous sommes invités par des officiers écossais à dîner avec eux. Papot va aux Brebis. Il fait toujours mauvais temps. Les fantassins nous demandent de nombreux tirs. Nous allons avec le capitaine fêter le Christmas chez les Ecossais, dîner fort pittoresque ; nos hôtes sont tous des jeunes lieutenants très aimables et dont quelques uns savent assez bien le français. Nombreux airs de cornemuse et chants écossais.

26 décembre - Dimanche : Nous allons à Loos avec le capitaine. Nous tirons du P.C. du bataillon de gauche sur le fameux fortin. Avec la poudre U.S.3, forte différence de hausse. Nous rentrons par une pluie battante à travers champs, car les boyaux sont infects. Nous revoyons nos officiers écossais.

27 décembre - Lundi : Le matin violent bombardement de la fosse 7 et de ses abords par du 105. Un obus démolit les vitres de notre salle à manger. Heureusement que j'étais parti, car un éclat est allé dans le mur. Nous terminons la journée à la cave, car toute la journée les Boches bombardent un peu partout. Le 33 vient reconnaître les lieux. Il paraîtrait que nous ne reviendrons pas dans le secteur après le repos.

28 décembre - Mardi : Relève par le 33ème à 5h, sans aucun incident. Beau temps pour aller à Aumerval, village où nous sommes seuls et bien tranquilles. Pays assez joli. Le commandant part en permission, le capitaine le remplace. Nous sommes tous bien logés, hommes et chevaux.

29 décembre - Mercredi : R.D.N. Nous allons faire une petite promenade à cheval avec Papot.

30 décembre - Jeudi : R.D.N. Temps assez beau. Promenade journalière à cheval avec Papot. Mission de l'aumônier.

31 décembre 1915 - Vendredi : Je vais en carrosse avec Blanchard et le docteur Durand à Lillers. J'y fais quelques achats. Nous passons tranquillement le dernier soir de l'année à jouer aux cartes dans la maison d'école où se trouve la popote. Encore une année d'écoulée et en guerre. Qui d'entre nous verra le jour de l'an 1917.

" Quid sit futurum cras fuge quaerere et
Quem fors dierum cumque dabit, lucro
Appone."[1]

C'est la sagesse même.

1916

1er janvier 1916 - Samedi : Je vais le matin à la promenade des chevaux. Repromenade dans la matinée avec Papot, Bénazé et le capitaine Viel. Mauvais temps le soir. Gai dîner à notre popote avec les officiers de la 7ème.

2 janvier - Dimanche : Promenade à cheval avec la 7ème dans les bois de Bailleul. Messe à 11h1/2 à Aumerval. Temps épouvantable tout l'après-midi. Nous ne bougeons pas de l'école. Nombreuses parties de cartes. Bruits vagues sur notre départ pour la Belgique ???

3 janvier - Lundi : Toujours très mauvais temps. Nouveaux bruits de départ, cette fois dans les 48 heures et pour aller en réserve du côté d'Abbeville, c'est Blanchard qui nous rapporte ces tuyaux de Division. R.D.N.

4 janvier - Mardi : J'accompagne Papot dans la promenade qu'il fait avec les conducteurs dans le bois de Camblain-Châtelain : sauts d'obstacle, terrain varié etc...

5 janvier - Mercredi : Moins mauvais temps. Mounier m'entraîne à Saint-Pol. Nous racolons Bonneterre en route. A Saint-Pol, nous déjeunons avec Marchal, qui va au cours de tir. Nous faisons quelques acquisitions et nous rentrons tranquillement à Aumerval. Il paraît que nous allons relever incessamment le 21ème corps d'armée du côté de Souchez.

6 janvier - Jeudi : Fin de la mission de l'aumônier qui a été assez bien suivie. L'ordre de relève arrive. Nous ne quitterons pas Aumerval avant le 9. Les capitaines et les commandants de groupe doivent aller demain en reconnaissance. Je dois partir avec le capitaine qui remplace le commandant Lazard en permission.

---

[1] Odes d'Horace, Livre I, IX, vers 13 à 15 :"Ce qui doit arriver demain, garde toi de chercher à le savoir, Et chaque jour que le destin t'accordera, Regarde le comme un profit."

7 janvier 1916 - Vendredi : Le commandant est de retour. Je ne vais donc pas à la reconnaissance. Je fais la promenade des chevaux. La pluie ne décesse pas de l'après-midi. Nous sortons cependant à cheval avec Papot. Je garde désormais Hermitière[1], la jument de Marchal ; mon vieux Gentil, après ces 17 mois de guerre, n'a plus les jambes bien solides. Retour du capitaine. Nous allons en batterie à Aix-Noulette, presque au même endroit qu'en mai 1915. Je ne serai pas fâché de revoir le parc de Noulette, où j'ai passé de bien bons moments avec mon mono-canon, dans le voisinage de la 7ème. Il faisait beau alors et c'eût été parfait, si l'attaque avait réussi.

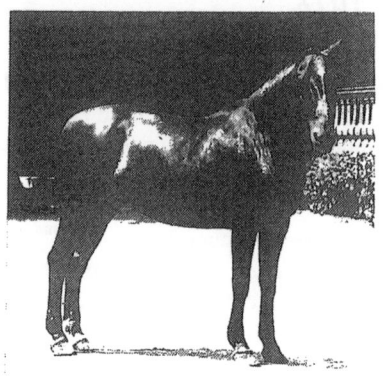

Malheureusement je ne reverrai pas cet endroit avec ce brave Saint-Luc. Son souvenir me suivra, en revoyant ces lieux.

8 janvier - Samedi : R.D.N. Nous nous promenons Papot et moi jusqu'à Pernes, où nous trouvons Naud maintenant capitaine au 33 ; il va au repos et s'attend à nous relever par la suite.

9 janvier - Dimanche : Le capitaine part pour la position avec une pièce et les téléphonistes. Beau temps. Je fais un petit tour à cheval dans la matinée.

10 janvier - Lundi : Départ pénible et en retard de la batterie vers 10h30. Le commandant dirige le groupement 8 et 9. Je ne suis pas de très bonne humeur. Marche par Pernes, Bours, Diéval, Houdain à une allure plutôt vive, par monts, par vaux et par gués. Arrivée à Boyeffles, cantonnement provisoire. Nous nous réunissons tous, 8ème, 9ème et état-major. Gai dîner ; coucher non moins gai des chefs de service (médical et vétérinaire), assimilés et l'adjoint Clouzeau.

---

[1] Au verso de la photo prise en 1921 à Eltville - am - Rhein, l'auteur, affecté au 133ème R.A., a écrit « Hermitière (1907), jument de selle du 20ème d'artillerie partie le 2 août 1914 au front avec la 7ème batterie ».

11 janvier 1916 - Mardi : Réveil par un agent de liaison du colon[1], lequel doit nous parler vers 9 heures au sujet d'une note fulgurante du général P, lequel a rencontré la 7ème sous les ordres de Bénazé, avec des servants couchés sur les coffres, la voiture téléphonique transformée en omnibus, etc.., etc... comme dirait notre capitaine commandant. Le colonel nous fait quelques recommandations, sans avoir l'air plus frappé qu'il ne convient. Départ de Boyeffles vers 3h. La pluie nous prend vers Bouvigny et ne décesse pas jusqu'à notre arrivée à la position qui se trouve près d'Aix-Noulette, à l'est de la route d'Arras. Mise en batterie sans encombre, la position a été bien aménagée par le 12ème. Je retrouve le capitaine. R.D.N. Le dîner se fait attendre un peu, le ravitaillement s'étant fait attendre. En plus nous allons nous coucher, car le capitaine et moi nous devons aller demain de bonne heure à l'observatoire.

12 janvier - Mercredi : Départ de la position avec le capitaine vers 6h30. Nous suivons la route d'Arras jusqu'à la crête de Lorette. Traversée du fond de Buval. Je conseille cette visite à des embusqués, qui voudraient se faire une idée du spectacle qu'offre un champ de bataille au point de vue désolation. Arrivée à l'observatoire, où nous trouvons Bénazé, L. Nouhault, Saint-Affrique, Exupère. Réglage. Je fais connaissance avec le secteur de la batterie. Nous tuons le temps en dehors de ces occupations en jouant au bridge, je perds ce que je veux. Puis à la nuit, nous revenons tous en bande à Aix-Noulette.

13 janvier - Jeudi : Je retourne avec Papot au P.O., pour qu'il se mette aussi au courant du secteur. Nous trouvons à l'observatoire le capitaine Viel, Barbier, le capitaine Mathieu, le commandant de Saint-Paul. Ce dernier engueule mes téléphonistes, qui arrivent au jour, ce en quoi il n'avait pas tort, mais, ô logique, il s'en va lui-même une heure après, par un temps merveilleusement clair. Je règle les 3ème et 4ème pièces par un vent furieux. Dispersion énorme. Le reste de la journée se passe à jouer au bridge avec le capitaine Viel, Barbier et le Baron qui se trouvait aussi au P.O.. A la batterie R.D.N.

14 janvier - Vendredi : Nous restons tous à la batterie. Le commandant a imaginé le service de groupe. C'est Frézot qui commence. Il fait très beau. L'après-midi, je vais reconnaître la position bis de la 9ème. Elle se trouve près de l'ancienne position de la 7ème en mai dernier. Je profite de l'occasion pour revoir le parc et ce qui reste du château de

---

[1] Terme familier pour colonel.

Noulette. Le chemin creux est devenu un ruisseau, je serais bien en peine pour y mettre une pièce maintenant. Je pousse jusqu'à la quinte, en batterie près de la chapelle, démolie elle aussi. J'y trouve le Chevalier seul qui souffre un peu des reins et surtout des rats. Nous bavardons quelques instants, puis je rentre tranquillement à la batterie.

15 janvier - Samedi : R.D.N. Nous restons tous à la position, sauf Papot de service au P.O.

16 janvier - Dimanche : Le capitaine va aux avant-trains. Journée calme. Recommandations pour ne tirer que sur demande expresse de l'infanterie. Le commandant veut mettre une pièce de la 9ème dans une maison de Noulette pour tirer sur Liévin. Je n'en vois pas bien l'utilité surtout si elle ne doit rester qu'une nuit en position. Nous irons voir cela demain.

17 janvier - Lundi : Calme plat. Le commandant remet encore au lendemain la reconnaissance de l'emplacement de pièce isolée. Je reçois une lettre de Tsu[1], qui va toujours bien.

18 janvier - Mardi : Je suis de service à l'observatoire. J'y trouve Frézot et du Boullay. J'apprends le départ du capitaine Viel au 33ème, à la suite d'histoires avec le commandant. Je le regrette doublement, d'abord parce que c'était un très chic officier, ensuite parce que c'était pour moi une très agréable relation. Pauvre 3ème groupe, il se déchiquette bien ! R.D.N. à l'observatoire, réglage de plus en plus difficile sur la première ligne par suite de la dispersion. Nous cherchons les restes de la chapelle de Lorette, et nous manquons nous égarer.

19 janvier - Mercredi : Je vais à Boyeffles puis à Coupigny, où je déjeune avec le docteur Durand et Magneron toujours très aimables. J'aperçois aussi Anger et Goldschmidt, puis je reviens tranquillement à la position. Le commandant nous fait tirer sur Liévin.

---

[1] Louis Tsu, ancien élève de l'école Saint-Grégoire de Tours, écrit le 3 décembre 1914 qu'il est dans la banque industrielle de Chine à Shangaï, banque française dont le siège social est à Paris et dont le gouvernement chinois détient le tiers des actions. « Ici aussi, dit-il, nous souffrons des conséquences de cette malheureuse guerre. Le commerce est arrêté, l'argent est très serré ». Désirant que la France sorte de cette guerre « non seulement victorieuse, mais aussi rajeunie et régénérée au point de vue de l'esprit chrétien », il ajoute « je souhaite que vous arriviez à briser à jamais le militarisme allemand. Mais ce sera long et très dur ; vous aurez à faire beaucoup de sacrifices, sacrifices de votre vie et de vos biens ».

20 janvier 1916 - Jeudi : Vers 9 heures bombardement d'Aix-Noulette, sans doute en réponse aux coups sur Liévin. J'espère qu'il n'y a pas de casse, car Aix est bourré de troupes. Le docteur Durand vient déjeuner avec nous, puis je l'accompagne au château de Noulette et sur la crête de Lorette. Pluie battante qui nous permet de voir le fond de Buval sous un aspect plutôt sinistre. Nous arrivons trempés jusqu'aux os à la quinte[1], où nous trouvons Marché. Enfin le docteur est malgré tout enchanté de son excursion, c'est le principal.

21 janvier - Vendredi : Je reste à la batterie. Papot est au P.O. Le capitaine règle de nombreux tir, sur des objectifs variés réels ou de la forme $\cos \omega + i \sin \omega$. De toute façon il y a une solution, à tirer des obus. Naud vient nous voir vers 5h. C'est bien lui qui remplace le capitaine Viel.

22 janvier - Samedi : R.D.N. Le capitaine est toujours plongé dans ses mesures d'angles et de distances pour la 4ème pièce isolée (toujours 20), tout cela se passe sur la carte, de réglage néant, donc ce n'est pas dangereux pour les Boches.

23 janvier - Dimanche : Dans la nuit du 22 au 23 violente canonnade du côté des Anglais. Belle matinée. Soirée brumeuse, rien de sensationnel.

24 janvier - Lundi : Je suis de service en 012. J'y trouve L. Nouhault et La Boissière. La matinée passe vite. Bombes boches sur nos tranchées, riposte de nos crapouillots. La pièce boche d'Angres tire à notre barbe. La 8ème commence par la museler, puis c'est le tour du 155 long. Tir merveilleux. Les Boches ne tirent plus de la journée. Circulation intense sur la route d'Arras à Lens. Nous apercevons un emplacement de batterie boche avec des hommes qui circulent autour. Le commandant met en branle une batterie de 155 long pour tirer sur ladite route. La brume tombe, je ne vois qu'un coup. Je rentre tranquillement à la batterie, R.D.N.

25 janvier - Mardi : Quelques 105 derrière la batterie dans la matinée. Les 7 et 9 bombardent les tranchées vers 2 heures du soir. Je vais au P.O. du commandant. Je règle la 4ème pièce en direction sur l'église de la cité Saint-Pierre. Papot est allé se promener.

---

[1] 5ème batterie du régiment.

26 janvier 1916 - Mercredi : Le commandant veut encore placer une pièce isolée dans Noulette. Le capitaine me charge de l'opération. Cela devient une idée fixe.

27 janvier - Jeudi : Kaisergeburstag[1]. Assez vive canonnade de part et d'autre surtout du côté des Anglais. Je reconnais l'emplacement de la pièce isolée (position bis du groupe).

28 janvier - Vendredi : Violente canonnade dans le secteur, surtout du côté du Nord. Les Boches ont dû attaquer par là. Devant nous, ils bombardent les tranchées avec du 77. Je règle la pièce isolée dans l'après-midi sur la station d'électricité, ce qui n'est pas commode. Agies tire ensuite de nuit, quel effet cela produit-il ! Quelques obus sur Aix-Noulette à la nuit. Le calme renaît partout. Je vais chercher la 4ème pièce vers 10h, elle rentre sans incident au bercail, où elle sera plus utile en cas d'attaque.

29 janvier - Samedi : Le capitaine va au repos. Tirs sur G11, prise de bec avec le capitaine par téléphone. Journée morose. Canonnade vive du côté anglais.

30 janvier - Dimanche : Je suis de service en O12. Brouillard intense. Je commence par me perdre sur la crête de Lorette. Enfin, j'arrive à O12 où je trouve du Boullay. Toute la journée, on ne voit pas à quinze pas devant soi. C'est charmant d'être observateur.

31 janvier - Lundi : Comme il y a eu des coups courts, le commandant me demande d'aller voir les fantassins. Je pars à la nuit avec un téléphoniste de groupe. Nous arrivons sans incident au P.C. du commandant Rouanet, puis à la 12ème compagnie du 90, près du Bois en hache. Je rectifie le tir de la 1ère pièce beaucoup trop à droite. Je passe la journée avec les fantassins, c'est un secteur bien calme. Retour à la batterie à la nuit tombante. R.D.N.

1er février - Mardi : Belle journée mais froide. Nous tirons beaucoup moins que ces jours derniers. Calme plat.

2 février - Mercredi : Papot va à l'observatoire. Nous tirons beaucoup. Le commandant fait tirer fusant sur G11, ce qui peut être

---

[1] Anniversaire de la naissance de l'empereur Guillaume II.

dangereux pour nos fantassins. Vent très froid venant de l'est qui change fortement nos dérives.

3 février 1916 - Jeudi : Le commandant m'envoie vers 11 heures à son P.O. observer de la fumée sur laquelle les Boches ont tiré. Nous restons tous les trois à la batterie.

4 février - Vendredi : Je vais rendre visite au 2ème groupe. Le capitaine Legros est en permission. Je déjeune avec Bonneterre et le capitaine de Montessus qui est l'homme le plus charmant du monde. Je rentre le soir à la batterie.

5 février - Samedi : Je vais à O12 avec Macoin. J'y trouve Tartarin. Temps merveilleusement clair. Matinée calme. Vers 12 heures bombardement de la tranchée par du 105. Macoin est blessé en rentrant dans la sape. Nous rentrons à la nuit avec Macoin qui peut heureusement marcher. Les blessures ne sont pas graves, je crois.

6 février - Dimanche : Papot remplace momentanément comme orienteur Blanchard évacué. Je vais passer l'après-midi à Boyeffles.

7 février - Lundi : Je reste à la batterie. Quelques fusants près de la batterie ainsi que sur Aix-Noulette. Des officiers du 49 viennent voir la position. Ils comptent nous relever vers le 20 de ce mois.

8 février - Mardi : Je vais à O12, où je trouve du Boullay. Journée mouvementée. Les Boches ont fait une forte préparation d'attaque du côté de la Folie. On voit à merveille leurs batteries tirer. Nous sommes arrosés toutes les demi-heures par des rafales de 77. Nos fils sont fréquemment coupés au Bois 6, où les fantassins ont des pertes. Je reviens à la batterie sans incident. Tout s'est calmé.

9 février - Mercredi : Le commandant part suivre un cours à Frévent, le capitaine le remplace. Nous nous tenons prêts à tirer sur les batteries boches, pendant une démonstration éventuelle d'artillerie d'un corps d'armée voisin. Vers 15 heures le commandant revient, son cours étant décommandé. Vers 16 heures tir de démonstration sur les batteries allemandes. Riposte par du 77 sur la batterie. Les Boches en ont bien la hausse. Décidément le canon Pd7 ne vaut rien. Un canon ne revient pas en batterie.

10 février 1916 - Jeudi : On nous prévient que le tir d'hier va être recommencé aujourd'hui. Finalement la 5ème et la 8ème tirent seules. Nous recevons quelques 77.

11 février - Vendredi : Il neige. Le capitaine reste à l'observatoire. Je passe ma journée seul à la batterie. Il tombe une pluie glaciale à ne pas mettre un pied dehors. Tout le monde est calme.

12 février - Samedi : Je vais après déjeuner à Boyeffles pour choisir une nouvelle ordonnance, Brachet ayant été inconvenant envers le chef. Je prends un nommé Garnier. A mon arrivée à la batterie bombardement de 77 assez bien appliqué. Il paraît que nous n'en avons plus que pour quelques jours ici.

13 février - Dimanche : R.D.N. nous nous apprêtons à être relevés.

14 février - Lundi : Je vais à O12. Je bavarde toute la journée avec L. Nouhault. Nous apercevons l'avion boche descendu hier à coups de canon et qui est tombé dans les lignes boches.

15 février - Mardi : Une pièce du 49 vient en position. Nous devons partir demain matin pour aller à Boyeffles au repos, pour combien de jour ? Le lieutenant Gaube, commandant la 2ème batterie du 49, vient le soir à la position.

16 février - Mercredi : Départ à 4 heures sans incident. Il fait un temps épouvantable. Le vent est si violent qu'on a toutes les peines du monde à avancer. A Olhain nous nous arrêtons, car Boyeffles n'est pas encore disponible. Le cantonnement s'effectue sous la pluie à Olhain. Je m'occupe du logement du groupe. Mais le commandant le change le soir.

17 février - Jeudi : Arrivée des 7ème et 8ème sans accroc. Nombreuses revues à la batterie. Il fait beau. Je fais une agréable promenade à cheval dans les bois d'Olhain avec Bénazé. La batterie est logée au château d'Olhain, petit castel assez pittoresque avec ses deux tours rondes et son pont-levis.

18 février - Vendredi : Installation au cantonnement. Je vais à Divion avec Bénazé. Nous y voyons le 2ème groupe. Il paraît que nous allons bientôt retourner au front.

19 février 1916 - Samedi : R.D.N. La 7ème vient partager notre dîner.

20 février - Dimanche : Reconnaissance des chefs d'escadron et des capitaines. L'aumônier dit la messe à 11h1/2 au château. Retour des capitaines. Nous devons aller en batterie près d'Ablain-Saint-Nazaire : position à faire, paraît-il.

21 février - Lundi : Vive canonnade dans la nuit du 20 au 21 qui se continue toute la journée. Nous n'occupons plus, paraît-il, les positions reconnues hier. Nous dînons somptueusement à la 7ème. Phonographe, danses de Naud et du capitaine.

22 février - Mardi : Le commandant et les capitaines repartent en reconnaissance. Nous devons aller prendre position du côté de Carency après-demain. Il neige abondamment.

23 février - Mercredi : Le capitaine part dans la matinée pour la position avec des téléphonistes. Il neige toujours. Naud part en permission. Départ de la batterie de tir à 22h30.

24 février - Jeudi : Etape pénible, il gèle, il y a un verglas terrible, nous avons toutes les peines du monde à grimper la montée de Gauchin-Légal. La traversée d'Estrée-Cauchy et de Maisnil-Bouché n'est pas moins difficile. Enfin nous arrivons à Carency par un froid de canard vers 3 heures du matin ; nous occupons une position près de ce village au sud de la route de Souchez. C'est la 6ème que nous relevons. Nos voitures arrivent au complet. Dans la matinée brume épaisse ; un sous-lieutenant du 6ème nous donne les tuyaux. Bénazé qui aménage sa position (l'ancienne de la 4ème) déjeune avec nous. Le soleil se lève dans la soirée. Mais le froid est toujours vif. Nous ne tirons pas un coup de canon. Nous sommes en contre-batterie ; donc rien de pressé. Nous terminons cette journée fort calme, en compagnie de Bénazé, qui dîne avec nous. La 7ème doit arriver cette nuit. Je lui souhaite plus de chance qu'à la 8ème, qui a eu divers incidents.

25 février - Vendredi : Il neige. Froid vif. Grande offensive allemande sur Verdun, qui semble avoir échoué jusqu'ici ; on ne voit rien, nous ne tirons pas ; nous rendons visite à nos voisins du 11ème, en batterie à côté de nous.

26 février 1916 - Samedi : Toujours le même temps. Nous avons une mission de barrage en superposition.

27 février - Dimanche : Je pars avec le capitaine pour l'observatoire. Mais le commandant me fait faire demi-tour. Il paraît que ma place est à la batterie. Je dois le gêner sans doute. Je reviens donc. Gai déjeuner chez nos voisins du 11ème d'artillerie (capitaine Hess). Bombardement des abords de Carency par du 15. Il dégèle. Les pertes des Boches à Verdun sont, paraît-il, énormes. Ici calme relatif.

28 février - Lundi : Dégèle. Je vais tirer l'après-midi quelques coups de canon. Notre secteur est vaseux. On voit mal, nous suivons avec anxiété la bataille de Verdun, où les Boches doivent perdre gros et qui semble au point culminant.

29 février - Mardi : Très beau temps. Nombreux avions dans la matinée. Bombardement de Carency et du cimetière depuis 11 heures jusque vers 4 heures du soir avec du 15. Pas de casse chez nous. Je tire quelques coups de canon au P.O. Nous passons sous les ordres du commandant de Saint-Paul avec secteur de 1500 mètres à battre en superposition[1].

1er mars - Mercredi : Le commandant de Saint-Paul vient à la batterie, au sujet de la mission. Nous mettons les pièces sur les points de surveillance F11, Volière, I11,... Je vais au P.O. Journée calme. Le 11ème est relevé par le 33 et la 130ème DI par la 18. Les Anglais prennent le secteur de Noulette.

2 mars - Jeudi : Je pars vers 6 heures avec Mounier en O10 (Lorette). On ne voit rien. Nous rendons visite à la quinte, fort marmitée dans Ablain, puis à la 7ème où Bénazé nous invite à déjeuner. Puis nous partons tous en choeur en O10. Le téléphone ne va pas, on voit mal, les marmites tombent aux environs. En fin de compte, je rentre à la batterie sans avoir rien fait. Il paraît que les Anglais vont venir ici.

3 mars - Vendredi : Je vais l'après-midi régler sur les 5 chemins. Visite d'un général anglais à la batterie du 33. Bridge avec les officiers du 33.

---

[1] Mission de tir identique donnée à plusieurs formations d'artillerie sur un même objectif pour en accroître l'efficacité.

4 mars 1916 - Samedi : Il neige. On ne peut mettre un pied dehors. Notre gourbi n'est pas à l'épreuve des gouttes d'eau, qui inondent le plancher. Journée morose.

5 mars - Dimanche : Assez beau temps. Je vais prendre la hausse du jour[1]. Coups courts sur la Volière, mais devant nos tranchées. D'où conciliabules avec le commandant de Saint-Paul. Il est certain que le capitaine ne se méfie pas assez en m'envoyant des coups avant que j'aie commandé la hausse. Les Anglais arrivent relever le 33ème.

6 mars - Lundi : Il a neigé. Les Boches ont réattaqué à Verdun. Pourvu qu'André s'en tire : on n'a aucune nouvelle de lui depuis le 20. Enfin à la grâce de Dieu. Je vais à pied à Estrée-Cauchie. J'y retrouve Magneron, Durand et Bénazé, l'aumônier. Bruits divers sur la destination du corps d'armée. Je dîne gaiement à Estrée et je reviens à Carency par un froid assez vif vers 10 heures.

7 mars - Mardi gras : Les Boches sont vraiment bien calmes. Les Anglais relèvent progressivement les batteries voisines. Nous, nous n'avons pas de remplaçants.

8 mars - Mercredi des cendres : Il a neigé. Belle journée cependant je suis inquiet d'André, dont on n'a aucune nouvelle. Nous allons sans doute partir dans la nuit. Des officiers anglais viennent reconnaître notre position et notre mission. Tessier, notre nouvel aspirant, lui explique en anglais ce qui en est. Préparatifs de départ.

9 mars - Jeudi : Départ de la position à 4 heures du matin. Traversée de Carency sans incidents ; par un froid vif nous arrivons à Estrée-Cauchie, où nous nous arrêtons jusque vers 8 heures. Départ du groupe. Nous passons par Gauchin-Légal, Hermin, Frévillers, Houvelin, La Thieuloye, où nous arrivons vers 1 heure. Cantonnement passable. Bridge à la 7ème ; le bruit court que nous irons au bord de la mer.

10 mars - Vendredi : Départ à 10h30 par un froid de canard. Le général Curé nous passe en revue. Arrivée à Fleury. Cantonnement médiocre. Je reçois des nouvelles d'André indirectement. Il est bien à Verdun et a dû être mêlé à de rudes combats, que Dieu le protège.

---

[1] Données de tir qui sont modifées chaque jour en raison d'éléments pertubateurs de la trajectoire (vent, température, humidité,...).

11 mars 1916- Samedi : Départ de Fleury vers 8h30. Etape par Bermicout, Humeroeuil, Fresnoy, Vieil-Hesdin et Saint-Georges où nous cantonnons tous au château de Watteville. Hommes et chevaux vont bien. Le château est plutôt abandonné. On y gèle. Gélot est de retour au groupe il est à la 9ème jusqu'au départ de Bénazé le 20 mars. Bourgoin revient à l'E.M. comme agent de liaison et sous-lieutenant.

12 mars - Dimanche : Départ de Saint-Georges à 5 heures. Longue étape. Nous arrivons enfin vers 1 heure du soir à Ponthoile près de l'estuaire de la Somme[1]. Toute la batterie est logée au château de Romiotte. Inconvénients, le commandant ne veut rien entendre pour aller reconnaître un hameau inoccupé dans les environs. Enfin cela se tasse, les hommes font la cuisine en plein air mais sont tous bien logés, ainsi que les chevaux.

13 mars - Lundi : Journée toute printanière, temps délicieux. Nous nous chauffons au soleil comme des lézards. On aménage le cantonnement. Le commandant se propose de nous remettre en main et passer pour commencer une revue de chevaux. Le capitaine est convoqué à 6 heures chez le commandant. Il nous apprend que nous embarquons demain soir vers quel endroit ? Les uns disent Nieuport. Le général Pellarin est mort. Bruits bizarres sur sa fin. Sur le point d'avoir l'oreille fendue etc... Orage violent pour clôturer la journée.

---

[1] Etape d'environ 40 kilomètres.

44   **I. BASES GÉNÉRALES DE L'INSTRUCTION.**

19.   **Batterie montée de 75.**

OFFICIERS : 1 capitaine, 1 lieutenant de l'armée active, 1 lieutenant de réserve.
VOITURES : 22 dont 18 attelées à 6 chevaux, 3 attelées à 2 et 1 attelée à 3.

DÉSIGNATION du PERSONNEL.	NUMÉROS DES PIÈCES.									TOTAUX.
	1.	2.	3.	4.	5.	6.	7.	8.	9.	
Adjudant-chef ou adjudant...............	»	»	»	1	»	»	»	»	»	1
Maréchal des logis chef.	»	1	»	»	»	»	»	»	»	1
Maréchaux des logis...	2	1	2[2]	1	1[3]	1	1	»	2[4]	11
Maréchal des logis mécanicien............	»	»	»	»	1	»	»	»	»	1
Maréchal des logis fourrier..................	»	»	»	»	»	»	»	1	»	1
Brigadiers............	2[5]	2[6]	1	1	1	1	1	1	2[15]	12
Maréchal des logis ou brigadier maréchal ferrant.............	»	»	»	»	»	»	»	1	»	1
Trompettes.	1	»	1?	»	»	1[8]	»	1	»	4[16]
Ouvriers.............	»	»	»	»	2	1	»	1	»	4[9]
Bourreliers.	»	»	»	»	»	»	1	»	1	2
Aides-ma- (montés.....	»	»	»	»	1	»	»	»	»	1
réchaux (non montés.	»	»	»	»	»	»	»	1	1	2
Infirmiers............	»	»	»	»	»	»	1	»	»	1
Brancardiers.........	»	»	»	»	»	»	4	»	»	4
Servants.............	5[10]	5[10]	5	5	3[12]	7	1	1	12	44[1]
Conduc- (montés....	6	6	6	6	6	9	9	12	4[17]	64
teurs (non montés.	1	1	1	1	1	1	2	4[13]	4	16
TOTAUX (hommes).	17	16	16	16	16	20	21	22	26	170
Chevaux (d'officiers.	»	1	2	»	»	1	»	»	»	4
(de selle....	5	4	4	4	4	2	3	3	3	32
(d'attelage...	12	12	12	12	12	18	18	24	9	129
TOTAUX (chevaux).	17	17	18	16	16	21	21	27	12	165

[1] Dont un chef de section.
[2] Dont un agent de liaison du chef d'escadron.
[3] Eclaireur.
[4] Dont 1 adjoint à l'officier d'approvisionnement.
[5] Dont un brigadier de tir faisant fonction de fourrier.
[6] Dont un éclaireur.
[7] Détaché auprès d'un officier supérieur ou disponible.
[8] Eclaireur.
[9] Dont au moins un maître ouvrier en fer et un ouvrier en bois.

[10] Dont au moins un maître pointeur.
[11] Les maîtres pointeurs sont compris dans ce total, leur nombre n'est pas limité.
[12] Dont un observateur à la lunette et deux signaleurs ou agents de transmission.
[13] Dont 3 ordonnances d'officiers.
[14] Dont 6 attelages haut-le-pied.
[15] Dont un non monté.
[16] Un des trompettes peut être remplacé par un conducteur monté.
[17] Conducteurs en guides.

Dernière page du premier carnet de guerre :
extrait du « De rerum natura » (De la nature) de Lucrèce
(livre II, 1 à 19 et livre V, 223 à 229).

VI

Après une brève escale à Dunkerque, le front de l'Argonne avec les rudes combats de la cote 304 et du Mort-Homme au nord-ouest de Verdun. (mars à mai 1916)

14 mars 1916 - Mardi : Toujours très belle journée. Nous nous apprêtons à partir. Arrivée de la 6ème batterie qui vient nous remplacer au cantonnement. Je pars à 9h30 faire la reconnaissance du train par une pluie battante. Retard de la 8ème. Nous attendons notre tour dans la gare de Rue qui ne possède pas des quais grandioses.

15 mars - Mercredi : Commencement de l'embarquement à 1 heure du matin : opération pénible, car on embarque un grand nombre de voitures sur un petit nombre de trucs[1]. Enfin nous partons vers 4h. Nous passons par Boulogne, Calais, Saint-Omer, Hazebrouck et enfin nous arrivons à Esquelbecq. Nous débarquons sans encombre. Promenade délicieuse par un temps splendide. Nous revoyons ces paysages des Flandres que nous avons bien connus en Belgique. A un an d'intervalle, nous repassons par les mêmes endroits. Nous rejoignons le groupe à Spicker près Bergues où la batterie cantonne dans un château, dont nous ne connaissons que la ferme et la loge du concierge. C'est la grande vie, nous n'avons même pas un endroit où causer en liberté. Si nous restons ici longtemps comme on le dit, ce sera délicieux. Au fond, le cantonnement est bon, hommes et chevaux sont bien logés. Inutile de faire de comparaison.

16 mars - Jeudi : Nous nous installons. L'après-midi, je vais à Bergues avec Bénazé, Gélot, le docteur Durand. Le temps se remet à la pluie.

17 mars - Vendredi : Brouillard assez intense dans la matinée. Je vais néanmoins à cheval jusqu'à Dunkerque. Ce soir bridge à la 7ème.

---

[1] Wagon en plate-forme pour transporter des objets encombrants et pesants.

18 mars 1916 - Samedi : Je suis de jour. J'emmène les conducteurs[1] à cheval jusqu'à la mer près de Fort Mardick. Belle journée.

19 mars - Dimanche : Je vais à la messe de Spicker. Départ de Bénazé l'après-midi. Nous l'accompagnons en chœur jusqu'à Bergues, où il rejoint l'A.D.17 [2] pour de là aller dans une escadrille d'avions. Encore un chic officier qui quitte le groupe. Gélot le remplace à la 7ème.

20 mars - Lundi : Journée bien calme. R.D.N.

21 mars - Mardi : Mauvais temps, bien que ce soit le premier jour de printemps. Je vais à Dunkerque l'après-midi avec Clouzeau. Pluie continuelle. Malgré tout séjour agréable à Dunkerque. Nous y rencontrons Marchal et Louis. Nous revenons tranquillement à la nuit.

22 mars - Mercredi : Temps épouvantable. Visite du cantonnement par le commandant qui se déclare satisfait.

23 mars - Jeudi : Il ne pleut plus. Je vais me promener à cheval jusqu'à Bourbourg.

24 mars - Vendredi : La promenade que je comptais faire avec les gradés est dans la neige. Temps épouvantable. Il fait froid et la neige ne décesse pas de la matinée. Je vais l'après-midi jusqu'à Bergues.

25 mars - Samedi : Belle matinée. Je monte à cheval avec les conducteurs. Marchal vient nous voir et déjeune avec nous. Je l'accompagne le soir jusqu'à Bergues.

26 mars - Dimanche : L'aumônier vient dire la messe à 10 heures au cantonnement et déjeune avec nous. Le capitaine apprend qu'il doit aller demain en reconnaissance au 1er groupe près de Malo-les-Bains en vue d'une mission essentielle. Mon rendez-vous avec Marchal et Clouzeau pour demain est dans le lac. Promenade à cheval avec Clouzeau et Frézot.

27 mars - Lundi : La 4ème pièce va à Hondschoote pour faire

---

[1] Les canonniers conducteurs sont chargés d'assurer la traction régulière des voitures ou avant-trains tout en ménageant leurs chevaux, en réglant l'action de ceux-ci suivant les difficultés du cheminement.

[2] Artillerie divisionnaire de la 17ème division d'infanterie.

l'instruction à des jeunes servants. Reconnaissance du capitaine. Il revient vers 2 heures. J'enfourche aussitôt un cheval et je pars à Dunkerque où je retrouve Marchal, Clouzeau, le docteur Binet, Goldschmidt, Louis, etc. Retour avec Clouzeau à la nuit et par une pluie battante. La 6ème batterie va en position du côté de Nieuport.

28 mars - Mardi : Manoeuvre à cheval. J'emmène les canonniers conducteurs faire un temps de galop sur la plage de Mardick. Belle journée.

29 mars - Mercredi : Marche manoeuvre par un temps splendide. Nous allons occuper avec la batterie une position éventuelle près de Malo-les-Bains. Nous faisons un temps de galop jusqu'à Zuydcoote et nous revenons tranquillement.

30 mars - Jeudi : Le capitaine passe la journée à Dunkerque. Nous apprenons soudainement notre embarquement pour après-demain à Dunkerque.

31 mars - Vendredi : Toujours température délicieuse. J'en profite pour aller dire au revoir à la mer en compagnie de Papot, des trompettes du groupe et du téléphoniste Roy de la 9ème. Délicieuse promenade à Mardick et ses environs. Nous devons partir demain vers 6 heures de Dunkerque. J'ai été reconnaître le lieu de l'embarquement qui doit se faire à pleine voie. Nous quittons nos hôtes le soir. Du reste nous avons été reçus à merveille par la fermière et les propriétaires de la ferme Banquien à Dunkerque. Nous emporterons de ces quinze jours un agréable souvenir. Où allons nous tirer le canon ? Les uns disent du côté de Soissons, les autres du côté de la Somme.

1er avril - Samedi : Départ du château de l'Afgand vers 9 heures pour faire la reconnaissance du train. L'embarquement se passe sans incident. Nous partons vers 4 heures du soir par un temps délicieux. Voyage assez rapide. Nous nous dirigeons sur Amiens.

2 avril - Dimanche : Arrivée à Montdidier vers 4 heures du matin. Débarquement assez rapide. Nous allons cantonner près de là à Malpart. Nous sommes avec la 3ème batterie. Nous passons la soirée à nous installer.

3 avril 1916 - Lundi: Très beau temps. R.D.N. Je vais me promener à cheval avec Papot.

4 avril - Mardi : Je vais à Amiens avec Mounier, le docteur Durand, Magneron. Nous nous retrouvons avec une bonne partie du 2ème groupe le capitaine Legros en tête, Marchal, le docteur Binet, Bonneterre, le capitaine de Montessus. Très gai déjeuner au restaurant des "Corps nus sans teste". Puis nous visitons la cathédrale qui est vraiment très belle et nous revenons au bercail le soir vers 6h.

5 avril - Mercredi : Je déjeune avec Marchal à la 5ème. Le temps se gâte. Je bavarde avec L. Nouhault. R.D.N. dans notre position.

6 avril - Jeudi : R.D.N. dans la matinée. Je vais l'après-midi avec Clouzeau à Montdidier où nous nous retrouvons avec Mounier, le docteur Durand, Magneron. Pendant ce temps, les commandants et les capitaines sont partis en reconnaissance. Le capitaine revient vers 8 heures. Nous devons partir dans la nuit pour mettre en batterie du côté de Fescamps en superposition. J'apprends que je suis lieutenant depuis le 4 avril et aussi que mon frère était en 1ère ligne du côté de Vaux, lors de la reprise du village le 31 mars. J'espère qu'il s'en est encore tiré.

7 avril - Vendredi : Départ de Malpart à minuit. Nuit noire. Il brouillasse. Nous passons par Figniéres, Etelfay, Faverolles et nous arrivons à notre position fort bien aménagée à 1 km en avant de Fescamps. Nous sommes sous les ordres d'un commandant colonial, le commandant Jean, camarade du capitaine. Impossible de tirer de la journée, nous reconnaissons seulement le secteur.

8 avril - Samedi : Je vais de bon matin avec le capitaine à l'observatoire de Popincourt pour régler. Nous y retrouvons le commandant Lazard. Nous arrivons enfin à avoir la communication avec la batterie. Nous tirons à des distances formidables (5800m) par un vent violent. Coup malheureux dans notre tranchée. Pas de mal heureusement. Le soir visite du colonel de coloniale et du colonel Lafont. Il semble que nous ne devons pas rester longtemps ici. Ce régiment colonial est le royaume des paperasses. Le capitaine devenu commandant de groupe a toutes les peines du monde à s'en sortir.

9 avril - Dimanche : Brouillard dans la matinée. Je pars vers

10 heures avec Papot pour essayer de régler dans le secteur Nord. Impossible, toutes les communications sont prises par le 2ème groupe. Je déjeune à la quarte[1]. Je repars vers 14 heures avec le lieutenant de la batterie Anatole !! Je règle enfin sur 3 points après de bonnes trottes dans les boyaux et je rentre tranquillement au bercail. Clouzeau est notre hôte et nous tient agréablement compagnie.

10 avril - Lundi : Je retourne de bonne heure régler avec Papot sur le secteur sud et sur les ouvrages blancs. Le soir nouveau réglage, les coloniaux voulant, paraît-il, faire un coup de main.

11 avril - Mardi : Mauvais temps. Je vais faire un tour jusqu'à Malpart. Je dîne avec Goldschmidt, Binet, Augé et je reviens à la batterie en passant par Montdidier pour reconnaître la gare d'embarquement, car on parle toujours de notre départ dans les vingt-quatre heures.

12 avril - Mercredi : Il pleut avec un vent terrible. Nouveau réglage au P.O. du bois triangulaire. Nous revenons par une pluie battante. Je retourne encore le soir à Popincourt montrer des objectifs à Naud. Le soir nous apprenons que nous devons être prêts à partir dans la nuit. C'est joyeux!!! Il pleut à verse.

13 avril - Jeudi : Départ à 4h30 de la position. Arrivée à Malpart. Nous devons partir le soir même, dit-on, pour embarquer. Promenade à cheval et sauts d'obstacles avec Papot dans l'après-midi. Nous embarquons demain à 5 heures à Montdidier.

14 avril - Vendredi : Embarquement sans incident. Nous nous dirigeons sur Paris. Puis sur Vitry-le-François. Agréable voyage en compagnie de Clouzeau. Manille parlante agrémentée du pur langage des Deux-Sèvres, grâce à Papot et Clouzeau.

15 avril - Samedi : Nous arrivons à Vitry-le-François. Nous allons jusqu'à Sommeille où nous débarquons vers 3 heures du matin. Temps épouvantable, giboulées de neige. Cantonnement médiocre dans le village détruit de Villotte devant Louppy. Les chevaux sont dans la boue.

16 avril - Dimanche des Rameaux : Départ de Villotte à 6 heures

---

[1] Quatrième batterie.

du matin. Meilleur temps. Nous nous rapprochons de Verdun. Nous cantonnons à Bulainville. Bruits étranges. Nos fantassins auraient réembarqué et l'A.D.17 resterait seule ici. Les chefs d'escadron sont partis en reconnaissance avec le colonel.

17 avril 1916 - Lundi : Reconnaissance des capitaines. La 7ème doit mettre en batterie dès ce soir. Quant à nous, nous partons à 11h30 pour aller bivouaquer au Bois de Saint-Pierre. Marche par un temps affreux. La pluie ne décesse pas. Les routes sont des ruisseaux de boue. Nous arrivons au Bois de Saint-Pierre trempés. Les hommes n'ont que la boue comme matelas. Nous couchons sous une vague cagna[1] où l'eau tombe de partout. Je gèle toute la nuit.

18 avril - Mardi : Nous passons toute la journée par un temps de giboulées dans le Bois. Le capitaine a heureusement une estimable tente qui nous abrite des ondées. Nous devons aller relever demain la 9ème batterie du 8ème du côté d'Esnes-en-Argonne, où les obus tombent abondamment, paraît-il. Tout est à faire en fait de positions, car nos prédécesseurs y sont depuis peu.

19 avril - Mercredi : Toujours le même temps. Nous sommes les derniers à partir. Départ à 10 heures du soir par la pluie. Nous passons par Dombasle, Béthelainville, Vignéville, Montzéville. Enfin nous arrivons par des chemins infects mais heureusement sans pluie et avec le clair de lune. La position est en effet à peine aménagée.

20 avril - Jeudi : Le capitaine du 8ème nous passe la consigne. Nous réglons non sans difficulté. Bombardement boche assez sérieux en effet. Le nôtre ne chôme pas non plus (400 coups à tirer par jour au minimum).

21 avril - Vendredi Saint : Je suis de service à 304. J'y arrive sans accroc, bien que le téléphoniste qui m'accompagnait ne le connût pas. J'y reste la journée en compagnie de Bachy, Germon, le capitaine Claquin du 33. Nous repartons avec ces deux derniers vers 6h30, au milieu d'un bombardement grandiose de part et d'autre. Germon est à bout de souffle. Le capitaine du 33 aussi, au moment où nous allions traverser Esnes. Enfin en soutenant Germon, nous arrivons à traverser ce passage dangereux et

---

[1] En argot militaire, désigne un abri qui peut être rudimentaire.

nous arrivons à la batterie pour être salués par du 13¹. Germon passe la nuit à la batterie.

22 avril 1916 - Samedi : Je reste à la batterie. Je vais deux fois dans la matinée à l'observatoire 310. Mais pour ne pas faire beaucoup de travail car il pleut et on ne voit rien. Enfin après le déjeuner je passe prendre la hausse de barrage². Bombardement violent, vers 4 heures attaque boche. Tir de barrage. Nuit agitée.

23 avril - Dimanche Pâques : Nouvelle canonnade le matin. Le capitaine est de service à 304, Papot à la brigade. Je reste seul à la batterie. Je prends la hausse du jour avec Frézot. Nous sommes salués au retour. Déroute. Le colonel Lafont est évacué, le commandant Bacot le remplace, le commandant Lazard remplace ce dernier.

24 avril - Lundi : Nuit agitée. Le capitaine est de retour. Nous allons avec Papot à l'observatoire que nous cherchons à aménager.

25 avril - Mardi : Papot est de service au P.O. du 12ème à 310. Je prends la hausse du jour. Très beau temps. Nombreux avions boches, pas un seul de chez nous. Le soir bombardement précis de la batterie du 44 notre voisine. Je pars vers 6h30 à la brigade où je suis de service. Je dîne avec le colonel de la 33ème brigade. Vers 11 heures Marché vient me remplacer. Papot a été légèrement blessé. Il faut que j'aille faire une reconnaissance de pièce isolée. O idée ingénieuse ; en revenant je tombe dans un trou d'obus plein de boue.

26 avril - Mercredi : Je suis à 3 heures à Montzéville, d'où je pars avec le commandant Lazard. Nous reconnaissons un vague emplacement ; même mission qu'à la batterie. Je ne comprends pas l'utilité de ce déplacement. Enfin, c'est un ordre du colonel commandant l'artillerie du 9ème corps d'armée. Je rentre vers 6h30 à la batterie. Papot va bien. Vers 10h, bombardement boche très violent sur les batteries, un peu long heureusement. Vers 1h, je vais trouver le capitaine Héritier qui commande le groupe au sujet de la pièce isolée. A peine rentré, reprise du tir boche, cette fois sur nous. La 1ère pièce est bouleversée ; nos dépôts de munitions sautent. Pas de casse en hommes. Enfin vers 6h30 nous sommes tranquilles pour la nuit. Bonnard, l'ancien aspirant de la 7ème, vient à la batterie.

---

¹ Obus allemands de calibre 13 centimètres.
² Hausse pour effectuer un tir de barrage appelé aussi tir d'arrêt.

27 avril 1916 - Jeudi : Mauvais début de la journée. Le canonnier servant Renoncet est tué par un obus sur le chemin de Montzéville. Le docteur Durand vient nous voir. Toute la journée, bombardement violent aux alentours. Il n'y a que quatre obus sur nous. Le soir je vais régler au P.O. du 44.

28 avril - Vendredi : Journée agitée. Nos lignes téléphoniques sont constamment coupées. Aucun réglage possible. Le soir vers 7 heures, tir de barrage, je ne sais pourquoi. Vers 11 heures nous tirons pour faciliter une reconnaissance du 268.

29 avril - Samedi : Je pars de bonne heure au P.O. de 310 où je suis de service toute la journée. Le téléphone marche fort bien, j'en profite pour faire des réglages. Je passe la journée bien tranquillement. A 6h30 attaque française sur le Mort-Homme, bombardement effroyable de part et d'autre. Calme complet à la batterie.

30 avril - Dimanche : A 2 heures du matin, nous tirons pour soutenir les fantassins, qui recommencent leurs opérations. Le commandant Lazard reprend le commandement du groupe. Nous avons un nouveau colonel, le colonel Bouquillon. Les 7ème et 8ème sont très violemment bombardées.

1er mai - Lundi : Je suis de service à la brigade (301ème général Néraud). Je passe ma journée à demander à l'A.D.17 des tirs de représailles. Tout le monde est nerveux.

2 mai - Mardi : Le capitaine est à 304. Je règle dans la matinée à notre ancien P.O. J'y aperçois une partie de la nouvelle tranchée. Journée assez calme jusque vers 6 heures du soir, heure où les Allemands nous bombardent violemment, nous démolissant un canon, neuf caissons et nous brûlant de nombreux obus.

3 mai - Mercredi : Retour du capitaine de 304. Toujours très beau temps. Avions et saucisses[1] boches. Dans la soirée, je vais régler au P.O. du 44. Violent bombardement du front de la division. Vers 18h30 attaque française sur le Mort-Homme. La batterie tire un nombre énorme de coups dans toute la journée, quel résultat ??

---

[1] Nom donné aux ballons d'observation aérienne ayant une forme de saucisse.

4 mai 1916 - Jeudi : Il faut un officier de la batterie en permanence en 310. C'est moi qui commence. Je reste d'abord à notre 1er P.O. Malgré la fumée du bombardement boche, j'arrive à régler les 4 pièces. Les Boches nous bombardent avec précision. J'émigre jusqu'au P.O. du 44, où je trouve Naud. Les Allemands font une sérieuse préparation d'attaque sur 304. Fumée épaisse ; on ne voit rien. Vers 16 heures déclenchement de l'attaque. Nous voyons un moment des hommes circuler sur la crête 304. En fin de compte, ce sont des travailleurs français qui posent des fils de fer. Je reviens à la nuit. La batterie a été bombardée (coups longs heureusement). Nous avons presque manqué d'obus ; heureusement que la batterie voisine nous en passe. Nous ne savons rien des résultats de l'attaque boche. Assez nombreux blessés au groupe. La Boissière a été tué au 1er groupe.

5 mai - Vendredi : Nous connaissons les résultats de l'attaque. Les Allemands ont pris pied sur les pentes de 304. Le 68 et le 90 ont de fortes pertes (commandant Rouannet disparu). On parle de contre-attaque. Nous sommes violemment marmités l'après-midi. Les Boches réattaquent. Tir de barrage. Un blessé, le maître-pointeur Dixneuf. Bonnard passe au 2ème groupe. Le soir orage et cyclone.

6 mai - Samedi : Je suis de service au P.O. 268. J'y passe la journée sous la pluie. Attaque française sur le Mort-Homme. Bombardement violent et réciproque du côté de 304.

7 mai - Dimanche : Matinée assez calme. Je suis à 310. Bombardement violent du sommet de 304 l'après-midi. Brusquement vers 16 heures le bombardement boche augmente d'intensité. Violente attaque. Combat à la grenade dans le boyau de Prado. Circulation sur la crête. Sont-ce des Boches ? Je crois que ce sont des renforts français. Les Boches ont avancé, paraît-il, sur les pentes Nord. Le Crochet tient. Je rentre à la batterie où je n'apprends rien de nouveau.

8 mai - Lundi : En fin de compte, nous avons maintenu les Allemands. Journée calme. Vers 16 heures contre-attaque de notre part. Des officiers du 49 sont venus ce matin en vue d'une relève imminente. Nous ignorons les résultats de la contre-attaque.

9 mai - Mardi : Je passe ma journée à 310. Calme relatif. Il paraît que les Boches qui avaient essayé d'attaquer ce matin, n'ont rien fait.

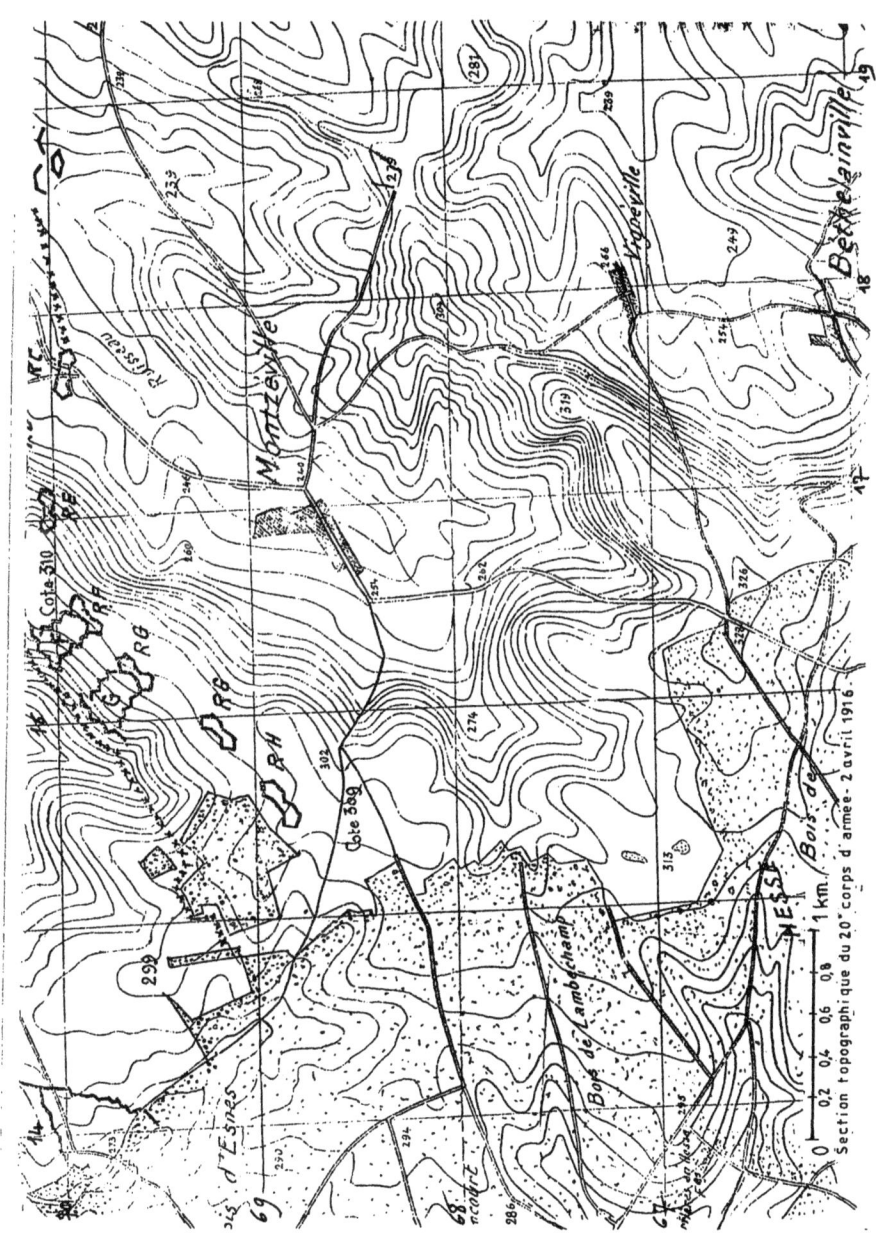

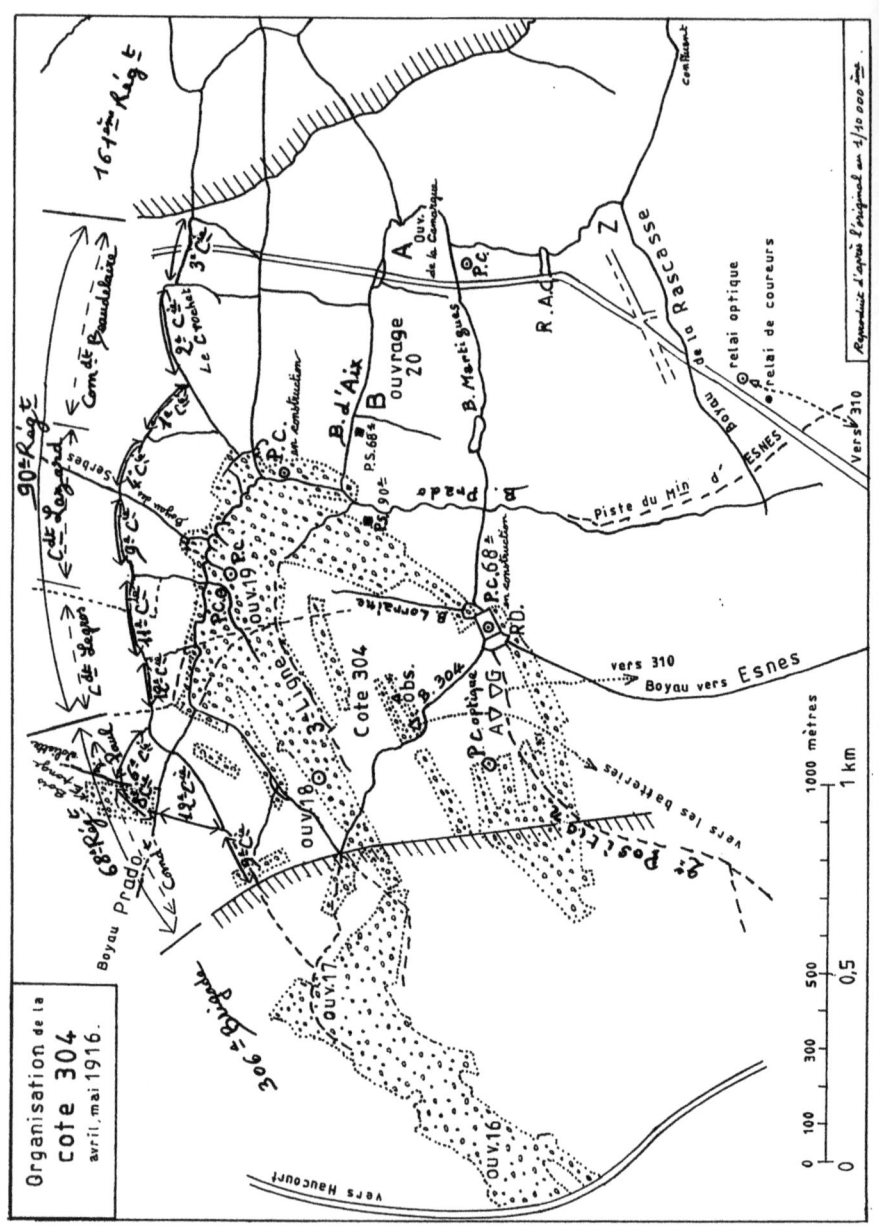

10 mai 1916 - Mercredi : Je reste à la batterie. Coups courts sur les fantassins. De qui est-ce ? Fureur du commandant. Je suis désigné pour aller en 1ère ligne sans rendre compte du barrage du groupe. Le soir bombardement violent de 304 et du Mort-Homme. Un capitaine du 15ème vient reconnaître la position pour nous relever incessamment.

11 mai - Jeudi : Je pars de bonne heure au P.C. du colonel du 125. Je vais aux premières lignes. J'y trouve des fantassins du 114 et du 296. Ce sont des obus lourds qui leur ont fait tout le mal. Le tir de barrage du groupe déclenché à 5h30 me semble long. Je reste au P.C. du 125. Accueil plutôt frais au début. Journée calme sauf vers 18 heures, heure à laquelle se déclenche un tir de barrage général. J'apprends que la 7ème a été marmitée par des obus de très gros calibre. Dix-sept hommes ont été ensevelis ainsi que le pauvre Frézot. Théaud notre brigadier éclaireur a été tué aussi. Le groupe commence à être bien touché.

12 mai - Vendredi : Je rentre vers 4 heures à la batterie. Le capitaine passe la journée au P.O. Le capitaine du 15ème reste à la batterie, où nous sommes violemment bombardés de 3 heures à 4h30 : un canon démoli, quelques obus de sautés voilà le résultat des 90 obus de 21 que les Boches nous ont octroyés. La 1ère section est relevée ce soir. Relève orageuse.

13 mai - Samedi : Le 15ème s'installe. Les capitaines vont à l'observatoire. Je reste toute la journée à la batterie avec le lieutenant de la 52ème. Journée très calme. Pluie dans la soirée. A minuit relève de la 2ème section avec laquelle je pars.

14 mai - Dimanche : Je pars à pied. Pas un obus dans Montzéville. Les voitures du 15ème ont emmené nos canons. Je reviens avec les servants par une pluie battante. Nous arrivons à l'échelon trempés. Il pleut presque toute la journée. Installation au bivouac dans un petit bois près de Dombasle.

15 mai - Lundi : Le capitaine part en reconnaissance avec le commandant pour installer une pièce du côté de Vignéville et tirer environ à 6 km. Gai déjeuner à la 7ème avec le docteur Durand et le véto. Je vais l'après-midi voir le 1er groupe. Thibaut est nommé capitaine ainsi que Goldschmidt et Dolesme. Thibaut va commander la 1ère et Michon le remplace chez le colonel. Les 1er et 2ème groupe sont toujours en position.

Le corps d'armée est toujours là. Je ne crois guère à la relève générale. Dans la nuit, obus de 15 cm qui tuent douze chevaux à la 7ème.

16 mai 1916 - Mardi : Départ de la pièce. Je passe presque toute la journée en compagnie de la 7ème et du corps médical. Très beau temps.

17 mai - Mercredi : Très belle journée. Le soir ordre d'emmener un deuxième canon à la position et de tirer à 3 heures du matin 200 coups, d'après la carte à 6,5 km sur le Bois Eponge. Je suis de service demain à la position. Le capitaine Viel et Bénazé viennent nous voir.

18 mai - Jeudi : Départ à 4h1/2 avec Naud à pied. Arrivée à la position qui se trouve au nord de Vignéville derrière des batteries de 105. Calme plat tout d'abord. Nous tirons. Obus de 13 cm tout autour de nous. Le tir fini, nous nous abritons. J'apprends que Marché a été blessé. Je reste toute la journée à la position avec la 2ème pièce. Nous ne faisons rien. Pas un obus du reste. Tir boche intermittent toute la journée. Violente canonnade sur le front. On ne voit rien, temps brumeux. Je rentre le soir vers 7 heures à la batterie. J'y apprends la mort de Marché. Encore un brave camarade qui nous quitte. Pauvre groupe, que lui reste-t-il ? C'est vraiment malheureux de tomber en faisant un tir au diable. Si seulement nous avons empoisonné les Boches. Les tirailleurs ont repris 304.

19 mai - Vendredi : Ordre reçu vers 6 heures d'emmener aussitôt un canon et 3 caissons et de ne pas tirer après 7 heures ! Le capitaine reçoit l'ordre de partir à la position. Les Boches attaquent, dit-on. Quelques coups près de notre bivouac vers 1h. La canonnade ne décesse pas sur le front. On parle toujours de relève imminente, qui ne vient jamais. Le capitaine revient vers 6 heures : trois canons du groupe en position avec un capitaine de service. Vers 11 heures du soir quatre coups de 13cm tombent sur les caissons qui revenaient, tuent le chef, un canonnier conducteur, Blanzat, et nous blessent huit hommes dont un petit de la classe 17 à la batterie depuis deux jours. Nous n'avons vraiment pas de chance.

20 mai - Samedi : Nous remettons la batterie en ordre. Un certain nombre de chevaux ont été démolis ainsi qu'un caisson. Le commandant vient nous rendre visite. Le 15ème C.A. serait là tout prêt à nous relever. Il serait à souhaiter que ça ne tarde pas trop. Ordre de départ pour le lendemain. Départ avec joie vers 20h1/4. Je quitte le dernier la position.

Nous bivouaquons près du P.C. du commandant.

21 mai 1916 - Dimanche : Nous retournons à Bulainville par Rampont, Juvécourt, Ippécourt, Fleury. Temps superbe. Bivouac sur le bord de l'Aire. Nous faisons popote avec la 7ème dont la vaisselle a été enterrée à Verdun. Ordre de départ pour le lendemain.

22 mai - Lundi : Départ vers 5h30. Il fait chaud, routes poudreuses sillonnées d'autos. Nous passons par Evres, Triaucourt, Sénard, Charmontois-l'Abbé, où nous cantonnons dans la vallée de l'Aisne. Détente. Chaleur torride. Le vin coule à plein bord, nos hommes s'en ressentent.

> 20e Régt d'Artillerie
> 9e Batterie -
>
> Compte rendu
>
> Le Capitaine com.t la 9e Batterie a l'honneur de rendre compte qu'à la suite d'un bombardement de 15 cm. le canon 3° a été mis hors d'usage ainsi que deux caissons. Le tube du canon semble intact, mais l'enveloppe de frein a été traversée, et le système de pointage en hauteur ne fonctionne plus. Un des caissons ne peut être transporté.
>
> P.C. le 22 Mai 1916
> Y. Grison

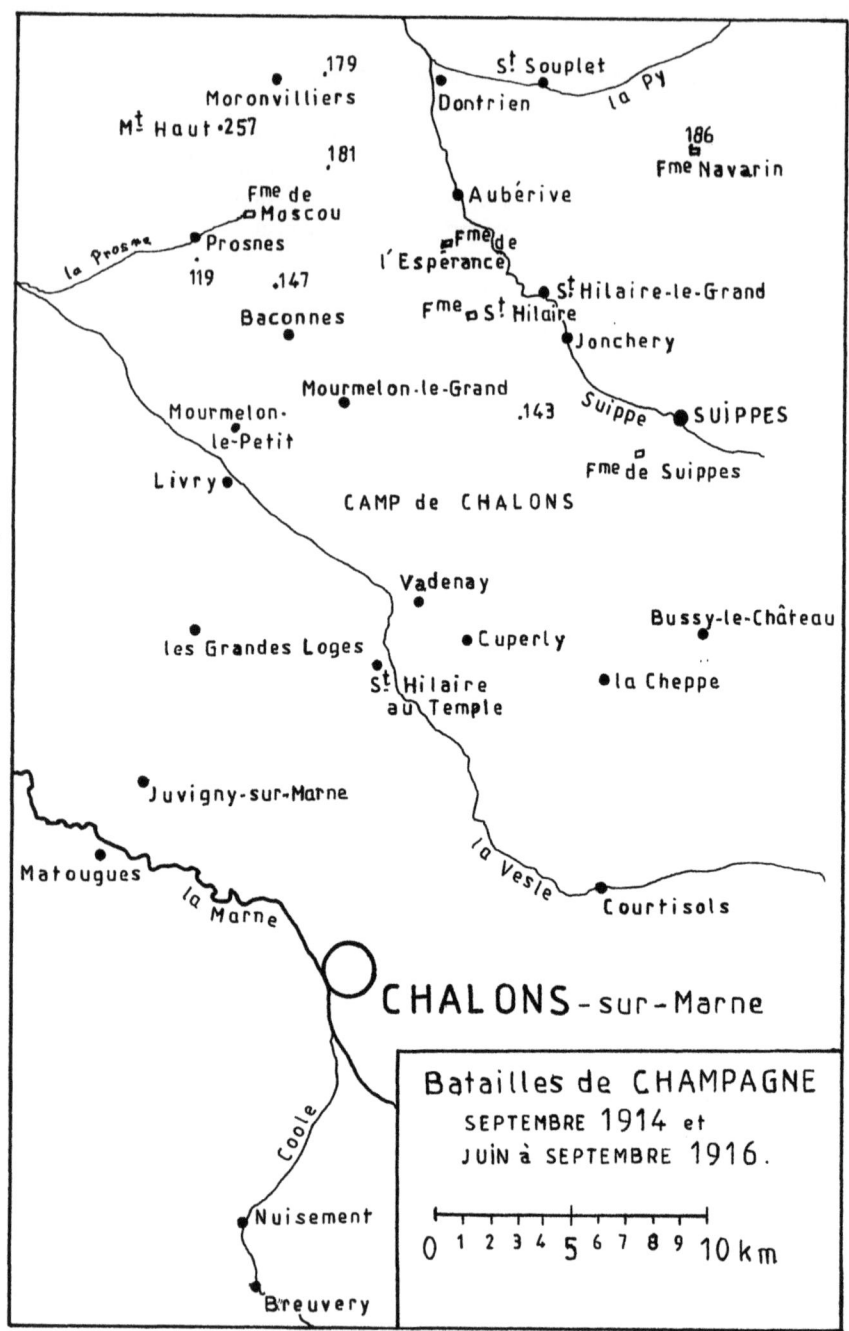

Tranchée sortant de la corne S-E du Bois du Polygone de Zonnebeke en Belgique. De gauche à droite : lieutenant Laintin du 290e R.I., sous-lieutenant Grison du 20e R.A., brigadier Berthelot tué le 12 juin 1915, Boutin et Dahont téléphonistes.

Le capitaine Viel commandant la 7ème batterie du 20e R.A. avec un fantassin dans une tranchée de 1re ligne du Bois du Polygone.

Sous-lieutenant d'Espinay Saint-Luc de la 4e batterie du 20e R.A. tué le 25 septembre 1915.

Photos : archives familiales.

Fantassins montant à l'assaut.

Attaque d'un réseau de fil de fer en août 1914.

Biplan français MF 11 (Maurice Farman).

Photos : archives familiales.

Canon de 75 et son caisson de munitions en batterie.

Canon de 75 contre-avions, monté sur plate-forme.

Avion Caudron G III
(observation et reconnaissance).

Photos : archives familiales.

Embarquement de l'artillerie sur des trucs et des chevaux dans des wagons.

Photos : archives familiales.

Aumônier et infirmier.

Une messe de la Croix-Rouge.

Photos : archives familiales.

Les trois frères Grison en 1916.

Pierre   Jacques

André
tombé au champ d'honneur de la Somme le 15 novembre 1916.

Pierre Grison

Photos : archives familiales.

20ᵉ Artⁱᵉ   42

3ᵉ Groupe

Note de service
—

Il est rappelé aux commandants d'échelons que lorsque les voitures sont dételées, soit pour l'abreuvoir, soit pour le pansage, soit pour des corvées diverses, il devra toujours y avoir 2 caissons (1 à balles, 1 à explosifs) absolument prêts à partir instantanément.

De même aux avant-trains ; tous les avant-trains de la batterie de tir devront pouvoir partir immédiatement ; pour réaliser cette condition, on pourra, si on fait du pansage, panser 1 attelage seulement par voiture à la fois, en prenant soin, lorsque c'est l'attelage de derrière, de raccourcir les traits de l'attelage de milieu de manière à ce qu'il puisse marcher de derrière ; ~~pendant~~

Si les chevaux des avant-trains sont à l'abreuvoir, les chevaux de l'échelon devront être effectivement attelés à leur place et tous les conducteurs prêts à partir.

Il est rappelé en outre qu'en aucun cas des hommes isolés ne peuvent quitter le bivouac à moins d'une autorisation spéciale du commandant de l'échelon (ou des avant-trains). Toutes les corvées : eau, fourrage etc... seront faites par des détachements, sous la conduite d'un gradé.

Le 29 Septembre 1914
Le chef d'escadron commandant le groupe :

Archives familiales.

VII

Bataille de Champagne depuis la ferme de l'Espérance près de Suippes (mai à septembre 1916)

23 mai 1916 - Mardi : Départ à 5 heures Temps brumeux. Nous traversons une région forestière et marécageuse. Nous passons par Givry-en-Argonne, Epense. Nous arrivons à Dampierre-le-Château, où nous retrouvons le 90ème. Notre cantonnement est médiocre à Sommerécourt. Les permissions reprennent. Gai dîner en compagnie d'un ancien sous-officier du 20ème, sous-lieutenant au 90, réchappé de la cote 304 (Henri). Le capitaine part en permission. Je couche sous la tente.

24 mai - Mercredi : Visite du colonel Lafont qui est de retour. Nous nous installons.

25 mai - Jeudi : R.D.N. On parle de départ pour reprendre le front.

26 mai - Vendredi : Réunion des capitaines chez le colonel pour les nominations de sous-officier. On reparle de départ prochain pour la ferme Navarin.

27 mai - Samedi : Office pour les morts du régiment. Le colonel est parti en reconnaissance. R.D.N.

28 mai - Dimanche : Je vais à Sainte-Menehould, où je trouve mon oncle René[1], qui a l'air content de ses fonctions de médecin chef à l'hôpital mixte. Je reste avec lui toute la matinée. Le commandant nous rassemble dans la soirée pour nous donner quelques tuyaux sur le nouveau secteur.

29 mai - Lundi : Nous partons en reconnaissance en auto avec le commandant. Nous devons remplacer une batterie de 90 près de la Ferme

---

[1] Docteur René Petit, ancien interne des hôpitaux de Paris, frère de la mère de l'auteur.

Saint-Hilaire. Secteur ultra-calme. On n'y redoute que les gaz. A notre retour, nous apprenons notre départ de Sommerécourt pour demain.

30 mai 1916 - Mardi : Départ du groupe à 5h15 Brouillard et pluie. Nous cantonnons à Courtisols à 13 km de Châlons. Bon logement pour tous mais il paraît que nous ne devons pas y rester longtemps.

31 mai - Mercredi : Départ vers 5h30 Nous passons par Châlons et nous arrivons à Juvigny-sur-Marne où nous cantonnons avec un régiment d'Infanterie. Nous devons y rester 4 ou 5 jours dit-on. A 19 heures ordre de partir en reconnaissance le lendemain. Voilà le repos promis. Nous buvons avec Naud et Gélot force champagne pour compenser.

1er juin - Jeudi : Je pars en auto avec Parpirolles et Mesmin. Nous débarquons à Saint-Hilaire-le-Grand. Je rejoins la batterie de 90 que nous remplaçons. Passage de consigne avec le lieutenant Tétard. A 11 heures du soir la 4ème pièce de la 9ème batterie vient en position sans incidents.

2 juin - Vendredi : Je vais régler la 4ème pièce au P.O. de l'Espérance[1] avec un sous-officier qui me montre fort bien le secteur. Déjeuner avec Naud et son prédécesseur. Je rentre pour essuyer les foudres du commandant furieux de ce qu'un officier ne m'ait pas montré le secteur. Tout se tasse en fin de compte. J'attends le reste de la batterie pour 1h30 du matin.

3 juin - Samedi : La batterie arrive avec le capitaine de retour de permission. A 4 heures, nous partons avec le commandant pour régler. Il se rend compte que le sous-officier m'a fort bien montré les objectifs mais ne veut pas l'admettre cependant. Réglage. Nous retournons à la batterie où nous passons tranquillement l'après-midi.

4 juin - Dimanche : Convocation du capitaine chez le commandant. R.D.N. Je dois partir en permission. Mounier est de retour à la 8ème. Je m'en vais aux échelons vers 8 heures du soir.

5 juin - Lundi : Je reste la matinée aux échelons. Je prends le train

---

[1] Ferme de l'Espérance située à 10 km au nord-ouest de Suippes.

le soir à 4h30 à Mourmelon. Je passe à Châlons et j'arrive vers minuit à Paris où je couche à l'hôtel.

6 juin 1916 - Mardi : Je vais d'abord à la Bastille, puis rue de Monttessuy où je trouve Hubert, Renée et le petit Philippe[1]. Je les accompagne au 25, rue de Rocroy, où je déjeune avec tante Marie, ce qui ne m'était arrivé depuis longtemps. Je reprends le train à 3h10 pour Tours où j'arrive vers 7h. Tout le monde va bien.

7 juin - Mercredi : Permission. Il pleut naturellement.

8 juin - Jeudi : Il pleut toujours.

10 juin - Samedi : Le temps se remet au beau.

11 juin - Dimanche Pentecôte : Les heures s'écoulent doucement et rapidement. Dîner en famille.

12 juin - Lundi : Dernier jour. Décidément je n'ai pas été favorisé par le temps. Ondées continuelles.

13 juin - Mardi : Départ de Tours à 2h24. Arrivée à Paris à 6h30. Je repars à 8 heures et j'arrive à Châlons à 10h20. Voyage sans incidents. J'arrive à Mourmelon à 4 heures du soir. A la batterie nous avons un nouveau sous-lieutenant Raison ancien adjudant de la 7ème. Je dîne gaiement à l'échelon avec Durand et Magneron et je couche à l'échelon.

14 juin - Mercredi : Je regagne la position. Nous faisons un tour au P.O. de l'Espérance. R.D.N. Nous allons voir les fantassins avec Raison.

15 juin - Jeudi : Toujours temps épouvantable. On se croirait en octobre. Bruits divers. Nous allons nous promener jusqu'à la 7ème.

16 juin - Vendredi : Le capitaine va à l'échelon. J'essaie de régler de la 1ère ligne. Pas de communication. Je reviens à l'Espérance où je prends la hausse du jour. Le soir réglage avec ballon dirigeable.

---

[1] Hubert Lapadu-Hargues, officier d'infanterie, mari de Renée, fille de Paul et Marie Grison.

17 juin 1916 - Samedi : Réglage avec le ballon dans la matinée. Beau temps. Je passe l'après-midi en compagnie de Clouzeau ou Blanchard, ce dernier est dans une passe critique à cause de sa permission. Enfin espérons !

18 juin - Dimanche : Je suis de service toute la journée au P.O. de l'Espérance. La 9ème ne tire pas un coup de la journée. J'observe juste un seul coup de la 8ème tiré par le commandant. A part cela je fume ou je lis.

19 juin - Lundi : A 4h30 tir de 70 coups environ pour accompagner les crapouillots. Raison est à l'Espérance.

20 juin - Mardi : Je passe la journée à l'échelon par un temps magnifique. Je vais à Mourmelon. Dîner ultra gai avec Durand et Magneron. Ce dernier n'a plus le cafard. Retour au galop en compagnie du docteur.

21 juin - Mercredi : Toujours très beau temps. Le commandant va dans la matinée avec le capitaine jusqu'au P.O. Paroles aigres douces au retour. Ça ne fait que croître et embellir. Enfin espoir. L'après-midi je vais jusqu'aux tranchées, observer un emplacement présumé de mitrailleuse. Mounier est de retour.

22 juin - Jeudi : Il paraît que des avions ont lâché des bombes vers 4 heures sur la 8ème. Raison est de service au P.O.. Je reste à la batterie. R.D.N.

23 juin - Vendredi : Je vais à B9 tirer une vingtaine de coups sur un emplacement présumé de mitrailleuse. C'est trop peu pour démolir le poste en question. Je déjeune à la 7ème avec Naud. Chaleur suffocante. Je termine ma journée à l'Espérance.

24 juin - Samedi : Blanchard part en permission c'est moi qui le remplace. Je prends la consigne. Le commandant est charmant toute la soirée, mais jusques à quand ?

25 juin - Dimanche : Je vais me promener jusqu'à G.13 (P.C. du bataillon de droite), puis jusqu'à B2 bis, poste démoli par les Boches. Après bien des recherches, je trouve enfin le P.O. Malgord du 2ème groupe d'où on voit à merveille le secteur de la 7ème. Retour vers midi. R.D.N. Je me mets un peu au courant des paperasses. Le colonel présente au groupe l'étendard décoré près de la Ferme Saint-Hilaire.

26 juin 1916 - Lundi : Je reste au P.O. toute la journée. R.D.N. Violent orage dans la soirée.

27 juin - Mardi : Je vais dans la matinée jusqu'à B28. Je passe ma journée dans les paperasses.

28 juin - Mercredi : Je vais faire un tour vers B10, B9. Calme le plus complet.

29 juin - Jeudi (Saint Pierre)[1] : Nous nous réveillons. Tir de démolition sur le saillant F.414 etc... pour activer les Boches 350 coups par jour pendant 3 jours.

30 juin - Vendredi : Continuation du tir. Les Boches ont des velléités de tirer sur nos positions. J'apprends que le capitaine Maurer a quitté le régiment à la suite d'une histoire de tir.

1er juillet - Samedi : Dernier jour d'agitation. Les Boches nous répondent sur la 9ème. Comme bouquet, 200 coups par batterie sur la 1ère ligne boche vers 20 heures. Réponse : lacrymogène vers 23 heures. Alerte au gaz. Rien en fin de compte.

2 juillet - Dimanche : Très beau temps. L'après-midi je vais avec Gélot du côté de Bussy-le-Château assister à des expériences de tir de 75 à 7 km, idée chère au colonel Gascouin commandant la brigade d'artillerie. Rien d'extraordinaire, petits entonnoirs, bon groupement. Je reviens avec Louis et Fliche par La Cheppe à travers le camp de Châlons. Blanchard et Bourgoin sont de retour.

3 juillet - Lundi : Je cède la place à Blanchard. R.D.N.

4 juillet - Mardi : Je vais à l'échelon. Gai déjeuner à Mourmelon à l'hôtel de l'Europe avec Magneron, les Clouzeau major et junior. Le soir, nous apprenons le départ du commandant Lazard.

---

[1] Saint Pierre et Saint Paul, fête de l'auteur.

5 juillet 1916 - Mercredi : Départ du commandant. Nous lui faisons nos adieux vers 7h. Détente. Je vais à l'Espérance. Temps épouvantable. Je reviens déjeuner à la batterie. Le commandant Legros, le capitaine Magner et le capitaine Petitcolas commandant provisoirement le 3ème groupe vont faire une reconnaissance en vue de je ne sais quoi. Bridge l'après-midi avec Gilbert, Bourgoin et Clouzeau.

6 juillet - Jeudi : Le capitaine Magner prend le commandement du groupe ! Ce n'est pas flatteur pour certains. Il pleut toujours. C'est lugubre.

7 juillet - Vendredi : Il fait toujours un temps épouvantable. Je vais l'après-midi rendre visite au 2ème groupe. J'y rencontre Louis, Bonneterre, le capitaine de Montessus, toujours l'amabilité même. Je termine la journée en bavardant avec Clouzeau et Gilbert. Décidément, c'est bien vrai, le présent nous échappe, et l'avenir nous tourmente aussi :

"Quid sit futurum cras fuge quaere et
Quem fors dierum cumque dabit lucro
Appone."[1]

Morale : Il n'y a d'agréable que le souvenir des bonnes heures passées.

8 juillet - Samedi : Nous respirons malgré tout un peu mieux. Calme plat. On parle d'une petite affaire toute proche.

9 juillet - Dimanche : Commencement du réglage sur 933 pour démolir les fils de fer. Un sergent-major du 90 vient s'entendre avec nous, après déjeuner nous allons ensemble à Borel. Les Boches répondent sur la Ferme Saint-Hilaire où s'était placée une pièce du 49. Ça marche toujours bien en Russie et dans la Somme.

10 juillet - Lundi : Dans la matinée nous tirons 300 coups pour faire une brèche. Je passe l'après-midi à Borel, d'où je tire 200 coups sur la brèche. Les Boches répondent sur la 8ème et 9ème. Je reviens vers 6 heures avec Marchal à la batterie. Rebombardement, un coup de 15 sur la 1ère pièce. Guilloteau et un servant sont blessés. Nous sommes assez bien arrosés. Nous faisons les tirs prévus. A 21h35 attaque. Le coup de main est terminé vers 22h15. Le calme revient. Les résultats de l'affaire sont

---

[1] "Ce qui doit arriver demain, garde toi de chercher à le savoir et chaque jour que le destin t'accordera, regarde le comme un profit." (Horace, odes, livre I, 9, vers 13 à 15).

encore inconnus. Bruits peu favorables. Les Boches nous attendaient de pied ferme en 2ème ligne.

11 juillet 1916 - Mardi : Le commandant Gobert du 90ème et le lieutenant de Diesbach, chef des patrouilles ont été tués, dit-on. Pas un seul prisonnier boche. Voilà le bilan. Il n'y avait dans la 1ère ligne boche que des pieux et des fils de fer. Journée calme. Le capitaine est à l'échelon. Je règle de nouveau le soir sur la brèche car nous devons l'entretenir toute la nuit.

12 juillet - Mercredi : R.D.N. Le capitaine va à Mourmelon assister à une fête donnée par les Russes.

13 juillet - Jeudi : Je vais passer la journée à l'échelon ainsi que Clouzeau. Nous entraînons le véto et Durand. Très gai déjeuner à l'hôtel de l'Europe.

14 juillet - Vendredi : Journée morose passée à l'Espérance en compagnie d'un petit Polonais qui comprend un peu l'allemand. Il pleut.

15 juillet - Samedi : R.D.N. Le soir après dîner, séance d'équitation.

16 juillet - Dimanche : Messe de l'aumônier aux batteries. Le soir vers 9 heures attaque boche sur la route d'Aubérive sans résultat.

Quorum pars infima fui [1]

17 juillet - Lundi : Pour commencer, prise de bec avec le Baron Mounier au sujet du service à l'Espérance. Je lui dis peut-être un peu vertement ma manière de voir. Nous nous quittons plutôt mal. Toujours très mauvais temps. Alerte vers minuit R.D.N. L'attaque boche de l'autre jour a échoué piteusement.

18 juillet - Mardi : Je vais faire un tour aux tranchées. Je n'y apprends rien. Demain, nous devons tirer un certain nombre de coups de canon, toujours sur le saillant F. Cette fois ce sera plus à droite.

---

[1] Mention qui figure à nouveau en exergue du quatrième carnet de guerre commençant le 17 juillet 1916 et signifie "événements auxquels je pris une infime part".

19 juillet 1916 - Mercredi : A 7 heures commencement de la sérénade, 100 coups sur la brèche de l'autre jour. Je vais à Borel continuer le tir l'après-midi. A 9h15, coup de main préparé à outrance par les lourds[1] et les crapouillots. Pas un coup de canon ni de fusil du côté boche. Tout a très bien réussi. Pas une perte, une dizaine de prisonniers boches.

20 juillet - Jeudi : Je passe ma journée à l'Espérance. J'y reçois quelques visites, fantassins du 90, interprète, etc... Les Boches marmitent ferme du côté du saillant G. Ils nous envoient aussi quelques marmites derrière. On craint un peu une attaque. Il n'en est rien... Papot est de retour à la 9ème.

21 juillet - Vendredi : R.D.N. Belle journée. Nous tirons quelques coups avec Papot de Borel sur des bois à l'arrière.

22 juillet - Samedi : Le capitaine part l'après-midi en permission de 24 heures pour Châlons. R.D.N.

23 juillet - Dimanche : Belle et chaude journée. Je vais avec Papot tirer de B9 une quarantaine de coups sur des emplacements présumés de mitrailleuses vers 9 heures. Gai après-midi en compagnie de Clouzeau, Gilbert, etc...

24 juillet - Lundi : Toujours très beau temps. Journée ultra-calme.

25 juillet - Mardi : Forte chaleur. Je vais à l'Espérance avec Papot pour lui montrer le secteur ; nous revenons par la 7ème toujours au Bois des marmites. Le soir après le dîner, équitation. Nous sautons les obstacles de la Ferme hippique de Saint-Hilaire.

26 juillet - Mercredi : Je vais à l'échelon. J'y trouve le docteur Durand et le vétérinaire. L'après-midi nous allons à Mourmelon en carrosse. Achats. Il fait très chaud. "Lemon squatch" chez Marillien[2]. Puis retour et pour terminer dignement la journée, dîner en compagnie de Bénazé, qui commande toujours la batterie de crapouillots de la 17ème division d'infanterie et est enchanté.

---

[1] Artillerie dont le calibre des canons (105,120,155,...) est supérieur à celui de l'artillerie légère de campagne dotée de canons de 75 mm.
[2] Probablement le nom du café ou cafetier.

27 juillet 1916 - Jeudi : Beau temps. R.D.N.

28 juillet - Vendredi : R.D.N. Il paraît que le commandant Lazard s'est blessé sérieusement en dévissant une fusée.

29 juillet - Samedi : Je suis de service à l'Espérance avec 15 coups à tirer en tout et pour tout. Heureusement qu'un interprète russe vient me tenir compagnie.

30 juillet - Dimanche : Messe de l'aumônier. Raison va faire une petite inspection à l'échelon (missi dominici). Hausse du jour. Parties de cartes et c'est tout.

31 juillet - Lundi : Je vais me promener en B7, B8, B9, B10. Rien de particulier. Forte chaleur.

1er août - Mardi : Toujours forte chaleur. Je ne bouge pas de la batterie.

2 août - Mercredi : Je vais à l'échelon. J'y passe la journée en compagnie de Durand et Magneron. Température torride. Dîner fort gai, arrosé de vins généreux. Hilarité continue du véto. Puis le docteur enfourche la bourrique et m'entraîne jusqu'à Jonchery-sur-Suippe. Bénazé est à l'A.D.17. Nous ne trouvons que des sous-lieutenants dont Pompey l'ancien fourrier de la 5ème. Enfin je regagne la batterie par les routes de Saint-Hilaire, Mourmelon. Avec tout cela, nous entrons dans la troisième année de guerre.

3 août - Jeudi : Je vais avec Raison par une chaleur étouffante reconnaître les P.O. de Malgord, 107. Nous passons par le 2ème groupe où le commandant Legros m'explique ce qu'on désire faire. Nous pourrons sans doute observer du Vaisseau fantôme.

4 août - Vendredi : Conseil de guerre chez le commandant Legros qui nous donne quelques tuyaux. Le capitaine Petitcolas va le soir à l'échelon pour refaire son estomac. Les Boches vers 8 heures du soir s'excitent dans les environs de la batterie avec du 105.

5 août - Samedi : Reconnaissance tout le long de la vallée de la Suippe, qui est assez pittoresque, avec Gilbert. Nous cherchons un emplacement pour un périscope nouveau modèle depuis le Bois des territoriaux jusqu'aux Bois Vauban et Wibratte. Ce ne sera pas très utile. Manilles muettes mais fort tapageuses avec Clouzeau, Papot et Gilbert. Le temps s'est rafraîchi.

6 août 1916 - Dimanche : Messe par l'aumônier à 7h30 à la position. Toujours très beau temps. Raison est à l'échelon. Le capitaine se soigne en allant faire des libations au P.A.

7 août - Lundi : Je vais à l'Espérance. Papot vient m'y remplacer, car le capitaine Magner désire me voir à la batterie en l'absence du capitaine. Inspection des sous-officiers de la batterie de tir par le commandant de groupe.
"Conticuere omnes, intentique ora tenebant,"
At Ille sicut Pater
Annuit et totum nutu tremefecit Olympum.[1]

8 août - Mardi : Je vais à l'échelon, le capitaine est de retour à la batterie. Promenade dans la matinée à Jonchery et à la Ferme de Suippes avec Durand et Magneron. Nous y rencontrons Bénazé. Temps assez chaud. Déjeuner à l'échelon avec un ami du véto du G.B.D.18. Vers 5 heures je rejoins Bénazé à Mourmelon et je dîne chez lui à Jonchery fort agréablement : ce qui me rappelle les bons moments d'autrefois en compagnie du capitaine Viel.

9 août - Mercredi : Mounier va aux échelons faire des cours aux adjudants. Nous faisons de même à la batterie pour les sous-officiers. Je déjeune avec Marchal qui commande provisoirement la 6ème. Je passe quelques heures avec lui. Le capitaine part en permission le soir même.

10 août - Jeudi : Le temps a changé. Il pleut. Je vais l'après-midi reconnaître un P.O. d'où on puisse tirer sur la ligne 1 bis. Bonne promenade le long de la vallée de la Suippe. Je pousse jusqu'à la 7ème.

11 août - Vendredi : Il fait très chaud. Je vais l'après-midi avec Blanchard, Bourgoin, Raison jusqu'à l'Espérance régler fusant (route de Saint-Souplet). Un hussard se blesse sottement à la batterie, en allumant

---

[1] "Tous se taisent et leurs visages étaient tendus vers lui," mais lui comme Jupiter, fait un signe de tête et d'un signe fait trembler tout l'Olympe. Le premier vers est de Virgile, Enéïde, livre II, où Enée commence le récit de la prise de Troie fait à la reine Didon.

une vieille étoupille. La nuit nous tirons sur la route en réponse au tir que les Boches avaient fait avant-hier soir sur la Ferme Saint-Hilaire.

12 août 1916 - Samedi : Journée agitée. Les Boches bombardent nos tranchées à coup de torpilles. Nous leur répondons avec des crapouillots. Je monte à Borel vers 2 heures avec Papot. Nous réglons sur 411 et 416 sur des emplacements supposés de M.W. A la nuit, tout se calme : le vent tourne au sud. Préparatifs, la 8ème reçoit de l'échelon environ 2400 coups.

13 août - Dimanche : Il a plu. Journée ultra-calme. R.D.N. Lettre insensée de Sanant au capitaine de groupe.

14 août - Lundi : Vent fort du sud-ouest. Toujours R.D.N.

15 août - Mardi : Messe de l'aumônier. Conférence d'un lieutenant directeur du repérage par le son. Marchal y vient et déjeune avec nous, je l'accompagne jusqu'à l'Espérance puis à la 6ème batterie. "Vanitas vanitatum"[1]. Cet excellent Germon est nommé capitaine.

16 août - Mercredi : Il pleut. Manilles. R.D.N.

17 août - Jeudi : Je suis de repos. Déjeuner à Cuperly au T.R.[2] avec Brunet, Vouhé, Gée. Retour par Mourmelon où je trouve du premier coup le Baron, le docteur, le véto et Augé chez Marillien. Gai dîner à l'échelon. Retour à la batterie où je trouve un bref.

18 août - Vendredi : Une encyclique récente a paru[3]. Nous allons avec Gilbert visiter les fantassins. Visite de postes B7, B8, B9, B10 puis nous terminons par le P.C. du capitaine Quéron fort aimable. C'est un ancien officier de marine. Je quitte Gilbert qui poursuit son chemin jusqu'au P.O. L'après-midi visite du commandant Bacot. Rien à signaler. Manille.

19 août - Samedi : Je termine le projet de construction de

---

[1] Vanité des vanités (Ecclésiaste I, 2), la suite étant "et ommia vanitas", et tout est vanité.

[2] Train régimentaire.

[3] Il pourrait s'agir de l'encyclique du pape Benoît XV sur la guerre du 1er novembre 1914 : « Ad beatissimi apostolorum principis. »

batterie. Monsieur Longuet, chargé de la T.S.F.[1] à l'A.D.17, nous fait le plaisir de déjeuner avec nous. Clouzeau nous tient compagnie presque tout l'après-midi. Gilbert revient de l'échelon pour jouer à la manille avec nous. Aucun tuyau sensationnel.

20 août - Dimanche : Instruction aux sous-officiers de la batterie. Papot est à l'échelon. Réglage sur la route de Saint-Souplet, pour y tirer la nuit. Retour du capitaine Petitcolas.

21 août - Lundi : R.D.N. Raison va se soigner à l'échelon pendant quelques jours.

22 août - mardi : Je suis de service à l'Espérance. Je tire 25 coups à un endroit, où un Boche s'était permis d'observer tranquillement dix minutes. Il paraît que "der Starke"[2] veut prendre la tangente.

23 août - Mercredi : Calme plat. Marchal vient me voir l'après-midi. R.D.N.

24 août - Jeudi : Je vais déjeuner à la quinte avec le capitaine Trives, successeur du Chevalier[3], Maurer, Marchal et L. Nouhault. Nous parlons d'une foule de choses. J'y apprends certaines historiettes qu'il ne convient pas de transcrire. Je rencontre aussi Bénazé et je rentre à la batterie par une assez forte chaleur.

25 août - Vendredi : Je vais à l'échelon passer quelques heures l'après-midi. Toujours la tournée de Mourmelon en compagnie de Gilbert, Arthur et Mounier.

26 août - Samedi : Le capitaine va en repos. Papot va tirer des tranchées. Hier soir, il y a eu émission de gaz sur Navarin sans résultat appréciable comme gain.

27 août - Dimanche : Visite à G3. De là, nous allons avec Gilbert jusqu'au 1er groupe où je déjeune à la 3ème fort agréablement. La Roumanie a déclaré la guerre à l'Autriche. « Bene, sed quousque tandem... »[4].

---

[1] Abréviation de Télégraphie ou Téléphonie Sans Fil.
[2] Deux mots écrits en lettres gothiques allemandes signifiant "le puissant".
[3] Surnom du capitaine Bissaud, dit aussi le chevalier d'Ahun.
[4] Bien, mais jusques à quand... (allusion au début du discours de Cicéron contre Catilina).

28 août 1916 - Lundi : Comparaison de portée entre les obus à fusée I et IA. R.D.N.

29 août - Mardi : Repos. Je vais à Jonchery, je déjeune chez Bénazé qui a comme brancardier et aumônier un vicaire de Bourgueil. Nous repartons Bénazé et moi à l'échelon. Bridge. Arthur a la colique. Je vais ensuite faire un tour à Mourmelon. J'évite un violent orage et je rentre après dîner à la batterie en repassant par Jonchery.

30 août - Mercredi : A 4 heures, réglage d'une pièce placée aux abris-tonnelles. Il pleut, il vente. Puis brusquement à propos de rien :
« Ich weiss nicht, was soll es bedeuten,
Dass ich so traurig bin »[1].
Je songe au passé, à ceux que j'ai connus et qui ne sont plus. Je me sens seul. Au fond cela a du bon. On se rend compte alors que s'il n'y avait en tout et pour tout que le monde qui nous entoure, la vie manquerait de but et de charme bien souvent. Le capitaine est allé à Suippes. Temps épouvantable qui se maintient jusqu'à la nuit.

31 août - Jeudi : Je suis de service à l'Espérance. Visite d'un général russe, qui vient assister à un bombardement d'Aubérive par des « lourds »[2]. Je regarde tirer la pièce de 95 du groupe. R.D.N. sauf quelques « admonitiones ad usum militum et subcenturionun »[3]. « A sagitta volante in die, a negotio ferans bulante in tenebris, ab incursu et a **daemonio meridiano** »[4].

1er septembre - Vendredi : R.D.N. Le soir visite du commandant Bacot et du commandant de l'artillerie 17 qui doit venir dans ces parages. La 18ème et la 152ème seraient déjà en route pour l'arrière.

2 septembre - Samedi : Le capitaine Lefaure quitte la 8ème, évacué pour fatigue. Le capitaine Petitcolas va à Cuperly distribuer des effets au train régimentaire. Gilbert, seul à la 8ème, vient déjeuner et dîner avec nous. La Roumanie est entrée dans la danse elle aussi.

---

[1] « Je ne sais pas ce que cela doit signifier, Que je suis si triste ». Deux premiers vers du poème "La Lorelei" d'Heinrich Heine, écrits en lettres gothiques allemandes dans le carnet.
[2] Artillerie lourde.
[3] Sauf quelques remarques à l'usage des soldats et sous-officiers.
[4] Psaume 90, verset 6 : (Tu n'auras pas à craindre les épouvantes de la nuit,) « Ni la flèche qui vole le jour, ni les complots tramés dans les ténèbres, ni les attaques du démon de midi. ».

3 septembre 1916 - Dimanche : A 7h30, messe de l'aumônier à la position. Encyclique "De canibus in sectore relinquendis" (mot illisible)[1]. A part cela R.D.N.

4 septembre - Lundi : Le capitaine est à l'échelon. Tir à grande distance (7300 mètres) aux environs de Dontrien. Orage.

5 septembre - Mardi : On parle de relève imminente. Succès dans la Somme. Qu'y est donc devenu ce pauvre André. Je vais l'après-midi jusqu'à l'échelon.

6 septembre - Mercredi : Je suis de service à l'observatoire. R.D.N. Le capitaine Magner arrive vers 5 heures pour montrer le secteur au colonel commandant l'artillerie 17, le fameux colonel Taurignac, de réputation, que je ne connais cependant pas, chose vraiment étrange.
"O lux meridiana, spes o fidissima Tolosae."[2]
Du reste il ne vient pas.

7 septembre - Jeudi : Je vais passer la journée à l'échelon. Je me promène jusqu'à Suippes, puis je reviens à la batterie pour remplacer Papot qui va assister à une visite de chevaux. Je vais dîner gaiement en compagnie de Durand, Mounier, Gelot et Joyeux.

8 septembre - Vendredi : Le capitaine Magner est parti en permission. Le capitaine Petitcolas le remplace. Je vais l'après-midi faire un tour jusqu'à la 7ème. Nous sommes relevés d'ici trois jours.

9 septembre - Samedi : Beau temps. Raison est de retour de permission. Nous partirons dans la nuit du 11 au 12 par le 7ème d'artillerie. Anniversaire de la retraite des Prussiens.

10 septembre - Dimanche : Nous attendons les reconnaissances du 7ème. Elles arrivent en rangs compacts à découvert. L'après-midi, je vais montrer le secteur aux officiers de la 9ème du 7ème. Des cavaliers vadrouillent sur la crête de la batterie. Résultat sur le coup de 5 heures, marmitage tassé avec du 120 français, paraît-il, 100 coups environ ; la cagna des cuistots de l'E.M. démolie, pas de casse ni à la 8ème, ni à la 9ème. Relève de la 1ère section et de la 5ème pièce à 22h.

---

[1] "Au sujet des chiens devant être abandonnés dans le secteur".
[2] O lumière méridionale, ô espoir le plus ferme de Toulouse !

11 septembre 1916 - Lundi : R.D.N. Calme plat. Déjeuner en commun à la 8ème. Je vais une dernière fois à l'Espérance avec le capitaine Boucher du 7ème. Départ de la position à 11h. D'abord temps épouvantable.

12 septembre - Mardi : Etape par un beau clair de lune par les deux Mourmelon, Livry-sur-Vesle, Les Grandes-Loges, puis Juvigny-sur-Marne, où nous cantonnons.

13 septembre - Mercredi : Nous continuons notre voyage par Matougues. Nous contournons Châlons et nous arrivons à Nuisement-sur-Coole, où tout le régiment est empilé. Le colonel est, paraît-il, parti à Mailly pour assister aux manoeuvres de la 18ème division d'infanterie.

14 septembre - Jeudi : Installation au cantonnement. Promenade à cheval dans les bois de sapins avec Papot. Je dîne à Breuvery-sur-Coole avec la 4ème et la 5ème.

15 septembre - Vendredi : Promenade à cheval dans la matinée avec Papot. Bonneterre m'entraîne à Châlons l'après-midi et vient dîner avec nous.

16 septembre - Samedi : Manoeuvre à cheval, sauts d'obstacle.

17 septembre - Dimanche : Promenade à cheval dans les bois avec le capitaine Trives, Marchal, Bonneterre et Papot ; Marchal franchit les haies, malgré sa jument qui ne veut rien entendre. Le capitaine Magner est de retour de permission.

18 septembre - Lundi : Temps épouvantable. Je dois partir en permission. Je pars à 3 heures du soir de Nuisement. Attente de quelques heures à Châlons. Je prends le train de 6h40 pour Paris où j'arrive à 9h30, juste à temps pour monter dans le dernier train pour Tours à 10h.

19 septembre - Mardi : Arrivée à Tours vers 2 heures du matin. Temps très mauvais. J'apprends qu'André s'est signalé dans la Somme où, à lui seul, il a fait pas mal de prisonniers (cf. annexe).

20 septembre - Mercredi : Toujours mauvais temps.

21 septembre 1916 - Jeudi : Le temps est un peu plus beau. Dîner avec notre cousin le capitaine Albert Petit et Pierre Grison de Versailles en convalescence à Tours.

22 septembre - Vendredi : R.D.N.

23 septembre - Samedi : Je pars à 3 heures du matin pour Villefranche-sur-Cher, où j'arrive vers 6h30. Je vais à bicyclette par une belle matinée de gelée blanche jusqu'à Boisfuseau[1], puis je pousse jusqu'aux fermes à travers bois. Temps superbe, nombreux faisans. La Sologne n'a pas changé, il n'y a que les habitants qui ne sont plus les mêmes qu'autrefois. Je reviens déjeuner à Boisfuseau en compagnie de toute la famille. Nous faisons avec mon oncle Joseph Boudon un tour jusque dans les taillis de Villeherviers et je rentre dîner pour prendre ensuite le train de 7h55 à Romorantin[2]. Retour sans incidents.

24 septembre - Dimanche : Toujours temps superbe. Nous apprenons la mort de Joseph Gerbaud[3] tué dans la Somme le 11 septembre. Il avait été à Fontainebleau avec moi.

25 septembre - Lundi : Dernier jour de permission. R.D.N. Jacques est dans la Somme à une batterie de 220.

26 septembre - Mardi : Je quitte Tours à 6h18 puis je pars pour Troyes à 12h50. Je dîne à Troyes avec un lieutenant du 49ème d'infanterie. Départ pour Arcis-sur-Aube à 22h50.

27 septembre - Mercredi : Arrivée à Arcis vers 2 heures du matin. Un canonnier de la batterie me conduit à Vinets où cantonne l'artillerie divisionnaire 17. R.D.N. à la 9ème batterie.

28 septembre - Jeudi : Manoeuvre de division suivie d'une critique intéressante du général Gouraud qui ne se laisse pas monter le cou.

29 septembre - Vendredi : Départ à 10 heures de Vinets pour

---

[1] Propriété de ses grands-parents Camus Petit située à 4 km à l'est de Romorantin.
[2] Chemin de fer à voie étroite de la compagnie du Blanc à Argent qui existe encore aujourd'hui entre Salbris et Gièvres, Valençay, Luçay-le-Mâle.
[3] Lieutenant au 37ème d'Artillerie, tombé à Cléry-sur-Somme à l'âge de 28 ans.

Lhuître par une pluie battante qui ne décesse pas de la journée. Cantonnement assez bon.

30 septembre 1916 - Samedi : Nous nous apprêtons à embarquer. Dernière promenade à cheval avec Papot en terrain varié, avant de quitter la Champagne.

1er octobre - Dimanche et 2 octobre - Lundi : Je pars à 6 heures de Lhuître pour Sommesous, où je dois faire la reconnaissance du train. Embarquement sans encombre. Départ à 11h30. Nous passons par Nuisement, Châlons, Meaux (H.R.) Pantin, Beauvais (où nous sommes obligés de transborder un truc dont l'essieu chauffe) et enfin nous arrivons à Conty vers 6 heures du matin le 2. Nous débarquons. Nous rejoignons le groupe à Saleux près d'Amiens. Temps épouvantable toute la soirée. Nous nous attendons à partir vers le front dès demain.

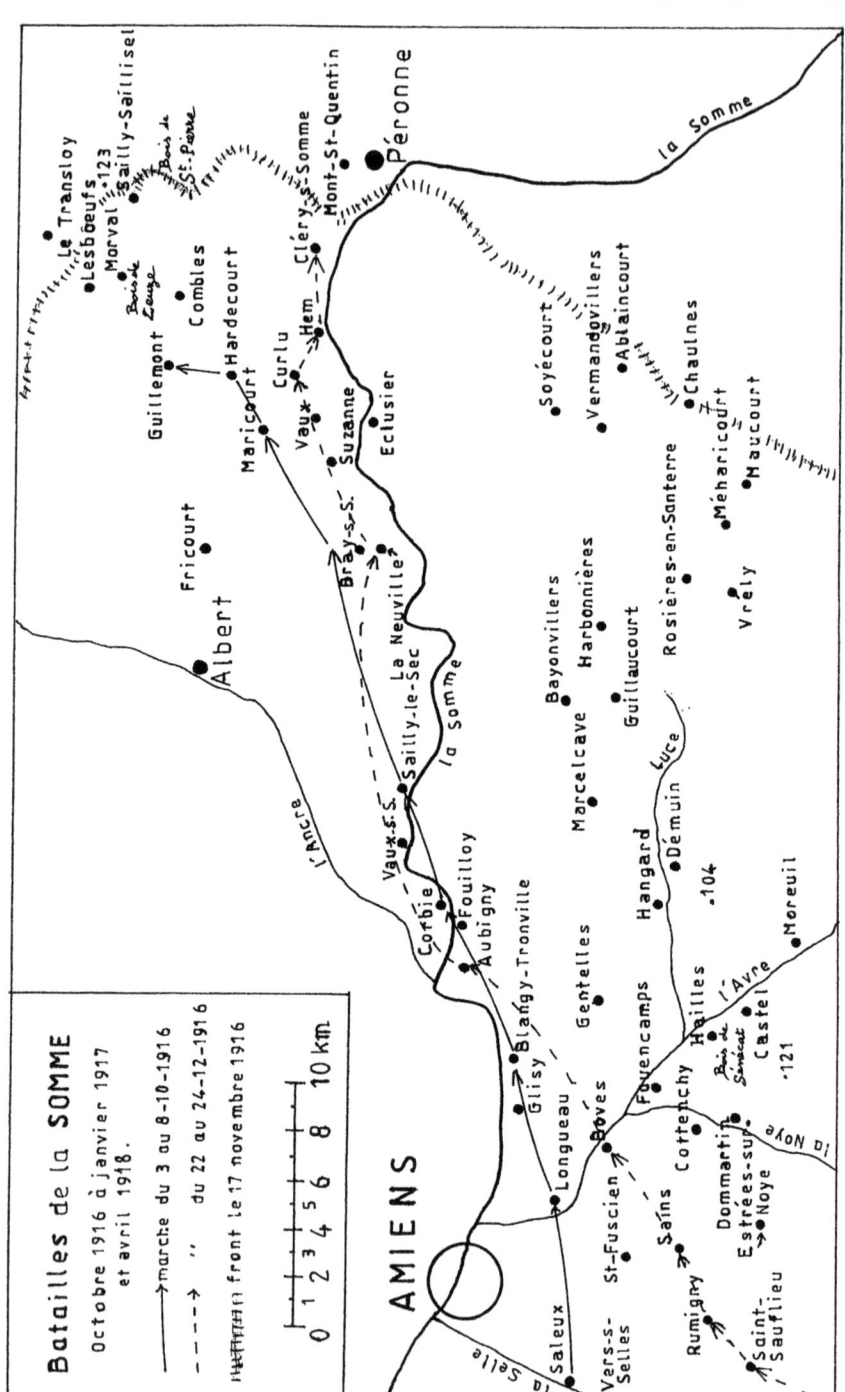

VIII

Bataille au nord de la Somme vers Morval. Mort au champ d'honneur d'André Grison (octobre, novembre 1916)

3 octobre 1916 - Mardi : Départ à 5h30 au lieu de 6h30. Retard dans les batteries. La pluie ne décesse pas durant toute l'étape. Nous passons par Longueau (camp de triage de prisonniers), par Blangy-Tronville, Corbie, puis Sailly-le-Sec où nous nous arrêtons. Tous les chevaux sont dehors dans la boue. Enfin les hommes sont tous abrités. Logement de presque tous les lieutenants au P.C. du groupe. Nous devons partir incessamment et nous devons être en liaison avec les Anglais.

4 octobre - Mercredi : Nous restons toujours à Sailly. Déluge.

5 octobre - Jeudi : Je pars à 5h30 avec les campements. Nous bivouaquons au nord de Bray-sur-Somme sur la route de Fricourt. Les reconnaissances sont retardées jusqu'à nouvel ordre. Nous voyons les tanks anglais ainsi que des 400 et 305 français.

6 octobre - Vendredi : Les capitaines partent en reconnaissance. Nous devons mettre en batterie du côté de Morval. On attend toujours.

7 octobre - Samedi : Toujours au bivouac, mauvais temps. Le capitaine Magner est reparti en reconnaissance.

8 octobre - Dimanche : Départ à 10 heures du matin par une pluie diluvienne qui cesse fort heureusement à notre arrivée à la position d'attente près de Maricourt. Les capitaines partent en reconnaissance vers 2 heures car la mission est encore changée. Je pars vers 6 heures avec la batterie de tir réduite au minimum. Embouteillage à Maricourt, nous n'en finissons pas d'avancer ; enfin nous démarrons. Traversée d'Hardécourt et de Guillemont, amas de terre remuée, où furent des villages. Nous arrivons près de la position dans un chemin creux où nous sommes obligés d'attendre. Malheureusement, car les marmites y tombent[1], la 8ème a trois

---

[1] Obus de gros calibre, en argot militaire.

conducteurs tués, deux blessés, un canon en panne. A la 9ème, nous nous en tirons péniblement et nous mettons en batterie devant une ancienne tranchée. Pas d'abris pas de matériaux. Enfin il ne pleut pas, c'est déjà bien (Agies est blessé légèrement).

9 octobre 1916 - Lundi : Nous nous aménageons tant bien que mal. Je vais avec le capitaine voir le paysage du côté du Transloy sur la crête devant nous. Le soir j'y retourne avec Raison, je règle sur un point remarquable (croisement de route, point 123) ; nous avons une mission de superposition[1]. Marmitage assez sérieux dans la vallée, qui est derrière nous. Nombreux avions allemands vers 18 heures.

10 octobre - Mardi : Beau temps. Dans la matinée, un avion français est descendu par un schrapnell boche[2]. Nous allons l'après-midi avec le capitaine Naud régler sur Sailly du côté du Bois de Leuze. C'est difficile à cause du marmitage formidable de ce village.

11 octobre - Mercredi : R.D.N. Dans l'après-midi, je retourne avec Marchal et Naud régler sur la chapelle du château de Sailly-Saillisel. Nous y arrivons finalement. Attaque anglaise du côté du Transloy.

12 octobre - Jeudi : Vers 7 heures, nous apprenons que nous devons tirer sur un certain chemin creux. Je pars avec Marchal, Naud et Bailloux. Nous dépassons le chemin creux de Morval à Lesboeufs. Nous ne voyons rien et puis il n'est plus temps de chercher un observatoire pour tirer à 8 heures. Nous tirons donc d'après la carte, comme des sourds. A 14h05, attaque sur Sailly et devant nous. Bombardement inimaginable de notre part. Quelques obus malheureux sur les batteries. La 7ème a quelques blessés. Mounier est blessé au ventre par un éclat qui lui est venu je ne sais d'où. Vers la nuit le calme se rétablit, aucun renseignement sur les résultats.

13 octobre - Vendredi : Je passe à la 8ème en remplacement de Mounier. Je vais régler avec Papot à l'observatoire. On commence à y être passablement bombardé. Tir de harcèlement toute la journée.

---

[1] Mission de tir donnée sur un même objectif à plusieurs unités d'artillerie distinctes, afin d'accroître la concentration de feu.

[2] Ou shrapnel, obus rempli de balles, du nom de son inventeur le général anglais Shrapnel (1761-1842).

14 octobre 1916 - Samedi : Tir continu. La 18ème division d'infanterie a progressé sensiblement avant-hier. L'après-midi je vais avec Marchal voir son emplacement de pièce avancée derrière Morval, position assez bien bombardée. Le soir, il y a des blessés à l'observatoire, un téléphoniste du groupe, un maréchal des logis de la 8ème et un de la 7ème. L'observatoire est démoli. Ce n'est pas étonnant étant donné qu'on y allait à découvert, sans aucune précaution.

15 octobre - Dimanche : Mauvais temps, brouillard, arrosage du ravin par les Boches. Nous allons reconnaître un autre observatoire plus à gauche sur la côte 170. Marchal va jusqu'à Combles. R.D.N.

16 octobre - Lundi : Je vais régler le matin dans la tranchée près de Lesboeufs. Nous retournons le soir régler avec Marchal du nouvel observatoire. Quelques marmites. Très beau temps. Nombreux avions français et boches aussi. Réglages par ballon. Mounier va bien : c'est une balle perdue qui l'a atteint.

17 octobre - Mardi : Les Boches ont amorcé des éléments de tranchées en avant. Malheureusement, ils sont à contre-pente et on n'en voit pas. Beau temps, réglage avec avion. Bombardement d'attaque.

18 octobre - Mercredi : A 11h45 attaque. Nous devenons pour une heure contre-batterie. Nous voyons le capitaine Trives qui revient des tranchées. Il y avait encore des mitrailleuses intactes dans des trous d'obus avec résultat nul. Marchal va dîner à la 5ème. Vers 6h30 à la nuit, ordre d'aller détruire certaines mitrailleuses désignées sur la carte par des coordonnées. Naturellement je ne vois rien. Il paraît que Sailly-Saillisel est pris par nous.

19 octobre - Jeudi : Temps épouvantable. Marchal n'en va pas moins en avant à un observatoire du 2ème groupe. Bombardement boche moyen.

20 octobre - Vendredi : Nous devons reprendre la fameuse position de Morval. Marchal a reçu une magnifique lunette de divers grossissements. Reconnaissance dans Morval. Les chemins sont très précaires. L'E.M. du groupe violemment bombardé vient nous demander asile.

21 octobre 1916 - Samedi : Je conduis une pièce à la position avancée sans incidents car il y a une belle gelée blanche. Vers 10 heures visite du commandant Bacot suivie d'un arrosage assez nourri dans la direction de la 7ème. Un obus malheureux tombe à l'entrée de la sape et tue trois hommes de la 7ème et en blesse plusieurs autres. Marchal manque d'être broyé par un obus qui met en pièces sa belle lunette et une foule de couvertures et autres objets, qui se trouvaient dans notre ancienne cagna en sacs à terre. Très beau temps, le bombardement se prolonge dans l'après-midi. Il y a trois tués à la 7ème par un obus malheureux à l'entrée d'une sape. Nombreux blessés chez nos voisins du 155 du 105. Finalement attaque des Boches sur Sailly : tout se calme à la nuit. Rude journée malgré tout ; l'E.M. est toujours sans P.C[1].

22 octobre - Dimanche : Journée très calme du côté boche. Nous devons attaquer vers 16 heures. La contre-attaque allemande d'hier soir sur Sailly a complètement échoué sous nos tirs de barrage. Nous sommes contre-batterie pour le moment[2].

23 octobre - Lundi : Brouillard intense le matin. Nous redevenons batterie d'infanterie. Attaque de la 152 à 14h30. Vive canonnade. Les Boches ne ripostent pas de notre côté. La 7ème a eu un canon de sauté et deux blessés. A la nuit, nous apprenons que l'attaque n'a pas réussi. Des mitrailleuses insoupçonnées cachées dans des trous d'obus nous ont arrêtés.

24 octobre - Mardi : Très mauvais temps. R.D.N.

25 octobre - Mercredi : Matinée assez belle. La pluie reprend vers midi. Il doit y avoir attaque, mais elle est contremandée, sans doute à cause du mauvais temps. Je suis comme l'oiseau sur la branche, car Mounier doit revenir d'ici peu : où me casera-t-on ? Je suis chassé de mon gourbi par les Boches dans le courant de la nuit.

26 octobre - Jeudi : Mauvais temps. Changement de mission. Brèches à faire dans les 48 heures. Aucun réglage. Reconnaissance des positions avancées par le commandant de groupe.

---

[1] L'auteur a souvent montré à sa famille le livre "Cyrano de Bergerac" d'Edmond Rostand (éd. Fasquelle, 1915) qu'il possédait et dont les 220 pages ont été déchirées par un éclat d'obus dans le ravin de Morval.

[2] Mission consistant à tirer au canon sur une batterie ennemie qui tirerait sur nos troupes.

27 octobre 1916 - Vendredi : Je vais avec Marchal du côté du Bois de Leuze, pour régler sur le fameux point 800. Il pleut. Nous rentrons comme nous sommes venus. Journée morose. La 17ème va en ligne[1].

28 octobre - Samedi : Assez belle matinée. Je reste seul. Gilbert à Leuze, Marchal au 1er groupe. Réglage sur le point 800. Très mauvais temps. Bridge.

29 octobre - Dimanche : Toujours la pluie et la boue. Les états-majors ne s'en soucient pas, car les capitaines vont en reconnaissance en avant de Morval, pour y placer les batteries le premier jour de l'avance, ce qui est absolument impossible à cause de l'état des chemins. Je vais régler avec Gilbert à l'observatoire du 1er groupe. Pendant ce temps, un éclatement prématuré du 155[2] qui est derrière nous, tue deux servants à la 8ème.

30 octobre - Lundi : Nous allons avec Marchal au P.O. du 1er groupe. On reparle de l'aménagement de la position avancée. Discussions. Déluge. Il tombe des torrents d'eau toute la soirée. Notre sape s'avance.

31 octobre - Mardi : Il fait assez beau dans la matinée. Journée calme. Nous couchons à quatre dans la sape.

1er novembre - Mercredi : L'aumônier le Père Caillaud est blessé en venant dire la messe au groupe. Il est grièvement atteint et décoré de la médaille militaire. Je vais dans la soirée au P.O. de Leuze d'où on ne voit rien à cause de la fumée et de la pluie. Marchal a une nouvelle lunette à la place de la première. Bonneterre est de retour à la quarte. Attaque de la 152 qui a assez bien réussi, paraît-il. Nous inaugurons la sape en y prenant nos repas en compagnie du docteur. Boue épouvantable. Matinée assez orageuse.

2 novembre - Jeudi : Brouillard et pluie dans la matinée. Nombreux prisonniers qui passent près de nous. L'attaque de la 152 a assez bien réussi. Marchal va l'après-midi au P.O. de Leuze. Il veut en organiser un permanent pour le groupe. Clair de lune merveilleux. Le fond de Morval a un aspect féerique au milieu d'un léger brouillard, et avec les ombres qui vont et viennent de tous côtés.

---

[1] Il s'agit de la 17ème division d'infanterie.

[2] Canon de 155 mm.

3 novembre 1916 - Vendredi : Marchal part de bonne heure pour reconnaître et aménager le nouveau P.O. Le 18ème revient en ligne. Essais de réglage avec avions. Vouhé est grièvement blessé à la 5ème.

4 novembre - Samedi : R.D.N. Mauvais temps. L'E.M. emménage dans sa nouvelle sape. Le docteur prend pension ou plutôt loge chez nous. Notre demeure commence à prendre tournure.

5 novembre - Dimanche : Nous recevons vers 10h30 les ordres en vue d'une attaque formidable qui se déclenche à 11h10. Nous tirons derrière le fameux point 800. Les Boches bombardent peu de notre côté, ce n'est pourtant pas faute d'être renseignés, car un de leurs avions a survolé dans la matinée nos positions à 400 m environ : il est vrai que c'était d'assez bonne heure. Nous ignorons les résultats de la journée. A la nuit nous apprenons que le point 800 tient toujours ; Bukovine n'est pas prise ; la 9ème n'en doit pas moins se porter en avant dès le matin. Que Dieu la garde ! Nous apprenons la mort de notre brave aumônier.

6 novembre - Lundi : Je vais toute la matinée au P.O. On est dans l'indécision. Je vois des fantassins circuler tout près de la grand-route. Ordre vers midi de régler sur le point 800 ; ce que je m'efforce de faire malgré les giboulées. Gilbert me remplace et je reste à la batterie toute l'après-midi. Attaque à 16h45 pour prendre 800. La 7ème envoie demain une pièce en avant.

7 novembre - Mardi : Le docteur Durand va reconnaître les nouvelles positions. La pluie ne décesse pas de toute la journée. Rien de nouveau sur la situation du secteur. Compte-rendu à fournir sur tous les ordres donnés et reçus (le capitaine Magner, commandant).

8 novembre - Mercredi : Blanchard nous apprend la bonne nouvelle que nous allons tous incessamment nous porter en avant. Le commandant Bacot vient de reconnaître pour nous une nouvelle position superbe en plein champ. La 9ème est enlisée. Le capitaine Petitcolas a reçu sa casbah sur la tête. Bukovine n'est cependant pas prise et la situation est inchangée au point de vue des missions. Mais l'artillerie se porte en avant "Io Io Triumphe". Marchal va reconnaître un P.O. d'où on voit la tranchée de Prague et une partie de Bukovine. Dans la soirée nous apprenons que nous devons occuper le 10 les positions avancées du 1er groupe.

9 novembre 1916 - Jeudi : Nous partons avec Marchal pour reconnaître les positions du 1er groupe et faire poursuivre les travaux déjà très avancés. Très beau temps. Gilbert va l'après-midi à la position future. Nous jouissons de notre reste dans notre belle cagna, maintenant terminée, dont la fameuse glace de Morval est le plus bel ornement. Dernier dîner en compagnie du docteur Durand.

10 novembre - Vendredi : Nous déménageons, non sans incidents. Voitures embourbées, chariot de batterie cassé. J'arrive avec Naud à la nouvelle position où nous continuons les travaux. Très beau temps. De très nombreux avions boches volent dans la région. Nous n'avons pas de mission bien définie. Les Boches nous laissent relativement tranquilles.

11 novembre - Samedi : Temps brumeux. Nous avons comme mission de faire de l'arrosage. Je vais coucher à l'ancienne position avec Clouzeau et Bailloux. Vers 11 heures du soir réveil en sursaut. Nous bondissons sur nos masques. Depuis un bon moment, les Boches nous bombardaient avec des obus asphyxiants d'un genre nouveau. On a l'impression d'avoir la gorge et les narines desséchées. L'odeur était celle de bouillon aigre.

12 novembre - Dimanche : Nous commençons la journée coiffés de nos masques, car les Boches bombardent toujours. Enfin vers 3h10, ils s'arrêtent. Ce n'est pas trop tôt, car le port du masque est malgré tout fatigant. Je rentre à la batterie vers 11h30. Un de nos sous-officiers Capdepont est grièvement blessé en se portant au secours d'un fantassin blessé. Vers 1 heure je reçois un coup de téléphone de mon frère Jacques qui est du côté de Combles. Je pars aussitôt pour le voir. Il est content pour l'instant. Je passe une partie de l'après-midi avec lui et je retourne avant la nuit à notre ancienne position où je dîne avec Clouzeau. Nuit calme cette fois.

13 novembre - Lundi : Je retourne à la batterie. Il paraît que je vais aller le 18 suivre un cours de tir à Amiens. Brouillard toute la journée: on ne peut faire aucun réglage. On parle de relève, mais sans aucune précision.

14 novembre - Mardi : Toujours la brume. Elle se lève légèrement vers 10 heures. Marchal règle sur différents points ainsi que sur des Boches qui circulent. Bombardement boche assez intense, toute l'après-midi. Le colonel Lafont nous quitte pour faire partie d'une mission en Roumanie.

15 novembre 1916 - Mercredi : Vers 9 heures, commencement d'un intense marmitage surtout du côté de Sailly et l'arrière. Nous sommes bombardés par du 77 et du 105 fusant. Notre cuisinier Guérisseau est blessé. Les capitaines Trives et de Montessus nous annoncent que nous devons rester encore une quinzaine. La 152 reviendrait. Je pars vers 4 heures au moment de l'attaque sur Sailly. Les Boches marmitent un peu partout. Je ne m'attarde pas en route et j'arrive à l'ancienne position bien marmitée. Je passe la soirée en compagnie de Clouzeau.

16 novembre - Jeudi : Je pars vers 8 heures de l'ancienne position par un froid de canard. Je passe la journée aux échelons en compagnie du docteur et d'Arthur. Il gèle fort et je passe une nuit glaciale. Il paraît que le 9ème corps d'armée en a encore pour un moment à rester dans la Somme.

17 novembre - Vendredi : Départ à 8 heures de Maricourt en camion pour Amiens avec trois autres officiers du corps d'armée. Arrivée vers midi. Déjeuner somptueux à l'hôtel du Rhin. Nous nous présentons et nous nous installons. Je suis logé chez l'habitant, ce qui me change des sapes.

18 novembre - Samedi : Commencement des cours. Le matin café. A midi école à feu ; rien de sensationnel.

19 novembre - Dimanche : Instruction dans la matinée. Repos l'après-midi.

20 novembre - Lundi : Programme habituel. Beau temps. R.D.N.

21 novembre - Mardi au 24 novembre - Vendredi : R.D.N.

25 novembre - Samedi : J'apprends brusquement la mort de mon pauvre André[1] tombé le 15 novembre au sud de la Somme pendant une relève. Il y a à peine un an qu'il était parti au front. Il s'en va après avoir glorieusement rempli sa tâche. Nous payons notre dette, nous aussi. Nous n'avons qu'à nous soumettre à la volonté d'En Haut.

---

[1] André Grison, soldat au 158ème régiment d'infanterie, frère de l'auteur, tué à l'âge de 22 ans (cf. ses lettres du front en annexe IV).

26 novembre 1916 - Dimanche : Je vais à la messe à la cathédrale. L'après-midi je promène ma tristesse à travers la ville, tout en parcourant les quartiers intéressants. Des bruits courent que notre corps d'armée n'en aurait plus pour longtemps dans la Somme.

27 novembre - Lundi : R.D.N.

28 novembre - Mardi : Continuation des cours. Je ne suis pas précisément gai. Les lettres que je reçois renouvellent chaque fois ma tristesse.

1er décembre - Vendredi : Les bruits de relève du corps d'armée par les Anglais se confirment de plus en plus. On a vu le 90 passer en auto vers l'arrière.

2 décembre - Samedi : Tir d'adieu du côté de Bougainville par un froid de canard. La plupart des camarades vont à Paris. Nous devons rejoindre le front en auto lundi matin.

3 décembre - Dimanche : Je vais à la grand'messe à la cathédrale. Nous déjeunons au restaurant "Corps nu sans teste" avec deux capitaines de légion, le capitaine Troadec et le capitaine Clelarent et deux lieutenants, Dunolie et Jouberteau. Nous prenons congé des coloniaux, qui partent le soir même.

4 décembre - Lundi - Sainte Barbe : Je pars à 8 heures en camion pour Maricourt. Arrivée vers 1 heure à l'échelon. J'apprends que Marchal est en permission. Je reste à la 8ème. Gilbert est du reste ici au repos ; les batteries reviennent toutes demain matin de la position. Dîner avec Naud, Arthur et le docteur Durand.

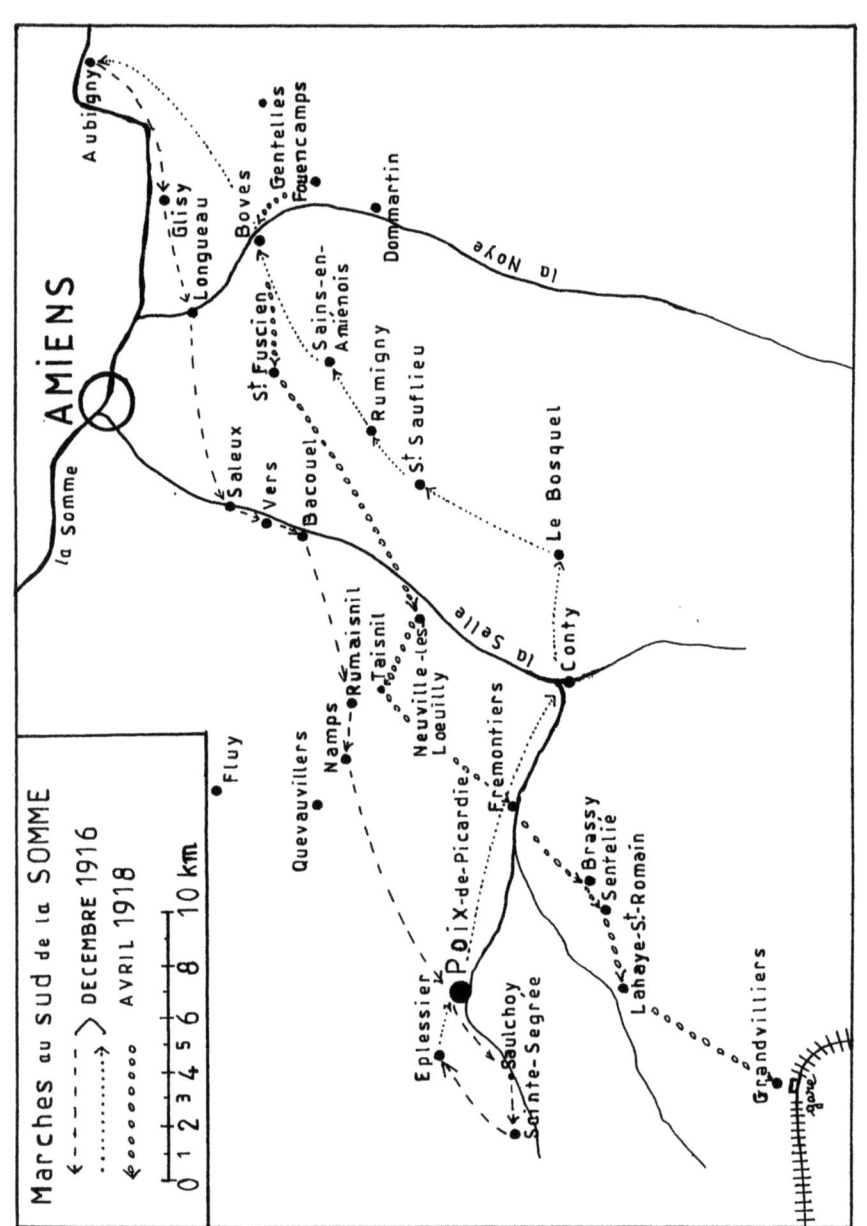

IX

Le 20ème d'artillerie fait mouvement vers Amiens, le nord de la Somme, puis Compiègne (décembre 1916 à février 1917)

5 décembre 1916 - Mardi : Préparatifs de départ. Temps gris et froid.

6 décembre - Mercredi : Départ à 7 heures de Maricourt. Temps noir et glacial. Pas d'incidents. Longue étape par Bray, Vaux, Corbie, Fouilloy et Aubigny où nous cantonnons vers 2h. En cours de route, je fais connaissance avec notre nouveau colonel, le lieutenant-colonel Girard.

7 décembre - Jeudi : Départ à 8 heures d'Aubigny. Etape par Glisy, Longueau, Saleux et Vers-sur-Selle. Assez bon cantonnement.

8 décembre - Vendredi : Départ vers 8 heures de Vers. Longue étape par Bacouel, Rumaisnil, Namps-au-Mont, Poix-de-Picardie, Saulchoy-sous-Poix et enfin Sainte-Segrée, où nous cantonnons. Assez bon cantonnement, mais le P.A.17 vient demain[1] et il va falloir sans doute se serrer. Nombreuses permissions. Bruits qui courent disant que dans quinze jours nous irons à Bouchavennes ou devant Chaulnes. En attendant, je loge au château en l'absence de Marchal.

9 décembre - Samedi : Temps épouvantable. Nous nous installons tant bien que mal. Nous sommes obligés de nous serrer à l'arrivée d'une S.M.A. Il paraît même que nous allons aller ailleurs. Le commandant est en permission.

10 décembre - Dimanche : Toujours temps affreux. Marchal est de retour. Nous mettons une partie de nos chevaux dehors pour céder la place au P.A. Demain les 7ème et 8ème vont à Eplessier. Ludovicus Rex reste avec la none pour distribuer des effets[2].

---

[1] Parc d'artillerrie de la 17ème division d'infanterie.
[2] Allusion probable à un officier d'habillement, imbu de soi-même : "Le roi Louis reste avec la 9ème batterie pour......".

11 décembre 1916 - Lundi : Départ vers 9 heures pour Eplessier. Arrivée sans incident. Bon cantonnement. Gens très aimables. Malheureusement, la pluie ne décesse pas. Bridge avec Bourgoin, Marchal et Gilbert.

12 décembre - Mardi : Il neige. Nous restons toute la journée à la maison. Le soir l'état-major vient partager notre dîner et nous tient agréablement compagnie.

13 décembre - Mercredi : Il fait moins mauvais. Promenade à cheval avec Marchal. Pays très pittoresque. Il se confirme que nous allons retourner sur le front et toujours là où c'est bon, d'ici quelques jours avec tous nos permissionnaires. Le départ sera d'une facilité remarquable.

14 décembre - Jeudi : Toujours le mauvais temps. R.D.N.

15 décembre - Vendredi : Il y a aujourd'hui un mois que mon frère est tombé à Ablaincourt. Le temps s'écoule tristement. Son souvenir me poursuit constamment et les condoléances que je reçois chaque jour renouvellent sans cesse ma douleur. Mounier et Fliche viennent déjeuner avec nous. Nous sommes invités à dîner à l'état-major.

16 décembre - Samedi : Je vais avec Marchal déjeuner à la 5ème, en compagnie de Fliche et Mounier. Repas plantureux. Les huîtres et les vins fins ne conviennent plus à mon estomac comme au temps du "Rooden Hert".

17 décembre - Dimanche : Déjeuner avec l'aumônier éphémère des 2ème et 3ème groupes, l'abbé Lourice. Il nous raconte son odyssée et l'accueil qu'il a reçu au 20ème. Il s'en va maintenant au 109ème d'Artillerie.

18 décembre - Lundi : Les bruits de départ se confirment, aussi divers les uns que les autres.

19 décembre - Mardi : Froid sec. La 7ème part demain pour on ne sait où ?

20 décembre - Mercredi : Clouzeau et Magneron nous tiennent compagnie. Nous partons demain avec les 2ème et 5ème batteries pour Saint-Sauflieu. C'est toujours bien vers la Somme que nous allons.

21 décembre 1916 - Jeudi : Nous quittons Eplessier par la pluie. Etape par Poix, Conty, Le Bosquel, Saint-Sauflieu ; popote avec la quinte et la seconde[1], fort gaie du reste.

22 décembre - Vendredi : Je suis de logement. Etape par une pluie battante. Nous passons à Rumigny, Sains-en-Amiénois, Boves et Aubigny où nous avons déjà cantonné le 6. Je vais avec Marchal jusqu'à Corbie.

23 décembre - Samedi : Départ vers 7 heures d'Aubigny. Vent terrible. Nous longeons la rive sud de la Somme et nous arrivons près de La Neuville-les-Bray au camp numéro 3. Hommes et chevaux sont dans la boue. En plus demain, nous devons reconnaître notre nouvelle position du côté de Cléry au nord de la Somme.

24 décembre - Dimanche : Je pars à 4 heures avec Marchal, les chefs de pièce, etc... en reconnaissance. Nous passons par Bray, Suzanne, Vaux, Curlu et Hem. Nous arrivons au jour à la position de la 24ème batterie du 32ème fort bien aménagée. Nous retrouvons le commandant Magner enchanté de ses sapes immenses. Nous passons la journée à recevoir la consigne de nos prédécesseurs. Sans la boue, ce serait pour le mieux ; le secteur semble assez calme.

25 décembre - Lundi : Le reste de la batterie arrive avec Gilbert non sans incident. Enfin nous nous installons. Je vais jusqu'à l'observatoire, situé à 200 mètres en avant de la batterie et d'où l'on voit fort bien notre secteur ainsi que le Mont Saint-Quentin et les faubourgs de Péronne. Nuit agitée, assez vif bombardement allemand.

26 décembre - Mardi : Je pars de la position vers 7h30. Je passe prendre ma permission chez le colonel. J'arrive à l'échelon où je retrouve Durand, Magneron qui nous quitte pour aller au P.A.17. Je n'ai que le temps de m'apprêter car à 13 heures une auto doit partir de Vaux pour Amiens. A Vaux rien, je pousse à cheval jusqu'à Suzanne où j'attends en vain. De guerre lasse, je vais à Bray à pied par une pluie battante. Enfin vers 2h30, je puis prendre une auto qui m'emmène à Amiens où je débarque vers 5h15 juste à temps pour prendre le rapide de Paris. Arrivée et dîner à Paris. Départ à 10 heures à la gare d'Orléans. Tout est pour le mieux.

---

[1] La 5ème et la 2ème batterie.

27 décembre 1916 - Mercredi : Arrivée à Tours vers 2 heures du matin. Je me repose toute la journée. Toute la famille se trouve réunie pour célébrer la mémoire d'André.

28 décembre - Jeudi : Toujours temps gris et brumeux. Jacques et mon oncle René arrivent dans la soirée.

29 décembre - Vendredi : Service solennel pour André. Nombreuse assistance. Courte mais belle allocution de l'abbé Bataille. Cette fois, nous pouvons dire : "consummatum est"[1]. Heureusement encore que nous nous trouvons en famille.

30 décembre - Samedi : Je vais jusqu'à Marmoutier où je trouve Monsieur Liran et Monsieur Courtois.

31 décembre 1916 - Dimanche : Dernier jour de la deuxième année passée complètement en guerre. On parle de paix qui équivaudrait à la défaite. Allons en avant pour la campagne de 1917, sans regarder en arrière. Je demande à Dieu de pouvoir entrer en Allemagne avec nos canons de 75 et de pouvoir venger dignement nos morts et les Français envahis.

Le fusil marque l'emplacement où André Grison a été tué en sortant de la tranchée des roumains qui longe la route d'Ablaincourt à Pressoir.

---

[1] "Tout est consommé" (dernières paroles du Christ sur la croix, d'après Saint-Jean, XIX, 30).

1917

1er janvier 1917 - Lundi : Journée passée en famille plus tristement que de coutume.

2 janvier - Mardi : Je passe mon temps à bouquiner ou à faire quelques promenades avec mon oncle Joseph.

3 janvier - Mercredi : R.D.N.

4 janvier - Jeudi : Pour clôturer ma permission, dernière promenade du côté de Saint-Symphorien mais par une pluie continuelle.

5 janvier - Vendredi : Je pars vers 2 heures de Tours, j'arrive vers 4 heures à Orléans où je trouve toute la famille, Henri en particulier qui va toujours bien[1].

6 janvier - Samedi : Départ vers 6 heures du matin d'Orléans. Arrivée à Paris vers 8h. Je m'y promène quelque temps. Déjeuner rue de Rocroy avec Marcel[2], qui se remet de sa blessure. Je passe l'après-midi avec lui. Je prends le train à 5 heures pour Creil où je manque de vingt secondes le train de ravitaillement. Je passe de longues heures dans la salle d'attente.

7 janvier - Dimanche : Départ à 2 heures du matin pour Amiens où j'arrive vers 5h. Je reprends le train en compagnie du capitaine Petitcolas à 7 heures pour Bray-sur-Somme. Arrêt à Marcelcave. Nous nous adressons à une gare militaire où je rencontre des ingénieurs du P.O.[3], en particulier Monsieur Wassner. Déjeuner à Bayonvillers. Enfin vers 1 heure un train militaire nous emmène à Bray, où nous débarquons chez Brunet, qui nous donne son carrosse pour retourner à l'échelon. Gai dîner en compagnie du docteur et du nouveau vétérinaire Monsieur Richeux. Je couche à l'échelon.

---

[1] Probablement Henri Mars, cousin issu de germain de l'auteur.
[2] Marcel Grison, cousin germain de l'auteur, a été blessé le 4 novembre 1916 devant Péronne (Somme), alors qu'il était lieutenant d'artillerie dans une batterie.
[3] Compagnie des chemins de fer de Paris-Orléans, où le père de l'auteur, Théodore Grison, ingénieur des arts et manufactures, était inspecteur du matériel et de la traction.

8 janvier 1917 - Lundi : Retour à la position dans la matinée. J'y retrouve Marchal seul, Gilbert suivant un cours de je ne sais quoi. Gelot est à l'état-major de la brigade d'artillerie. Naud est en permission. Papot est décoré de la Légion d'honneur. Il ne se plaindra plus d'être défavorisé. Journée calme.

9 janvier - Mardi : Un conducteur est grièvement blessé en venant ravitailler. Nombreux comptes rendus dont un très urgent sur la construction des feuillées[1].

10 janvier - Mercredi : Je vais à Bazincourt pour regarder un peu le secteur. Déjeuner en compagnie de Bénazé. R.D.N.

11 janvier - Jeudi : Thibault et Bourgoin viennent nous tenir compagnie et déjeunent avec nous. Dans l'après-midi des officiers anglais viennent voir la position.

12 janvier - Vendredi : Marchal passe presque toute la journée à l'infanterie. Le commandant veut encore m'envoyer à un cours d'observateurs suivi surtout par des sous-officiers et professé par deux jeunes sous-lieutenants. Je reste finalement.

13 janvier - Samedi : Toujours très mauvais temps. Il pleut avec un vent glacial. Bourgoin déjeune avec nous. Nous ne bougeons pas de la journée.

14 janvier - Dimanche : Je vais l'après-midi essayer d'observer les arrières du côté du Boyau des Berlingots. Boue inimaginable. Je rencontre le capitaine de Montessus et Bachy. Le brouillard m'empêche de voir quoi que ce soit. Le commandant Legros est titularisé. Il n'en est pas de même de mon oncle, dont la proposition pour lieutenant-colonel reste dans les casiers de l'état-major à Salonique.

15 janvier - Lundi : R.D.N. Temps brumeux.

16 janvier - Dimanche : Les Boches préparent un coup de main à gauche de notre secteur. Vers 16h15 nous commençons le barrage qui se prolonge jusque vers 18h30. Marchal a mal aux dents. Il neige.

---

[1] Lieux d'aisances pour les troupes en campagne, constitués par une tranchée étroite et profonde servant de fosse.

17 janvier 1917 - Mercredi : Couche de neige assez épaisse. Marchal est guéri et va faire tirer Bourgoin l'après-midi. Temps gris et morose.

18 janvier - Jeudi : Toujours la neige. Bourgoin vient jouer au bridge avec nous et a une veine de pendu.

19 janvier - Vendredi : Temps très froid. Les officiers anglais qui viennent nous relever arrivent dans la soirée. Celui qui est avec nous sait heureusement assez bien le français. Bridge.

20 janvier - Samedi : Toujours la neige et le froid. Marchal va régler avec l'officier anglais au P.O. près de la batterie.

21 janvier - Dimanche : Marchal emmène les officiers anglais à Bazincourt. Bridge avec les lieutenants anglais. Marchal est cité à l'ordre du corps d'armée.

22 janvier - Lundi : Toujours neige et temps gris. Je conduis les lieutenants anglais au Boyau des Berlingots. Une section anglaise arrive le soir vers 7h avec le major anglais commandant la batterie, homme très aimable parlant très bien français. Très gai dîner.

23 janvier - Mardi : Forte gelée mais très beau temps. Notre première section part à 7 heures sans incident. Nombreux combats d'avions. Un Boche tombe en feu dans nos lignes. Brouillard toute la journée, les Anglais ne peuvent régler. Crise de téléphone jusque dans la nuit.

24 janvier - Mercredi : Relève du reste de la batterie sans incident par un froid glacial. Marchal accompagne à 7 heures les officiers anglais qui règlent cette fois. Breakfast d'adieu. Nous rejoignons Marchal et moi les échelons par un temps splendide. Nous nous apprêtons à partir toute l'après-midi que nous passons en compagnie des docteurs et de la 7ème. Bruits divers ; on parle d'embarquement (32ème batterie, R.F.H. capitaine Darvison, lieutenant Hideley).

25 janvier - Jeudi : Réveil en sursaut à 1h15. Je dois me rendre à 1h30 pour prendre une auto au carrefour de l'Eclusier. Je dois prendre le train à 6h30 avec Bachy à Amiens. Voyage terrible dans une auto découverte. Attente à la gare d'Amiens. Arrivée à Paris. Déjeuner plantureux avec Bachy. Je pousse jusqu'à la rue de Rocroy et à 5 heures du soir je pars pour Villers-Cotterêts où nous trouvons un officier de la 17ème division d'infanterie qui ne sait rien non plus sur ce que nous venons faire comme reconnaissance, ainsi que tous les autres officiers de la D.I. Nous couchons tant bien que mal au dépôt des isolés.

26 janvier - Vendredi : A 9 heures nous nous rassemblons au P.C. de la 163ème D.I. où nous apprenons que les fantassins vont travailler à la défense du camp retranché de Paris et que les artilleurs vont être à la disposition du 33ème C.A. pour construire des positions de batterie. Un groupe de chez nous sera même en batterie du côté de Tracy-le-Mont (Oise) avec le 1er C.C.A. Départ à 13 heures pour les reconnaissances. Bachy va à Compiègne. Quant à moi je vais à Saint-Bandry où se trouve l'A.D.. On me renvoie à Coeuvres, où je trouve un commandant d'un groupe de 95 du 32 qui nous reçoit très aimablement, et me met au courant de ce qu'il y a à faire. Je couche à Coeuvres très confortablement. Un autre groupe se trouve à Cuise-la-Motte, où je ne puis aller faute de moyens de locomotion.

27 janvier - Samedi : Je vais reconnaître avec un sous-lieutenant du 32 la position à construire dans les environs d'Ambleny. Secteur calme. Déjeuner plantureux. A 3 heures une auto vient me reconduire à Villers-Cotterêts. La D.I. n'arrivera pas avant le 29 par voie de terre.

28 janvier - Dimanche : Je pars à Paris le matin et je passe l'après-midi rue de Rocroy.

29 janvier - Lundi : Le régiment serait cantonné du côté de Senlis. Nous ignorons toujours la répartition des groupes. La D.I. vient par voie de terre. Je passe la soirée avec mon oncle René[1] et ses confrères dont l'un chef orchestre à l'opéra de Bordeaux.

30 janvier - Mardi : Le régiment arrive aux cantonnements. Le colonel cantonne à Villers-Cotterêts, nous lui rendons compte de nos faits et gestes. Formation des E.M. d'artillerie. Il neige.

31 janvier - Mercredi : Bachy part à cheval le matin à 9h. Pour

---

[1] Docteur René Petit.

mon compte je prends le train à 13 heures pour Pierrefonds, d'où je me rends à pied jusqu'à Cuise-La-Motte où je retrouve le groupe. Marchal me raconte les marches forcées par le temps glacial qu'il faisait. Dîner chez le commandant.

1er février - Jeudi : Je m'installe. Il fait toujours très froid. Le cantonnement n'est pas mauvais, en général, si ce n'était la température. Bridge avec le docteur et Bourgoin.

2 février - Vendredi : Naud et Bailloux viennent déjeuner avec nous. R.D.N.

3 février - Samedi : Toujours froid intense. Je vais à cheval jusqu'à Pierrefonds. Je reviens avec Papot à travers la forêt. Je suis bien grippé.

4 février - Dimanche : Le froid est encore plus intense. Je vais à la grand'messe du village. Bénazé vient déjeuner avec nous et est assez exubérant. Pour mon compte, je suis mal à mon aise et vais me coucher de bonne heure. Les Etats-Unis auraient rompu avec l'Allemagne.

5 février - Lundi : Je suis toujours assez grippé. Bénazé redéjeune avec nous. Remise de croix de guerre au groupe.

6 février - Mardi : R.D.N. Je me chauffe pour faire passer ma grippe. Nous attendons la visite du général Lancrenon qui ne vient pas. L'E.M. invite tous les lieutenants Marchal, Papot et moi à dîner. Il se confirme que nous allons relever le 2ème groupe. Nous serons donc restés une semaine tranquilles.

7 février - Mercredi : Schultz vient déjeuner avec nous. Il est toujours le même, affecté à un groupe territorial du 20ème.

8 février - Jeudi : Bénazé déjeune avec nous. Le commandant Bacot vient visiter le cantonnement. Nous irons le 15 relever le 2ème groupe, paraît-il.

9 février - Vendredi : Nous allons déjeuner avec Marchal à Orcamp chez de Bénazé, qui revient dîner et coucher chez nous le soir. Agréable soirée.

10 février 1917 - Samedi : Promenade à cheval dans la forêt à l'étang de la Rouillie[1] et à la gorge du Han par un temps délicieux. Nous déjeunons avec Bénazé, qui regagne le soir son cantonnement.

11 février - Dimanche : Le froid ne cède toujours pas. Promenade à cheval en forêt l'après-midi. Dîner en famille.

12 février - Lundi : Le commandant part en reconnaissance. Nous nous attendons à partir. Marchal déjeune chez Bénazé. Gilbert est de retour. Naud dîne avec nous et nous apprend le nomination du commandant Bacot au grade de lieutenant-colonel. Vanitas vanitatum...

13 février - Mardi : Visite des canons par le sous-inspecteur. La relève n'aura peut-être pas lieu tout de suite. Contre ordre, il faut se tenir prêt à partir à tout instant pour participer à un coup de main avec le 2ème groupe. Finalement nouveau contre-ordre, nous restons 48 heures ici.

14 février - Mercredi : Il fait beaucoup moins froid. Petite promenade à cheval jusqu'à Trosly dans la matinée. Déjeuner, après-midi et dîner fort agréable en compagnie de Madame notre hôtesse, ses petites-filles et de Madame sa soeur. Nous devons relever le 2ème groupe le 16 et le 17.

15 février - Jeudi : Nous nous apprêtons à partir. Nous passons tranquillement la dernière journée dans notre cantonnement. Bénazé déjeune avec nous. Naud aussi vient nous tenir compagnie.

16 février - Vendredi : Départ à 8 heures avec la moitié de la batterie. Marchal, Naud et moi faisons nos adieux à Cuise-La-Motte, un des meilleurs cantonnements que nous ayons eu. Nous arrivons vers 11 heures à Tracy-le-Mont à la 5ème où nous trouvons le capitaine Trives, le capitaine de Montessus, Fliche, etc... Gai déjeuner. Je pars avec le capitaine Trives à cheval jusqu'au P.O. reconnaître le secteur qui est ultra-calme pour l'instant. Au retour, les Boches plus méchants que de coutume, nous font faire un détour pour retourner à la batterie. Malgré tout c'est tenable. Marchal est retourné à Cuise-la-Motte pour aller en permission.

17 février - Samedi : Arrivée du reste de la batterie. Mounier

---

[1] S'appelle aujourd'hui étang de Saint-Pierre, à 3 km au nord de Pierrefonds.

reste avec nous jusqu'à demain. Nous nous installons. Je montre le secteur à Gilbert. Il dégèle, le terrain est devenu bien boueux.

18 février 1917 - Dimanche : Je vais à l'échelon à cheval dans la matinée. Vers 11 heures coup de téléphone m'apprenant que je suis désigné comme instructeur à Fontainebleau. J'en suis désolé. Quel pavé, j'étais loin de m'y attendre. Me voilà embusqué pour trois mois au moins. Enfin rien à faire. Je me prépare donc à partir car le 20 je dois être à l'Ecole avec cheval et ordonnance. Dernière soirée passée à la batterie, fort tristement du reste.

X

Le lieutenant Grison est nommé instructeur à l'école de Fontainebleau, puis suit un stage d'artillerie lourde à Arcis-sur-Aube (mars à novembre 1917)

19 février 1917 - Lundi : Départ à 4h30. Je traverse la forêt et j'arrive à Compiègne. J'apprends que mon ordonnance ne partira pas avant le soir. Je prends le train à 7h. J'arrive à Paris où je trouve ma tante, Renée et Marcel qui est sur son départ[1]. Je passe l'après-midi avec lui. Il prend le train à 9 heures pour Lyon. Je couche au 25, rue de Rocroy.

20 février - Mardi : Arrivée à Fontainebleau dans l'après-midi par une pluie battante. C'est assez gai. Je me présente au colonel Sautereau du Part, directeur de la boîte, puis au commandant Thomas. Je suis affecté à une brigade de campagne. Je retrouve une foule de camarades, Nicol, Bonhomme, Sciandra, Courcier ; toute la promotion s'est donnée rendez-vous ici, semble-t-il. Nous en avons, paraît-il, pour six mois au minimum ; perspective charmante. Je m'installe chez Mme Pouyé rue de la Paroisse, tout est horriblement cher, Magenta nous estampe comme autrefois[2].

21 février - Mercredi : Je continue à m'installer. Je vois l'instructeur en chef, le capitaine Libois du 5ème. Mon cheval et mon ordonnance arrivent. Il ne me reste plus qu'à partir en permission jusqu'au 1er mars, date à laquelle commencent les cours.

22 février - Jeudi : Je pars en permission et j'arrête là mon carnet de route. Me voilà en effet à l'intérieur bien à l'abri, jusques à quand ? Dieu seul le sait.

---

[1] Tante Marie Grison, née Rosset, Renée et Marcel étant ses enfants, le plus jeune Raimond ayant été tué le 23 août 1914 devant Charleroi.

[2] Mess des officiers de la garnison de Fontainebleau situé 19, boulevard Magenta et aujourd'hui désaffecté.

COURS A L'ECOLE D'ARTILLERIE DE FONTAINEBLEAU

- 1er cours de perfectionnement du 1er mars au 10 mai 1917.

Je n'ai pas à me plaindre, notre commandant, le commandant Bouquier, est charmant. Le capitaine Libois est très bienveillant et très au courant de son affaire. Nombreuses promenades à cheval dans la forêt en compagnie d'Henry. La 89ème Brigade est bien composée.

- 2ème cours du 11 juin au 6 septembre 1917.

Les cours se suivent et ne se ressemblent pas. La 101ème Brigade est pourtant une excellente brigade, composée de jeunes sous-officiers élèves aspirants, ayant tous une instruction et une éducation très convenable. Mais le commandant Roussin, alias Arcadius, nous empoisonne l'existence. Nous ne vivons que dans les comptes rendus et programmes d'instruction. Notre capitaine Bretzner, fort galant homme, en apparence grand seigneur, a horreur du moindre travail, la plus petite difficulté le met hors de lui. Enfin, le cours s'avance malgré tout.

Heureusement qu'il y a union étroite entre les instructeurs du groupe M4 : Noël, Neudörfer, Guilmet, Leclercq (export-cassis) et Hours (dites donc, voyons je suis complètement affolé). La boîte regorge d'élèves (3 000). Le colonel Sautereau du Part et l'oncle Thom s'en vont, remplacés par le colonel Armbruster et le lieutenant-colonel Viaud. C'est un peu la cour du roi Pétaud. On me chipe mon ordonnance Garnier, quinze jours avant mon départ. La période des dossiers est des plus mouvementée. Le capitaine, obligé de travailler, est d'une humeur massacrante. Finalement tout se tasse, les lieutenants s'appuyant tout le travail.

Du reste, je suis nommé au centre de "lourds" d'Arcis-sur-Aube[1]. La boîte ne me verra plus longtemps maintenant. Je quitte Fontainebleau sans regret : pourtant, je garde un bon souvenir de mes élèves, sans eux la vie eût été parfois intenable.

---

[1] Artillerie Lourde Hippomobile.

QUORUM PARS INFIMA FUI[1]

19 septembre 1917 - Mercredi : Je quitte enfin Fontainebleau à 7h25 pour me diriger sur Arcis-sur-Aube. Je rejoins Roustant à Paris. Arrivée à Troyes vers 18h. Chaleur accablante. Nous couchons à Troyes.

20 septembre - Jeudi : Départ de Troyes vers 4h30. Nous arrivons tranquillement à Arcis, où Ourbak nous retrouve. Nous y passons la matinée en attendant un fourgon qui vient nous chercher vers 10 heures et nous amène aux Grandes-Chapelles vers midi. Accueil très sympathique de la part des officiers du C.O.A.L.[2], ce qui nous change. Nous faisons popote avec trois lieutenants fort aimables. Le cours est peu nombreux pour le moment. Nous sommes presque les seuls. Nous passons la journée à nous installer. Je retrouve mon cheval et mon ordonnance arrivés à bon port.

21 septembre - Vendredi : Je cherche à remplacer Bretault par un jeune. Je prends un angevin qui m'a l'air convenable. Dans l'après-midi promenade à cheval avec Roustant et Ourbak.

22 septembre - Samedi : Promenade à cheval avec Ourbak jusqu'à Saint-Mesmin. Nous nous présentons au commandant Gressier du C.O.A.L. Rien de particulier. Nous devons suivre un cours de 15 jours et ensuite nous serons mûrs pour aller dans une batterie.

23 septembre - Dimanche : Grand'messe aux Grandes-Chapelles. Journée très belle. Parties de piquets avec Ourbak.

24 septembre - Lundi : R.D.N.

25 septembre - Mardi : Commencement du cours. Je retrouve comme professeur le capitaine Libois, mon ancien capitaine de groupe à Fontainebleau.

27 septembre - Jeudi : R.D.N. Temps splendide

---

[1] Formule habituelle (événements auxquels je pris une part infime), en exergue du cinquième carnet, couvrant la période du 19 septembre 1917 au 30 juin 1918.
[2] Les Centres d'Organisation d'Artillerie ont été créés en avril 1917 pour organiser et préparer des unités combattantes. Celui d'Arcis-sur-Aube est un centre d'organisation d'artillerie lourde hippomobile.

17 octobre 1917 - Mercredi : Je suis désigné comme commandant de batterie à la 37ème du 12ème groupe du 118 en formation[1]. Le groupe est commandé par un capitaine du 7ème, le capitaine Bouhet. Le capitaine Libois commande la 36ème batterie et Ourbak commande la 38ème. Quant à Roustant, il est allé commander une batterie de 105 au 102. Le groupe a l'air fort sympathique. Nous allons rendre visite à un groupe du 117 qui doit nous fournir un noyau d'hommes et de chevaux. Promenade à cheval jusqu'à Voué.

18 octobre - Jeudi : Préparatifs de départ des Grandes Chapelles. Je vais jusqu'à Voué par un temps épouvantable avec Munsch et Méric qui est lieutenant à la batterie. Le capitaine Peltier du 117 nous retient aimablement à déjeuner.

19 octobre - Vendredi : Départ des Grandes Chapelles pour Nozay où nous touchons voitures et harnachement. Arrivée à Droupt-Saint-Basle, notre nouveau cantonnement, sans incidents. Le chef a l'air d'être très à hauteur, ce qui me facilitera la tâche. Nous prenons nos repas en popote de groupe. Le capitaine Bouhet est fort sympathique.

20 octobre - Samedi : Nous nous installons de notre mieux. Je fais connaissance avec les hommes du 117ème, méridionaux ayant un peu de laisser aller mais qui semblent ne demander qu'à bien faire. Je touche un jeune aspirant de la classe 18, Marchegay.

5 novembre : Méric part au cours d'orientation de Sézanne. Je reste seul à la batterie avec Marchegay. L'instruction se poursuit un peu à la hâte car nous devons avoir nos écoles à feu vers le 18 et partir vers le 25.

18 novembre - Dimanche : Départ pour les écoles à feu. Nous cantonnons à Dosnon près de Mailly. Reconnaissance des observatoires et des objectifs.

19 et 20 novembre : Ecoles à feu sans incidents. Les tirs marchent

---

[1] Il s'agit du 118ème régiment d'artillerie lourde hippomobile dont le XIIème groupe, créé le 20 octobre 1917, est équipé de canons de 155 court Schneider et comprend trois batteries à quatre pièces chacune. Sa portée maximum est de 11,2 km avec l'obus explosif en fonte aciérée (F.A.) de 43,5 kg. La pièce en batterie pèse 3,3 tonnes. Attelée à huit chevaux, elle se déplace à 5 km / heure.

bien. Observation bilatérale et unilatérale[1].

Canon de 155 court Schneider, modèle 1917.
(Cliché Musée du canon et des artilleurs, Draguignan)

21 novembre - Mercredi : Retour à Droupt-Saint-Basle par une pluie battante. A peine arrivé, il faut nous préparer à passer la revue du général Inspecteur vendredi et à partir ensuite dans le plus bref délai. Méric est de retour.

23 novembre - Vendredi : Revue du général qui se déclare satisfait et nous apprend notre départ pour dimanche matin, direction de Dunkerque.

24 novembre - Samedi : Préparatifs de départ. Je vais une dernière fois aux Grandes Chapelles dire au revoir à Ripault. J'y trouve Wisbeck qui vient de Bleau[2], où la vie est de plus en plus fastidieuse.

---

[1] L'observation d'un tir est bilatérale, lorsque l'explosion des obus sur l'objectif est repérée à partir de deux observatoires distincts.
[2] Abréviation de Fontainebleau.

25 novembre - Dimanche : Départ de Droupt à 7 heures par un temps épouvantable. La colonne à pied se fait ramasser par le commandant à cause de quelques traînards. Embarquement à Arcis-sur-Aube, sans accroc. Départ à 14 heures en compagnie de Méric et de l'aspirant Pierre de l'E.M. Voyage assez agréable. Nous passons par Fère-Champenoise et les champs de bataille de la Marne. Nuit en chemin de fer.

XI

Campagne de Belgique vers Nieuport avec les canons de 155 du XIIème groupe du 118ème régiment d'artillerie lourde, le lieutenant Grison commandant la 37ème batterie (décembre 1917 à mars 1918)

26 novembre 1917 - Lundi : Nous arrivons à Abbeville vers 7h. Arrêt à Etaples où par suite d'un faux renseignement le chef, deux sous-officiers et trois hommes restent en panne, ce qui me contrarie un peu. Arrivée à Dunkerque vers 3h. Nous allons jusqu'à Adinkerke en Belgique, où nous débarquons à la nuit tombante sans incident. J'y reçois l'ordre de rejoindre le groupe à Leffrinckoucke en France. Etape longue et monotone le long du canal de Furnes, par une nuit glaciale. La pluie tombe à notre arrivée au cantonnement. Installation pénible par suite de la mauvaise exécution de certains ordres. Le capitaine Bouhet est mécontent. Enfin tout se tasse. Il paraît que nous resterions une dizaine de jours ici.

27 novembre - Mardi : Installation au cantonnement. Il pleut. Arrivée de la 38ème et de la colonne légère[1]. Nous apprenons le soir que nous devons mettre en batterie le plus vite possible. Reconnaissance demain soir. Nous faisons popote avec la 38ème dans notre cantonnement.

28 novembre - Mercredi : Départ en auto vers midi. Nous arrivons au P.C. du commandant de l'artillerie lourde du 36ème corps d'armée près d'Oost-Dunkerke. Reconnaissance de trois emplacements assez éloignés les uns des autres sous la direction d'un jeune capitaine anglais. Les Anglais ont encore de l'artillerie dans le secteur qui semble assez calme. Au retour tirage au sort des positions. Présentation au général commandant l'artillerie du 36ème corps d'armée. Le hasard me donne la plus mauvaise position (près de la route d'Oost-Dunkerke à Nieuport) ; c'est le type de la position de batterie des Flandres dans l'eau. Le capitaine Libois

---

[1] Alors qu'il faut 16 chevaux pour tirer un canon de 155 et son caisson à munitions, ce qui constitue une colonne lourde, la colonne légère d'une batterie ne comporte que des éléments de reconnaissance, liaison, transmission, services généraux, mais pas de canon.

relève des Anglais et a une position bien aménagée dans les dunes. Quant à Ourbak, il est sur le bord de la mer. Retour au cantonnement à la nuit.

29 novembre 1917 - Jeudi : Continuation des reconnaissances des positions dans la matinée. Promenade en auto. Le soir, ordre de suspendre toute reconnaissance jusqu'à de nouvelles instructions.

30 novembre - Vendredi : Revue du cantonnement par le commandant de groupe en compagnie d'officiers du P.A.D. 133[1] qui doivent le prendre à notre place. Je vais l'après-midi à Dunkerque en compagnie de Munsch et d'Ourbak. A notre retour convocation au P.C. Nous devons partir dès demain matin pour relever une batterie anglaise. Complication extrême. Une partie des batteries et la colonne légère restent à Leffrinckoucke, l'autre partie de l'échelon du côté de Zeepanne. Préparatifs de départ.

1er décembre - Samedi : Départ à 7 heures en auto avec Méric et Billières chef de la 2ème pièce pour les reconnaissances. Nous devons relever une batterie anglaise, répartie en deux positions à 800 mètres l'une de l'autre. Accueil très sympathique de la part du major anglais et de ses lieutenants. P.C. somptueux, beaucoup trop pour un simple lieutenant commandant de batterie française. Nous allons jusqu'au P.C. du capitaine Bouhet qui est avec la 36ème dans les dunes à 1500m de nous au moins. Le soir, "five occlock"[2], dîner et bridge avec les officiers anglais fort aimables. A 11h30 du soir, arrivée de la 2ème section sans encombre. Vent terrible. Nuit glaciale dans un abri par terre.

2 décembre - Dimanche : Je vais jusqu'au P.C. du groupe, où je trouve le capitaine Libois qui n'a pu grimper ses pièces embourbées dans le sable. Nous devons être prêts à tirer d'urgence. Toujours ni matériaux, ni munitions. J'apprends que le P.C. de ma batterie est réservé à un groupe de 120 d'artillerie lourde. Il était trop beau pour moi. S'il en est ainsi, je vais mettre mes 4 pièces près de la route d'Oost-Dunkerke à Nieuport. J'ai malgré tout quelques abris assez bons pour les hommes. Dernier déjeuner en compagnie des Anglais. Nous nous installons dans notre nouvelle demeure avec Méric. Elle n'est pas désagréable, sinon à l'épreuve d'un 21. Arrivée de la 2ème section. La guigne nous poursuit. L'attelage s'échappe en pleine nuit. Il me manque ainsi trois chevaux avec le cheval du chef auquel

---

[1] Parc d'artillerie divisionnaire.

[2] Thé de 5 heures de l'après-midi.

il est arrivé la même aventure. Voiture embourbée. La relève n'en finit pas. Heureusement que les Boches sont bien tranquilles, nous nous couchons vers 2h30 du matin.

3 décembre 1917 - Lundi : A 7 heures réveil par une note du commandant me disant d'aller faire des accrochages à un observatoire dans Nieuport mais sans un obus à la batterie. Cargill, jeune aspirant de l'état-major, vient m'accompagner. Nous errons dans des champs pleins d'eau avant d'arriver à Nieuport qui est assez bien bombardé, en notre honneur sans doute. Nous arrivons à un PC de colonel (401), où on nous indique le poste d'observation. Nous y trouvons au 4ème étage d'une maison en ruine des artilleurs anglais. Cargill obtient péniblement quelques renseignements sur les divers points du secteur. Impossible d'avoir une liaison téléphonique quelconque avec le groupe. J'arrive malgré tout à reconnaître un peu le terrain grâce à la jumelle à ciseaux. L'observatoire est très bon mais peu sûr. J'y laisse Lestrade, chef de la 4ème pièce, et trois hommes chargés de la surveillance du secteur. Je rentre avec Cargill par un chemin plus agréable qu'à l'aller. Nous déjeunons ! A 4h30 du soir avec Méric. Imbroglio complet au sujet des liaisons téléphoniques. Rien ne marche. Enfin nos hommes ont fait deux plates-formes avec des madriers épars dans le bled. Nous touchons 900 coups mais aucune gargousse[1]. Le docteur Beuzard vient chez nous. Il est lui aussi enchanté de la bonne organisation de son service.

4 décembre - Mardi : Je vais dans la matinée au P.C. du groupe pour recevoir une mission inexistante. Nous attendons toujours nos gargousses pour tirer. Le temps est froid et je suis un peu grippé. Bombardement assez violent dans tout le secteur. Les Boches célèbrent sans doute la Sainte-Barbe[2].

5 décembre - Mercredi : Je suis assez fortement grippé et suis affligé d'un mal de dent terrible. Méric essaie de régler sur le fort de Nieuwendamme mais en vain, les liaisons téléphoniques fonctionnent fort mal.

6 décembre - Jeudi : Nous avons cette fois une mission bien déterminée. Méric va à l'observatoire de Nieuport. Mauvaise visibilité. Réglage inachevé sur le clocher de Lombartzyde. Je reste à la batterie avec

---

[1] Sac contenant la charge de poudre destinée à propulser l'obus.
[2] Patronne des artilleurs.

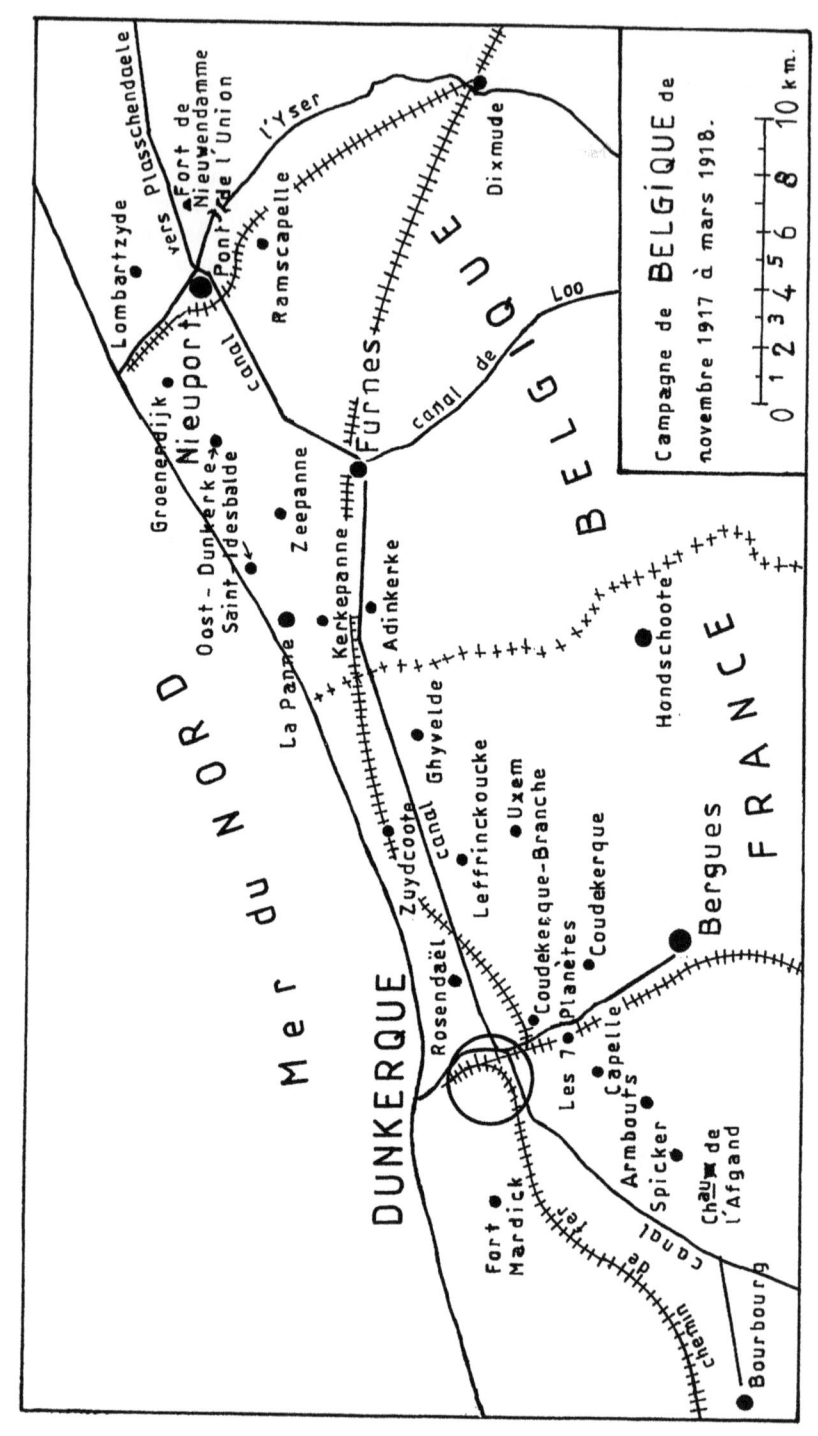

le docteur Beuzard. Je souffre beaucoup des dents, ce qui ne me rend pas de très bonne humeur.

7 décembre 1917 - Vendredi : Méric retourne le matin au P.O. Il tire 7 coups et n'en voit qu'un. Il est vrai que depuis avant-hier, nous n'avons pas eu une seule fois le sondage[1]. Je ne suis pas encore très ardent. Je reste dans ma cagna. Réglage des pièces sur l'emplacement du clocher de Lombartzyde.

8 décembre - Samedi : Ordre de ne plus tirer pour les réglages. Je vais le matin jusqu'au P.C. Kleber (12è groupe) pour régler de vive voix certaines questions avec le capitaine Bouhet. Le capitaine Libois trouve comme moi des différences de portée considérables avec les tables de tir. Je reviens à la batterie avec Virlogeux, sous-lieutenant de la 36, qui déjeune avec nous et va avec Méric à l'observatoire de Nieuport. A 17 heures tir de 50 obus allongés sur la tranchée de 1ère ligne devant Lombartzyde. Méric m'a invité à mettre en pratique le conseil d'Horace :

« Aequam memento rebus in arduis
  servare mentem,... »[2].

Je suis toujours talonné par de désagréables névralgies.

9 décembre - Dimanche : Temps pluvieux, triste journée. Nous ne tirons pas un coup de canon. Tout semble se calmer, même le téléphone. Notre jeune aspirant Marchegay rentre de permission.

10 décembre - Lundi : Temps très beau et très clair. J'en profite le matin pour aller avec Méric à l'observatoire de Nieuport "la bibliothèque". Nous explorons le secteur jusque vers 11h. Retour à la batterie mouvementé. Les Boches nous font faire un détour. Excitation de l'artillerie boche dans le voisinage de la batterie. Une section de DCA[3] se fait soigneusement sonner deux heures durant par du 13cm[4]. Trois coups anormaux clôturent ce tir vers 16h. Le dernier par malheur tombe à l'entrée de l'abri de nos brancardiers et en blesse trois très grièvement:

---

[1] Eléments météorologiques fournis par une section d'artillerie de météorologie et destinés à faire les corrections appropriées aux données théoriques, pour que la trajectoire des obus arrive sur l'objectif.

[2] «Songe à conserver une âme égale dans l'adversité» (Les odes, livre II, 3, vers 1 et 2).

[3] Défense contre les avions.

[4] Obus allemands de 13 centimètres de calibre.

Sutra brancardier, râlant, Lagleize coiffeur de la batterie, très sèrieusement atteint, et un autre brancardier, blessé plus légèrement. C'est vraiment de la malchance.

11 décembre 1917 - Mardi : Dans la matinée visite du colonel Barbier commandant l'A.L.36. Il fait un petit laïus aux hommes sur l'accident d'hier et les particularités du secteur au point de vue marmitage. Matinée assez calme dans notre région, mais dans le secteur, l'artillerie boche est assez agressive. Vers 15h, les obus de 15 commencent à tomber près de notre maison et s'en rapprochent d'une façon inquiétante. Nous évacuons avec Méric, Marchegay et le cuisinier. A deux reprises différentes, nous réintégrons le P.C. pour en être chassés presque aussitôt. Le bombardement est particulièrement violent de 16h30 à 17h15. Les coups courts tombent près de la batterie. Calme vers 17h30, puis vers 20 heures bombardement boche sur nos tranchées. Nous recevons l'ordre de faire la contre-préparation sur Lombartzyde, ce que nous exécutons de notre mieux. Puis vers 10 heures tout se calme et nous regagnons notre maison qui l'a échappé belle mais est toujours indemne.

12 décembre - Mercredi : Journée calme et brumeuse. Nous reconnaissons une position de batterie dans les environs. Méric a la fièvre, quant à moi, je souffre beaucoup de rage de dent.

13 décembre - Jeudi : Le capitaine Bouhet vient de bonne heure nous rendre visite et me trouve au lit complètement abruti par un abcès dentaire qui me fait horriblement souffrir. Nous devrions changer de position, d'après le commandant. C'est facile à dire. Il est certain que nous n'avons aucun abri sérieux et que nous sommes à la merci du moindre bombardement. Méric est à Olympus. Triste journée en compagnie de Marchegay, car je souffre. Heureusement le docteur vient le soir me soulager de mon abcès.

14 décembre - Vendredi : R.D.N. Nous reconnaissons simplement une seconde position du côté de la route de Groenendijk.

15 décembre - Samedi : Il faut se tenir prêt à exécuter sur le champ un tir de destruction sur le boyau de Botesdijk, réglage discret ! Note sur note. Un officier est en permanence à Nieuport M.R [1].

---

[1] Lettres représentant un baptême de terrain.

16 décembre 1917 - Dimanche : Je vais la matinée à M.R. avec Méric pour reconnaître la région que nous avons à battre. Je rentre à la batterie vers midi. Pli secret. Ordre cette fois d'exécuter le réglage et de faire un tir d'efficacité de 70 coups. Méric règle la 38, puis la 37ème avec difficulté car tout le monde parle dans le téléphone. Erreur grossière de Billières, chef de la 2ème pièce. Je ne puis compter sur personne. La batterie a eu une instruction un peu hâtive.

17 décembre - Lundi : Je vais chez le capitaine Bouhet pour arranger certaines choses. Il me retient à déjeuner. Je ne reviens à la batterie que vers 3h. R.D.N. Journée assez calme.

18 décembre - Mardi : Il gèle. Très belle et très claire journée. Nous avons un travail effrayant avec les préparations de tir sur 137 batteries. De plus, on nous apporte un nouveau plan de cinq contre-préparations où nous figurons partout. C'est charmant. Tout est à recommencer. La 4ème pièce change de position.

19 décembre - Mercredi : Encore changement d'objectifs de contre-préparation. Nous avons en outre à préparer des tirs sur 137 batteries boches !! ce qui occupe assez bien nos loisirs. Journée très froide. La 3ème pièce change de position sans incidents. J'apprends la mort de notre coiffeur Lagleize, blessé le 10 décembre.

20 décembre - Jeudi : Brouillard intense. Température très froide. Nous passons notre journée à organiser les travaux de notre nouveau P.C. et à préparer le tir sur les 137 batteries boches, ce qui est un travail fort long mais plein d'attrait.

21 décembre - Vendredi : Toujours brume intense

22 décembre - Samedi : Temps très clair. Nous avons à effectuer des tirs sur le Mamelon Vert. Les Boches sont très actifs. Bombardement violent non loin de notre P.C. A la nuit, nous déménageons non sans difficulté.

23 décembre - Dimanche : Je vais avec Marchegay à M.R. Brume assez intense. Je vois avec difficulté nos objectifs, d'autant plus que personne ne peut me renseigner. Nous nous aménageons complètement à notre nouveau P.C., bien plus somptueux que le précédent.

24 décembre - Lundi : Journée triste. Il neige. Un observateur en avion vient se mettre en relation avec nous.

25 décembre 1917 - Mardi : Messe de l'aumônier à 8 heures à la batterie. Je retourne à midi à M.R. avec Marchegay. Le téléphone marche mal. Je règle malgré tout. Fréquentes bourrasques de neige. Ordre de suspendre le tir. Nous revenons à la batterie par un temps épouvantable.

26 décembre - Mercredi : Matinée calme. Le soir ordre de tirer coûte que coûte. Le 38 est à M.R. Michelot essaie de voir nos coups vers 15h35, mais ne voit rien en fin de compte. L'E.M. est sur le gril.

27 décembre - Jeudi : Le capitaine Libois est de retour de permission. Nous nous apprêtons à faire enfin notre tir sur le point « d »[1]. Le temps est assez clair. Marchegay va à Nieuport. Je laisse Méric à la batterie pour aller parler avec le capitaine Libois à la 36, au sujet de tirs à faire et d'une demande de bulletin de tir. La 36 est un peu marmitée[2]. Nous tirons enfin 90 coups sur le point « d » du Mamelon vert.

28 décembre - Vendredi : Je pars à 8 heures avec Mangenot et un aviateur. Avant de partir en permission, je dois aller trouver le capitaine Bouhet au P.C. Condé. Promenade dans la neige sans aucun charme. Le capitaine me conte ses démêlés avec l'A.L.[3], puis me souhaite bon voyage. L'auto de l'aviateur nous débarque à Saint-Idesbalde, où nous trouvons Coulais, non sans peine. Retour à Zeepanne, d'où un fourgon nous emmène à La Panne, où nous déjeunons. Finalement j'arrive à Adinkerke, juste pour sauter dans le train de 13h54. Voyage long et froid de Dunkerque à Calais et de Calais à Paris.

29 décembre 1917 - Samedi : Arrivée à Paris à 6h30. Départ pour Tours à 8h30. J'arrive enfin à 1 heure après 24 heures de chemin de fer.

1918

Quatrième jour de l'an, passé en guerre ; sera-ce le dernier ?

---

[1] Point directeur ou point de repère à partir duquel on fait le réglage de tir d'un compartiment de terrain à battre.

[2] Bombardée par des obus.

[3] Le colonel commandant l'artillerie lourde (A.L.) du corps d'armée a sous ses ordres les batteries d'artillerie lourde dont il établit les plans d'emploi.

9 janvier 1918 - Mercredi : Je quitte Tours à 8h52 par un froid de canard. Je passe l'après-midi à Paris avec Marcel, rue de Rocroy[1]. Je prends un train à 19h20 à la gare du Nord pour Dunkerque.

10 janvier - Jeudi : Arrivée à Adinkerke à 11h1/2 sans incident. Je passe l'après-midi à la colonne légère[2] chez Coulais. Je rejoins la batterie vers 6h. J'y retrouve Méric et Marchegay. R.D.N. Calme plat pour l'instant.

11 janvier - Vendredi : La quiétude des jours précédents semble devoir être de courte durée. Vers midi, je suis convoqué à Kléber, en vue de tirs à exécuter le plus tôt possible sur des voies de 60. M.R. est démoli. Il faut donc trouver un P.O. ailleurs. J'irai sans doute à B.M.

12 janvier - Samedi : Ordre d'être prêt à ouvrir le feu à 10h. Je pars donc au jour avec Marchegay pour B.M. Mais la ligne téléphonique ne fonctionne pas. Elle marche enfin vers 11 heures mais c'est pour apprendre que le tir est reporté à une date ultérieure. Malgré tout, je suis chargé de reconnaître le P.O. du 281 à une maison dite du Vétérinaire que personne ne peut me montrer exactement. Enfin, après avoir erré le long de l'Yser et avoir eu de la peine à la trouver, j'arrive à trouver ce P.O. où un lieutenant me donne quelques renseignements. Retour à la batterie vers 1h1/2. Marchegay est exténué. Ourbak vient dîner avec nous avant de partir en permission et couche à la batterie.

13 janvier - Dimanche : Je vais à B.M. régler la batterie sur un but auxiliaire le Pignon gris. Nous exécutons des tirs d'efficacité sur des voies de 60[3]. On nous laisse tranquille pendant tout le tir.

14 janvier - Lundi : Neige. Temps très clair. Réglage avec avion contre une batterie boche contre-avions. Les Boches sont fort agités. Le P.C. reçoit des obus à gaz. Tir de 40 coups sur la batterie boche. Nous ne tirons jamais assez vite, paraît-il ; il est certain que nous ne pouvons faire comme dans le canon de 75, surtout quand il faut faire des déplacements de 700 millièmes.

15 janvier - Mardi : Journée de pluie. R.D.N. 30 coups toujours sur 40-16.

---

[1] Marcel Grison, cousin germain de l'auteur.

[2] Eléments de la batterie qui n'attellent pas de canon.

[3] Voie ferrée dont l'écartement entre les rails est de 60 cm.

16 janvier 1918 - Mercredi : Vent violent. Ondées. La 1ère section a bon nombre de ses abris inondés. Méric est de service à Olympus. Je prépare un tir à mitraille sur la maison du tirailleur mais il est reporté finalement à demain[1].

17 janvier - Jeudi : Pluie diluvienne toute la journée. Nos abris sont inondés.

18 janvier - Vendredi : Mangenot et Cargill viennent partager avec nous un déjeuner assez plantureux de notre cuisinier Menut. Calme plat au point de vue tir.

19 janvier - Samedi : Journée calme. Tir de 30 coups sur la fameuse batterie contre-avions 40-16. De nombreux avions boches vont à la nuit tombante jeter des bombes à l'arrière. Les Boches méditeraient-ils quelque chose en l'honneur du Kaisersgeburtstag[2]. Nombreuses promotions de gradés : Vincent et Nègre, sous-officiers, Malmoux, Lecomte et Danis, brigadiers.

20 janvier - Dimanche : R.D.N.

21 janvier - Lundi : Marchegay va à M.R. pour organiser des liaisons optiques avec Kléber en compagnie de Michelot de la 38ème batterie.

22 janvier - Mardi : Temps triste. R.D.N.

23 janvier - Mercredi : Méric va à M.R. qui est à moitié démoli pour régler fusant. Mais on ne voit rien. Du reste, l'ordre arrive presque aussitôt après son retour de suspendre tout tir fusant jusqu'à nouvel ordre. Je vais l'après-midi au P.C. voir l'E.M. et la 36 avant le départ de Méric en permission. Accueil très sympathique. Le capitaine Libois me fait visiter sa batterie qui possède de fameux abris. Je dîne à l'E.M. et rentre à la 37 au clair de lune. De nombreux avions passent au dessus de nous pour aller bombarder Dunkerque.

---

[1] Il s'agit d'un tir d'artillerie effectué avec des obus à balles ou à mitraille dont l'efficacité peut être considérable, si la hauteur de l'éclatement est bien réglée, en raison du nombre et du poids des balles et fragments fournis par ces projectiles.
[2] Anniversaire de l'empereur d'Allemagne

24 janvier 1918- Jeudi : Méric part en permission. La 25ème batterie du 118 nous a emmené un avant-train du P.C., Rouppé le prenant pour une épave anglaise. Palabre pour le ramener. A 13h, réglage avec avion, toujours sur la fameuse batterie 40-16. Mangenot et Cargill nous rendent visite dans la matinée.

25 janvier - Vendredi : Brouillard - Calme plat

26 janvier - Samedi : Marchegay est de service à Olympus. Giaume et Virlogeux viennent me tenir compagnie en déjeunant à la batterie. Toujours la brume, pas un coup de canon.

27 janvier - Dimanche : Brume épaisse. La journée s'écoule tranquillement, fertile en discussions politiques, philosophiques et religieuses. Le jeune Marchegay aime beaucoup ce genre d'exercice. Le soir vers 8h, alerte aux gaz. Des obus asphyxiants semblent éclater dans la région mais au loin.

28 janvier - Lundi : Journée splendide. Calme.

29 janvier - Mardi : R.D.N. Température toujours délicieuse.

30 janvier - Mercredi : Je vais à 10 heures à Kléber pour recevoir des instructions au sujet d'un tir en vue d'un coup de main du côté de la tranchée 1800. Réglage sur avion éventuel, etc...

31 janvier - Jeudi: Brouillard intense. Nouvel ordre de tir sur la tranchée 2000. Marchegay va à M.R. pour accrocher les pièces sur le Fort de Nieuwendamme. Réglage impossible. A 21h40 coup de main. Nous tirons 200 coups environ. Résultats encore inconnus. Le capitaine Libois commande le groupe. Le capitaine Bouhet est en permission.

1er février - Vendredi : Calme plat. Le 401 a fait quelques prisonniers du côté de l'Eclusette. Du côté de 1800, la tranchée boche était vide. Brouillard.

2 février - Samedi : Journée calme. A 11 heures du soir les Boches se mettent à bombarder nos tranchées et nous tirent de notre quiétude. La batterie tire une vingtaine de coups (C.P.O. 2000). C'est sans doute la riposte à notre coup de main.

3 février 1918 - Dimanche : Température très douce. Bruit de relève.

4 février - Lundi : Belle journée calme. Dossier à préparer. Tir fusant vers 14h. Bon résultat au point de vue réglage de l'évent[1].

5 février - Mardi : L'aumônier vient déjeuner avec nous. Les bruits de relève prennent de la consistance. On voit des Belges dans les environs. Pour nous rien de nouveau.

6 février - Mercredi : Temps très clair. Vers 13h15 tir de 50 coups sur une batterie avec la 1ère section. Quelques obus près de la 3ème pièce et sur notre ancien P.C. Nouveau tir de la 1ère section, toujours sur la même batterie boche vers 15h45.

7 février - Jeudi : Le capitaine Libois vient à la batterie dans la matinée. Les bruits de relève par les Belges se confirment. Aucun avis officiel cependant. Je reçois brusquement vers midi un ordre de préparation de tir en vue d'un coup de main. Réglage discret sur le Fort de Nieuwendamme.

8 février - Vendredi : H = 5h30. La batterie tire 124 coups. Puis vers 7 heures tout se calme. Aucune riposte de la part des Boches. Nous préparons notre futur départ.

9 février - Samedi : Nous nous apprêtons toujours à partir. Ce serait un groupe belge de 155 C.S.[2] qui nous relèverait. Ordre de départ pour la nuit du 11 au 12.

10 février - Dimanche : Messe de l'aumônier, qui passe la matinée et déjeune avec nous. Contre-ordre pour le départ. Nous restons jusqu'à nouvel ordre, nos remplaçants n'étant pas arrivés. Ourbak et Virlogeux viennent nous voir l'après-midi et nous racontent quelques histoires pittoresques. Méric rentre de permission sur ces entrefaites. Quelques obus sur Oost-Dunkerke, en l'honneur de la relève sans doute.

---

[1] Réglage de la fusée permettant à l'obus d'exploser, en fusant, avant d'arriver au sol, en vue d'obtenir l'efficacité maximum pour détruire l'ennemi. Pour ce faire, l'artificier débouche un évent, c'est à dire qu'il perce la fusée en un point convenablement choisi avec un débouchoir pour que le projectile éclate en l'air au point voulu.

[2] Groupe d'artillerie doté de canons de 155 court Schneider.

11 février 1918 - Lundi : Calme plat. Pas un coup de canon. La présence seule des Belges est un merveilleux calmant. Du reste les routes sont sillonnées d'autos. Nos braves alliés ont l'air d'avoir la ferme assurance que jamais Prussien n'osera tirer sur eux. Quand nous avons relevé les Anglais, ce n'était pas tout à fait de même. C'était à qui aboierait le plus, les routes n'étaient souvent guère catholiques pour les promenades.

12 février - Mardi : R.D.N.

13 février - Mercredi : Je vais déjeuner à la 38 en compagnie d'Ourbak et de Cargill. Je vois aussi le capitaine Libois qui a l'impression que nous en avons encore pour quelques temps ici. Je rentre tranquillement à la batterie. Vers 6h1/2, bombardement boche sur Nieuport. Nous tirons une quinzaine de coups. Les Boches ont l'air de vouloir effrayer nos alliés. Vers 8h15, nouveau tir sur Lombartzyde.

14 février - Jeudi : Visite d'un commandant et de deux capitaines belges, qui viennent voir nos positions pour y mettre une batterie assez hétérogène : 2 pièces de 155 court, 1 pièce de 8 pouces et 1 de 9 pouces.

15 février - Vendredi : Je vais à cheval jusqu'à Saint-Idesbalde, où je trouve Munsch et un jeune enseigne de vaisseau qui ne s'en font pas trop. J'y trouve aussi le docteur Beuzard qui me donne une petite consultation. Je rentre juste à la batterie pour faire un tir sur Lombartzyde et voir un capitaine belge qui viendrait nous relever mais quand ?

16 février - Samedi : Temps assez froid, très belle journée. Tir de représailles sur la tranchée de t' Vald.

17 février - Dimanche : Je vais la matinée à M.R. en compagnie de Marchegay. Rien de nouveau dans le secteur. Retour mouvementé, les Boches nous font faire un détour du côté de la piste des zouaves pour rentrer à la batterie. Lendormy et Pévollière viennent partager notre dîner. Cette fois Menut[1] s'est surpassé. La nuit est quelque peu agitée. L'état-major a reçu des obus à gaz.

18 février - Lundi : Mangenot vient nous rendre visite. On ne sait rien sur notre sort futur. Il semble que les Belges ne veuillent pas nous

---

[1] Le cuisinier.

lâcher. Ce qui est empoisonnant c'est d'avoir nos chevaux au delà de Dunkerque à Armbouts-Cappel. L'après-midi, 12 coups sur Lombartzyde.

19 février 1918 - Mardi : Visite du lieutenant-colonel Bonnefoi commandant l'artillerie française du secteur. Il se montre aimable, peut-être grâce à Marchegay qui connaît la famille. Le capitaine Libois vient nous voir. Toujours rien de nouveau quant à notre départ. Tir du côté du Pont de l'Union. Les Belges semblent vouloir nous faire tirer à leur place.

20 février - Mercredi : Journée brumeuse et triste. Un général belge qui s'est fait annoncer pompeusement, ne vient pas naturellement. Je reconnais sous la pluie des positions éventuelles aux environs de la batterie, comme toujours c'est d'extrême urgence. Méric a son accès de fièvre périodique.

21 février - Jeudi : Je passe la matinée à finir la reconnaissance de la veille. Nous tirons quelques coups sur une batterie boche. Les Belges nous mettent du baume dans l'âme, en nous parlant d'une progression éventuelle de toute l'armée et des dispositions à prendre dans ce cas.

22 février - Vendredi : Mangenot vient déjeuner avec nous. L'abbé Bequaert notre aumônier et un aumônier belge notre voisin, viennent passer l'après-midi avec nous. Ce dernier nous raconte dans un langage assez pittoresque et avec esprit ses aventures depuis la prise de Liège jusqu'à aujourd'hui. Il n'engendre pas la mélancolie. C'est un vicaire vraiment original. Son opinion sur l'armée belge et un confrère ne manque pas de pittoresque.

23 février - Samedi : Je vais avec Marchegay à la briqueterie de Ramscapelle. Promenade assez pittoresque. Nous passons le canal sur un radeau assez primitif à la grande épouvante de Marchegay. Nous passons par d'anciennes batteries anglaises, en plein polder, complètement retournées par les obus. Nous rentrons à la batterie sans incident. Nous tirons quelques coups de canon. Soirée assez calme. Mon estomac ne va pas trop fort.

24 février - Dimanche : Je déjeune à Kléber. Rien de nouveau. Réglage sur un objectif du côté des dunes.

25 février - Lundi : Déjeuner somptueux avec l'abbé Grégoire, l'aumônier belge et l'abbé Bequaert. Cargill vient aussi nous tenir compagnie. Après-midi fort gai, les histoires originales ne manquent pas. Nous tirons le soir quelques coups sur une batterie boche.

26 février 1918 - Mardi : Le capitaine Bouhet est de retour. Vers 11 heures nous tirons quelques coups.

27 février - Mercredi : Ourbak est évacué pour angine. Il pleut. Journée lugubre.

28 février - Jeudi : Très belle journée. Les Boches marmitent le Bois Carré avec du 280. Rien de nouveau. Nous tirons 4 obus !

1er mars - Vendredi : Vent terrible. Journée calme on reparle du départ.

2 mars - Samedi : Rien de nouveau dans la journée. Vers 10 heures du soir, violente canonnade boche sur Nieuport et du côté du canal de Plasschendaele. Nous tirons sur deux objectifs avant de nous fixer sur le bon (canal de Plasschendaele). Nous envoyons sur les Boches 170 "allongés"[1].

3 mars - Dimanche : L'aumônier vient dire la messe à la batterie et veut déjeuner avec nous. La relève se confirme, nuit du 6 au 7.

4 mars - Lundi : L'officier belge de la fameuse batterie (deux 155 court, un 8 pouces, un 9 pouces) vient nous voir. Calme plat. Cependant vers 8 heures du soir, ordre de tir pour toute la nuit. On nous accuse de tirer court. Ce serait à prouver car nos vaillants alliés tirent aussi ce jour là.

5 mars - Mardi : Nous préparons notre départ. La 38ème est déjà partie et la 36 part ce soir.

6 mars - Mercredi : Dernière journée à cette 1ère position, que j'ai occupée avec la batterie. Je ne pouvais espérer mieux, secteur ni trop

---

[1] Il s'agit d'un tir de 170 obus en acier de forme allongée pesant chacun 42,7 kg sans la fusée. Ces obus, qui ont une ogive courte et un corps long et cylindrique jusqu'au culot, avaient à l'époque le meilleur rendement égal à 24 % (pour 10 à 15 % pour les obus de 75), ce rendement dont découle l'efficacité étant le rapport entre le poids d'explosif transporté (10kg) et le poids total du projectile (43 kg).

calme ni trop agité. A part le début un peu mouvementé, nous avons été bien tranquilles. Puissons-nous trouver ailleurs pareille installation et autant de ressources matérielles ? Nous passons la soirée en compagnie de deux officiers belges, qui sont du reste fort aimables et ont l'air de connaître leur affaire. Nous devenons le Vème groupe du 136ème régiment d'artillerie lourde (136ème R.A.L.) et la 37 devient la 14ème batterie[1].

7 mars - Jeudi : Départ de la position sans incident vers 3h30. Halte au carrefour de Zeepanne. Etape agréable par un temps doux et brumeux par La Panne, Adinkerke, Ghyvelde, Uxem, les 7 Planètes et Cappelle où nous trouvons un cantonnement convenable mais très étendu. Les batteries sont à 2 et 3 km les unes des autres. Installation au cantonnement. Ourbak est sorti de l'hôpital et part en permission. Je vais avec Méric jusqu'à Armbouts-Cappel ; nous rencontrons Cazaillet et le docteur Beuzart qui ne s'en font pas. Nous voyons aussi le capitaine Libois et Virlogeux. Nous apprenons que nous avons quatre jours de repos jusqu'au 11 mars et que nous allons ensuite construire des positions à Kerkepanne.

8 mars - Vendredi : Nous nous installons. Le capitaine Bouhet me confirme la construction de positions du côté de Kerkepanne. L'après-midi nous allons en bande à Dunkerque par un temps splendide, Pierron, Cargill, Marchegay, Méric et moi.

9 mars - Samedi : Déjeuner fort agréable en compagnie de Beuzard et Cazaillet. Nous laissons le docteur à sa vaccination. Quant aux autres avec Munsch nous nous égarons jusque vers Rosendaël. Marchegay obtient tous les suffrages. Nous revenons sagement vers 5h1/2 juste à temps pour manquer le dernier tramway et revenir à pied à Cappelle.

10 mars - Dimanche : Menut se surpasse de nouveau en l'honneur du capitaine Libois qui veut bien être notre hôte ! Fort agréable après-midi. Je vais avec Méric jusqu'au château de l'Afgand[2], où je retrouve la brave fermière, qui nous avait hébergés il y a juste deux ans, quand j'étais au 20. Marchegay part en permission.

---

[1] Batterie commandée par l'auteur. Le changement de dénomination ne modifie en rien l'emploi de cette formation d'artillerie au sein de la 29ème division d'infanterie.

[2] Au sud de Dunkerque et à 9 km à l'est de Bourbourg, le 20 étant le 20ème régiment d'artillerie.

11 mars 1918 - Lundi : Conférence sur le tir fusant à 14 heures à Coudekerque-Branche. Nous passons l'après-midi à Dunkerque avec Munsch et Cargill. Cargill dîne avec nous et couche à la batterie.

12 mars - Mardi : Reconnaissance du capitaine Bouhet avec Méric, Munsch et le capitaine Libois aux positions de Kerkepanne. Je déjeune à l'E.M. Remise de croix de guerre par le commandant de groupe. Préparatifs des servants pour construire la position de batterie. Je resterai seul ici. Je vais en profiter pour me remettre d'aplomb. Les Boches envoient des bombes sur Dunkerque à la nuit tombante.

13 mars - Mercredi : Méric part pour Kerkepanne avec une trentaine de servants. Je reste seul à la batterie. Promenade à cheval le matin sur le cheval de Marchegay, l'après-midi sur ma jument en compagnie de Coulais. Le temps va changer. Brouillard intense.

14 mars - Jeudi : R.D.N. Temps splendide.

16 mars - Samedi : Je vais à Dunkerque avec Mangenot, Beuzard et Virlogeux.

17 mars - Dimanche : Je déjeune et dîne à l'E.M. Je vais sans doute remplacer d'ici peu le capitaine Libois.

18 mars - Lundi : Je vais avec le capitaine Bouhet aux positions de Kerkepanne. Nous y déjeunons. Rien de sensationnel. Je reviens dîner à l'E.M. Départ pour demain avec Longe.

19 mars - Mardi : Je pars vers 9h30 avec Longe dans la voiture du capitaine Libois. Nous arrivons aux positions par une pluie battante. Malgré tout, soirée très gaie avec le capitaine Libois, Méric et le jeune Cargill qui m'est affecté comme adjoint.

20 mars - Mercredi : Je vais avec le capitaine Libois voir le commandant Delebecque, chargé de la direction des travaux. Du reste il n'y a qu'à continuer. Mais comme toujours, il faudrait avoir terminé avant d'avoir commencé. Nombreuses lignes téléphoniques à poser. Observatoire à reconnaître. Les Boches arrosent assez copieusement le carrefour et la route de Dunkerque.

21 mars 1918 - Jeudi : La nuit a été agitée. Passage de nombreux avions. Bombardement par les canons de la flotte vers 5 heures du matin à la lueur d'obus éclairants. C'est un secteur assez original. Les coups arrivent de tous les côtés, de la mer, de la terre et du ciel. Toujours très beau temps. L'après-midi, je vais en compagnie de Cargill reconnaître les observatoires du côté de Kerkepanne. Cargill m'entraîne à La Panne, qui a été quelque peu marmitée. Petite ville assez curieuse d'habitude, qui pour les Belges est maintenant la Belgique tout entière. On y trouve du reste tout ce que l'on veut. Marmitage quotidien. Les pièces des 13ème et 15ème batterie arrivent sans incidents.

22 mars - Vendredi : Bombardement quotidien.

23 mars - Samedi : R.D.N. Nous allons le soir avec Cargill entendre des avis classiques au café des Arcades à La Panne. Commencement de l'offensive boche.

24 mars - Dimanche : Repos. Nous passons l'après-midi à La Panne par une journée splendide.

25 mars - Lundi : A 7 heures du soir, j'apprends que la 139ème division d'infanterie s'en va avec les 1er et 2ème groupe du 136. Le commandant Delebecque me passe tous les dossiers du secteur.

26 mars - Mardi : Je vais avec Cargill jusqu'à la Ferme Dedry, où le lieutenant téléphoniste nous passe les consignes. Nous faisons partie de la 29ème division d'infanterie. Nous avons des chevaux tués par le bombardement. Des fantassins du 141 déjeunent avec nous.

27 mars - Mercredi : R.D.N. Il semble que nous sommes vissés ici pendant que la situation a l'air un peu inquiétante sur le front. L'enseigne de vaisseau de Saint-Idesbalde déjeune avec nous ainsi que des fantassins du 141. Ourbak arrive aussi en plein déjeuner avec Cazaillet. Des bruits de départ circulent. Dernière soirée à La Panne. Cargill a une crise d'entérite.

28 mars - Jeudi : Je fais un tour à Adinkerke, où je rencontre le capitaine de la 25ème batterie du 1er R.A.P. (régiment d'artillerie à pied). Il se confirme que la 29ème va partir. Temps épouvantable. Cargill garde le lit toute la journée.

29 mars 1918 - Vendredi Saint : Nuit agitée. Vers une heure premier message pour le commandant au sujet de la S.M.A. Vers 4 heures ordre de départ. Nous devons embarquer demain à 8 heures à Dunkerque. Préparatifs. Départ sans incidents. Je m'en vais tranquillement avec Cargill. Nous disons adieu à la Belgique. Je retrouve Marchegay frais et dispos. Le capitaine Bouhet ne m'annonce rien de particulier. Montdidier a été pris par les Boches. Dernière soirée à Cappelle en compagnie de Cargill, Méric et Marchegay. Que nous réserve l'avenir ? Dieu seul le sait.

30 mars - Samedi : Nous embarquons à Dunkerque, direction Amiens. Cargill fait le voyage avec nous. Arrivée à Amiens vers 10 heures du soir. Nous débarquons à Longueau sans incident. Heureusement aucun avion boche.

31 mars - Pâques : Nous arrivons vers 4h30 à Estrées-sur-Noye, notre cantonnement, que nous partageons avec des Anglais assez encombrants et des Canadiens.

36° Corps d'Armée
Artillerie Lourde
n° 1987A

le 20 Janvier 1918

N O T E

pour le Capitaine Cdt. le XII° Gr. du 118°

-:-:-:-:-:-:-:-:-

Vous avez rendu compte le 18 et le 19 Janvier qu'une soixantaine de gargousses de 155.C avaient été rendues inutilisables par l'eau, dans les abris de la batterie "Kremlin" et devaient être remplacées.

Les abris où étaient ces munitions et tous les abris où l'inondation est possible devront être évacués dès le reçu de la présente Note ; ils seront ensuite améliorés.

Le Général Commandant l'Artillerie du 36° C.A. demande que les procès-verbaux Mod.3 de la perte de ces munitions lui soient envoyés d'urgence, pour permettre le remplacement.

Le Général fait connaître qu'il refusera désormais de mettre à la charge de l'État les pertes de munitions qui lui semblent dues à un défaut dans l'organisation des abris.

Le Chef d'Escadron DELEBECQUE
Commandant provisoirement l'A.L./36

XII

Bataille de la Somme au sud-est d'Amiens (avril 1918)

1er avril 1918 - Lundi : Nous sommes en réserve avec la 29ème D.I. R.D.N. pour nous. Le soir, ordre pour faire d'urgence des reconnaissances le lendemain.

2 avril - Mardi : Reconnaissance dans la matinée avec le capitaine Bouhet, promu chef d'escadron : 1ère position fort enviable que nous lâchons pour une autre beaucoup plus désagréable, du côté de Hailles. La région est bourrée de batteries. Le soir, les batteries quittent Estrées vers 16h1/2. Nous arrivons à la position vers 8 heures du soir par une belle journée. Pas un obus dans la région jusqu'à présent. Du reste c'est encore la guerre de mouvement. En somme, c'est le 133 qui a tenu le coup dans la région et arrêté les Boches.

3 avril - Mercredi : Je reconnais des observatoires avec Marchegay dans la matinée. Méric règle le soir sur la lisière d'un bois du côté de Moreuil. Le soir le bombardement commence de part et d'autre et se poursuit toute la nuit. Il pleut à verse. Nous tirons 21 coups sur Moreuil vers 18h.

4 avril - Jeudi : La journée commence par une pluie torrentielle et un bombardement boche très intense. Nous sommes assez violemment marmités. Un obus nous démolit une pièce. Un autre blesse un téléphoniste Mormouton. Vers 12h, nous tirons 30 coups sur un petit bois. L'artillerie française riposte ferme et doit gêner les Boches qui se ralentissent un peu. Nous déjeunons tranquillement, lorsque vers 1 heure un cavalier arrive nous disant que les Boches viennent de prendre Castel et attaquent le bois de Sénécat à 1500m de nous. Nous nous préparons aussitôt à partir au plus vite. On entend en effet les rafales de mitrailleuses. Les avant-trains se font attendre. La 13ème batterie commence le mouvement. Enfin nos voitures arrivent. Les canons sont aussitôt accrochés et partent heureusement sans accroc. Notre fourgon s'en tire plus difficilement. Enfin tout s'ébranle sur la route de Hailles. Je pars avec les servants dans le bled. Hailles heureusement n'est pas marmité. Méric est resté avec les mitrailleurs pour faire brûler les poudres. Nous refaisons en sens inverse la route de l'aller et nous arrivons par une pluie battante à Cottenchy où je me trouve seul en tête du groupe avec Ourbak et Virlogeux. Je reçois l'ordre de l'A.D.29 d'aller mettre en batterie à l'est de la route de Dommartin à Fouencamps. Je cherche en vain l'E.M. du groupe. Nous nous apprêtons à exécuter l'ordre, lorsque Giaume arrive enfin. Nous rejoignons le chef d'escadron et nous partons en reconnaissance. Nous revenons chercher les batteries pour apprendre qu'il y a contre-ordre et que nous devons mettre en batterie au sud des Bois de Boves. Rendez vous à la Ferme Bon Air où se trouve un groupe de G.P.F.[1]. Nouvelle reconnaissance par une pluie diluvienne. Finalement nous prenons le sage parti de rester sur roue toute la nuit. Nos hommes et nos chevaux sont tout au moins abrités. Nous n'avions du reste aucune munition.

5 avril - Vendredi : Mise en batterie le long d'une route mais pas de munitions. Arrivée de nombreuses troupes, cavaliers et division marocaine. Les Boches ont en somme avancé de 4 km avec 15 divisions d'infanterie, paraît-il. Le 9ème corps est près de nous et attaque dans la soirée.

6 avril - Samedi : Retour du capitaine Libois. Nous recensons nos objets perdus, il y en a naturellement quelques-uns, ce qui était un peu forcé. Ce n'est pas l'avis de tous, mais après tout "nil interest" [2]. Je change de position. La nouvelle est en effet très sympathique au milieu des bois. Dans la soirée nous recevons enfin des obus. Violent bombardement toute la nuit.

7 avril - Dimanche : Je vais à cheval à un observatoire près de Fouencamps où je trouve Munsch. Il fait beau heureusement. Nous attendons longtemps les communications téléphoniques. Je règle péniblement sur les bois de la côte 110. Puis, je rentre tranquillement. La batterie tire un certain nombre de coups du côté de Castel. Nous sommes malheureusement un peu loin. Nous ne pouvons même pas employer la charge 1[3].

---

[1] Groupe de canons de 155 à Grande Puissance Filloux, Filloux étant l'inventeur de ce matériel sorti en 1917, qui se prête particulièrement bien aux tirs sur oblectifs fugitifs et à la réalisation rapide de concentration de feux, grâce à son grand champ de tir et sa rapidité de changement d'orientation.

[2] Deux mots latins, qu'on peut traduire par "aucune importance".

[3] Les charges en poudre sont au nombre de sept, dénommées 00, 0, 1, 2, 3, 4, 5, la charge 00 étant la plus forte et la 5 la plus faible.

8 avril 1918 - Lundi : Tir d'une soixantaine de coups sur Castel de 4h45 à 7h. On parle de changement de position. Le temps est toujours épouvantable.

9 avril - Mardi : Je vais l'après-midi en reconnaissance avec le capitaine Libois dans la région de Gentelles. Toutes les places occupables sont déjà prises. Nous revenons assez exténués de cette reconnaissance dans les champs détrempés. Le chef d'escadron n'est pas précisément enthousiaste ce soir-là.

10 avril - Mercredi : Nouvelle reconnaissance mais assez rapide avec le chef d'escadron. Nous voyons le colonel Wasser commandant l'A.D.29 qui accepte que nous prenions position à l'est de la route de Dommartin à Fouencamps non loin de ce dernier village. La position n'a pas l'air mauvaise, accès assez facile. Retour à l'échelon. Départ avec la batterie à 17h30. Sens de circulation obligé qui nous fait passer par Boves. Mise en batterie sans incident par une nuit noire et le brouillard.

11 avril - Jeudi : Très beau temps. Nous nous installons. Nous devons accompagner une attaque des Marocains. Le capitaine Libois a la malchance de changer de position pour aller dans le ravin de Gentelles. Je vais à l'observatoire avec Ourbak l'après-midi. Très bonne visibilité. J'accroche la batterie toujours sur la fameuse corne nord du bois de la cote 110. Nous voyons de nombreux Boches circuler sur la route dans Moreuil. Marchegay est complètement démoralisé, je ne sais pourquoi, car nous ne sommes pas marmités. Nuit calme.

12 avril - Vendredi : L'attaque des Marocains est suspendue. Ce sont les Boches qui attaquent Hangard. Nous tirons toute la journée comme des sourds sur le bois de la côte 104, sur Démuin et ses environs. L'artillerie boche, à part un petit arrosage le matin, nous laisse tranquilles fort heureusement. Un blessé à la 15ème. Dommartin est assommé par une avalanche d'obus. Nuit agitée nous exécutons tir sur tir. Finalement Hangard est repris par la 29ème division d'infanterie.

13 avril - Samedi : Matinée brumeuse et calme. Arrosage normal de la voie ferrée. Tirs de harcèlement dans la journée. R.D.N.

14 avril - Dimanche : Messe de l'aumônier assez originale. Toujours la brume. On parle de relève. Des ordres même sont donnés pour relever une section ce soir. Départ de la section sans incident. Nombreux tirs de nuit.

15 avril 1918 - Lundi : Un 75 blesse grièvement un homme de la batterie. Il y a de fréquents éclatements prématurés. Nous ne décessons pas de tirer du côté de Hangard mais notre espoir de relève a été de courte durée. L'A.D. 29 est relevée mais nous restons avec la 131ème D.I. qui n'a pas de groupe lourd. Nous tirons tout l'après-midi jusqu'à l'épuisement de nos gargousses. Nos échelons étant déjà partis, nous allons sans doute nous serrer la ceinture demain. Enfin le moral est toujours bon à la 14ème[1]. Nous avons toujours des tirs de nuit. Les hommes n'en peuvent plus. Heureusement que vers 10 heures l'ordre de départ arrive pour demain. Nuit calme.

16 avril - Mardi : Nous tirons jusqu'au dernier moment. Nous quittons la position vers 6 heures par un calme complet. Nous passons par Fouencamps, Boves, Saint-Fuscien et nous cantonnons à Neuville-les-Loeuilly, non loin de Conty. La région est bourrée de troupes. Nous nous installons tant bien que mal.

17 avril - Mercredi : Nous passons la journée à remettre un peu la batterie en ordre. Le général de la 29ème D.I. nous convoque à Nampty pour nous remercier et nous annoncer notre départ prochain, sans doute pour le Nord. A 10 heures du soir, nous apprenons brusquement notre départ pour le lendemain par voie de terre.

18 avril - Jeudi : Départ à 7h. Etape par Taisnil, Frémontiers, Brassy, Sentelié et Lahaye-Saint-Romain, où nous cantonnons. Bon cantonnement. Tous les hommes et les chevaux sont abrités. Que veut-on faire de nous ? Embarquerons-nous à Poix ? Bridge chez Ourbak en attendant les ordres qui ne viennent pas. Notre aumônier vient partager notre dîner.

19 avril - Vendredi : Rien de nouveau. Journée tranquille passée au cantonnement. Le soir, le bruit court que nous embarquons le 21 direction de Meaux où va la S.M.A.[2]

---

[1] 14ème batterie commandée par l'auteur.
[2] Section de munitions d'artillerie dépendant du parc d'artillerie divisionnaire (P.A.D.) affecté à chaque division.

20 avril 1918 - Samedi : Je vais à Poix faire un tour à cheval avec Ourbak. Nous recevons l'ordre d'embarquement pour demain 14h.

21 avril - Dimanche : Nous embarquons avec 6 heures de retard à Grandvilliers. Nous quittons la Somme vers 10 heures du soir pour aller du côté de Verdun, semble-t-il. Cargill vient nous tenir compagnie. Nous passons tranquillement la nuit en chemin de fer.

22 avril - Lundi : Nous passons par Pantin, Marles, Sézanne, Sompuis, Révigny-sur-Ornain. Et là, on m'envoie jusqu'à Ligny-en-Barrois, où nous débarquons vers 8 heures du soir sur un quai magnifique. Il pleut malheureusement.
Nous nous acheminons tranquillement vers notre cantonnement. Le pays est sauvage, couvert de bois et très vallonné. On sent le voisinage de la forêt d'Argonne. Pas un chat sur les routes, ce qui nous change de la Somme. Nous arrivons vers 11h30 à Villers-le-Sec, où nous nous installons tant bien que mal en pleine nuit.

23 avril - Mardi : Organisation du cantonnement qui ne semble pas mauvais. Les habitants sont hospitaliers. Hommes et chevaux sont tous à l'abri. Nous sommes avec la 13ème batterie et l'état-major.

24 avril - Mercredi : Pluie torrentielle toute la journée. Nombreuses revues du commandant en perspective. La 13ème vient passer la soirée avec nous. Il paraît que le séjour ici va être de courte durée. Nous irions prendre le secteur entre Bezonvaux et Moulainville.

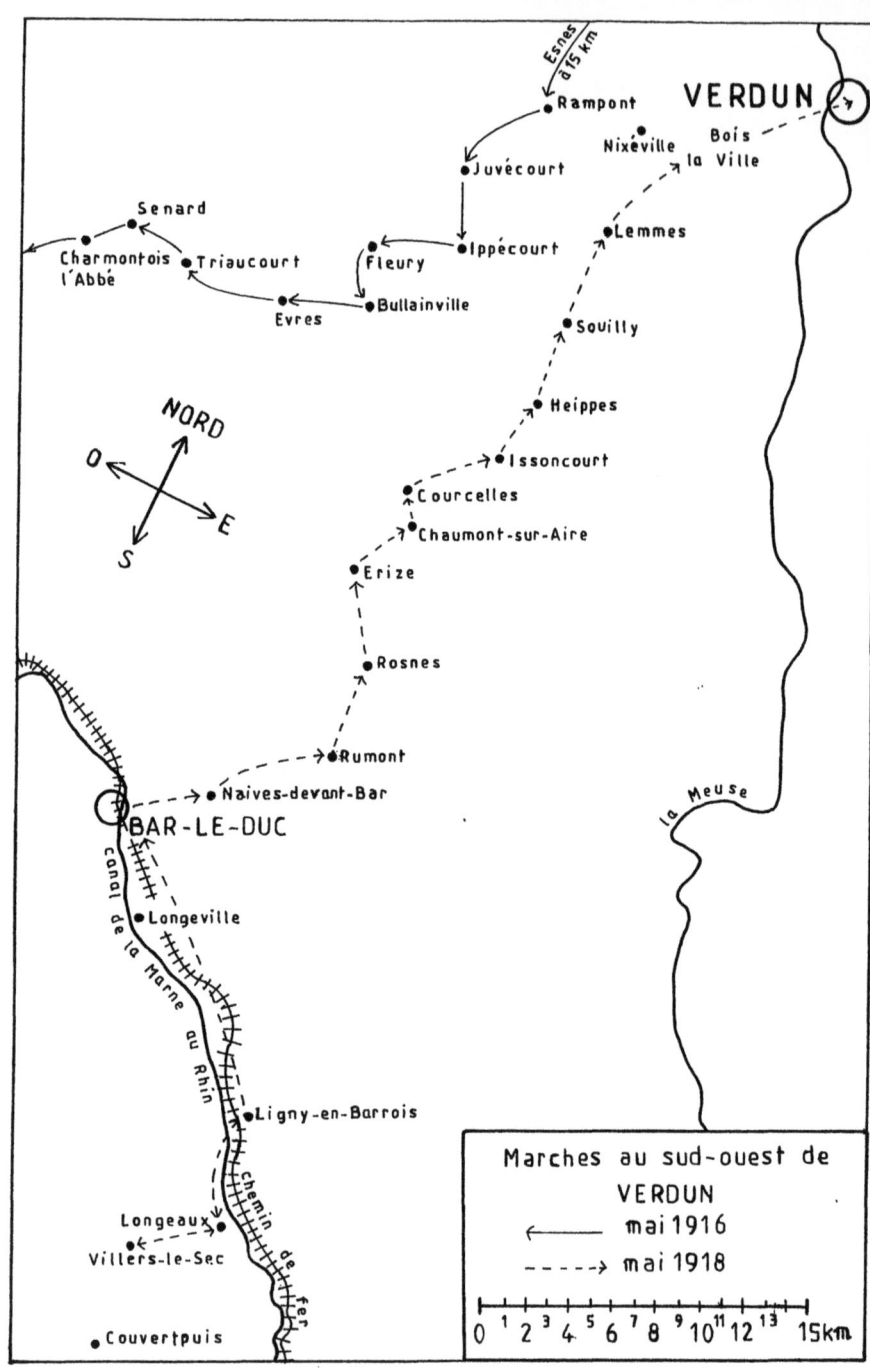

XIII

La bataille de Verdun de mai à août 1918

25 avril 1918 - Jeudi : Revue du commandant à 10 heures sans accroc. Je vais l'après-midi à Ligny-en-Barrois où je retrouve Munsch qui va partir en permission. Je le raccompagne jusqu'à Couvertpuits cantonnement de la 15 et de la colonne légère. Ourbak va bien, toujours très occupé avec ses nombreuses lettres de marraine. J'y trouve aussi Cazaillet, Coulais, Cargill qui passe à la 15ème pour remplacer Munsch et plus tard Michelot. Le capitaine Libois, Lemmet et Virlogeux viennent faire la veillée avec nous.

26 avril - Vendredi : Nouvelle revue du chef d'escadron, cette fois de chevaux. Rien à signaler. Je me promène l'après-midi à cheval. Je pousse jusqu'à Couvertpuits où je trouve le capitaine Libois avec toute la 15ème.

27 avril - Samedi : A 10 heures revue du personnel par le chef d'escadron. L'après-midi je me promène à cheval dans la forêt de Ligny.

28 avril - Dimanche : Messe solennelle. Nombreux artistes dont quelques-uns de la 14ème. Le commandant a rendez-vous l'après-midi chez le général commandant la 29ème D.I. Temps épouvantable. Nous passons la soirée en compagnie de la 13ème.

29 avril - Lundi : Il paraît que nous ne partons que le 2 mai. Séance de cinématographe, à laquelle assistent les personnalités et les beautés du village.

30 avril - Mardi : Le temps se remet au beau. Je fais un tour à cheval dans les bois de Ligny. Nouvelle séance de cinéma avec le concours de plusieurs artistes du groupe.

1er mai - Mercredi : Préparatifs de départ. Je vais l'après-midi jusqu'à Couvertpuits dire bonjour à Ourbak. Dernière soirée passée en compagnie de la 13ème.

2 mai - Jeudi : Départ de Villers-le-Sec à 6h. Longue étape par

Longeaux, Ligny, Bar-le-Duc et Naives devant Bar où nous cantonnons tous. Il fait un temps superbe. Rien de nouveau. Nous passons une agréable soirée avec la 13 et la 15. Histoires de cantonnement à n'en plus finir.

3 mai 1918 - Vendredi : Départ à 6 heures de Naives. Etape par Rumont, Rosnes, Erize, Chaumont-sur-Aire et Courcelles-sur-Aire où la batterie cantonne ; temps très lourd ; village démoli en 1914.

4 mai - Samedi : Départ à 5h45. Longue étape par Issoncourt, Heippes, Souilly, Lemmes et le Bois-la-Ville où doivent se trouver nos échelons. Température accablante. Reconnaissance pour demain, violent orage dans la nuit.

5 mai - Dimanche : Reconnaissance avec le chef d'escadron. Nous traversons Verdun bien démoli. Nous allons à l'A.D. 29 au cabaret. Le capitaine Libois est à la disposition de l'A.D.29 dans le ravin des Poudrières ; quant à nous, nous sommes à la disposition de l'A.D.20. Je reconnais la position dans la matinée. Je trouve le lieutenant Rose du 331, tourangeau, qui nous donne tous les tuyaux. Retour à la position. Relève d'une section à la nuit tombante.

6 mai - Lundi : Nous prenons les consignes. Je règle le soir sur le pont 36-38 dans une tranchée près de l'ouvrage de Bezonvaux. En somme, le secteur est très calme. C'est le calme d'un immense cimetière. Comme dévastation, on ne peut rien voir de mieux. Je rentre à la batterie. La relève de la 3ème pièce s'effectue sans incident.

7 mai - Mardi : Visite du colonel Bordeux commandant l'A.D.20 qui nous préconise la méthode "Ferries" par coups fusants hauts[1]. Ces expériences nous procureront un agréable passe-temps. Conférence par un idoine au P.C. du commandant dans l'après-midi. Calme plat.

8 mai - Mercredi : Nous préparons le tir toujours de la méthode "Ferries". Je vais l'après-midi reconnaître un poste d'observation. (Dangeville) près de l'ouvrage de Thiaumont. Nous passons en revenant par Fleury dont il ne reste que quelques pierres.

---

[1] Un tir fusant haut est un tir dont la hauteur d'éclatement des obus est comprise entre une et deux hauteurs-types, laquelle varie pour les obus explosifs entre 10 et 30 mètres suivant le calibre, afin d'obtenir un tir de batterie le plus efficace possible.

9 mai 1918 - Jeudi : Toujours la brume, ce qui rend tout tir impossible. Je déjeune au P.C. Nombreuses citations (Mangenot, Beuzard). Il n'y a que Méric qui soit resté en panne, on se demande pourquoi.

10 mai - Vendredi : Décidément le ciel semble conspirer contre l'expérimentation de la méthode "Ferries". Journée brumeuse. Il paraît que je vais aller suivre un cours de tir. Je vais dîner chez le capitaine Libois, qui ne se fait pas de bile à la 29ème D.I. dans le ravin des Essarts.

11 mai - Samedi : Matinée brumeuse. Enfin le soir la S.R.O.T. [1] nous règle par coups fusants hauts (trilatérale) et nous repérons encore par fusants hauts (méthode Ferries). Nous ne sortons pas du tir fusant. Enfin nous observons quelques coups et nous pouvons remplir les papiers de tir.

12 mai - Dimanche : La 15ème cherche aussi à régler fusant mais en vain. Elle choisit l'arrivée de la pluie et l'heure du déjeuner. Nous nous faisons consciencieusement rincer à Dangeville, Marchegay et moi. Cazaillet vient nous rendre visite. Nos chevaux crèvent comme des mouches.

13 mai - Lundi : Nouveau réglage fusant de la 15ème qui réussit cette fois. Le soir j'apprends officieusement que nous allons changer de positions pour relever à nous seuls un groupe du 102 de la D.I. de gauche qui n'a pas de remplaçants.

14 mai - Mardi : A 1 heure de l'après-midi je reçois l'ordre de mettre en batterie le soir même dans le ravin des 3 cornes entre Bras et Froideterre. Je pars avec Marchegay et Franco. Course aux clochers. Je trouve le commandant du VIème du 102 qui me conduit à la 17ème batterie que je dois relever. Je prends les consignes à la hâte, car mes prédécesseurs partent à 9h, et on a l'air de craindre quelque chose pour cette nuit dans le secteur. Retour à la batterie. Retard dans la communication avec l'échelon. Les avant-trains n'arrivent qu'à 10h. Nous partons sans incidents. Arrivée à la position vers 11h30.

15 mai - Mercredi : Nos prédécesseurs s'en vont de la position

---

[1] Section de Repérage par Observation Terrestre. L'observation trilatérale d'un objectif est réalisée à partir de trois observatoires distincts, ce qui permet de déterminer les coordonnées de l'objectif avec précision.

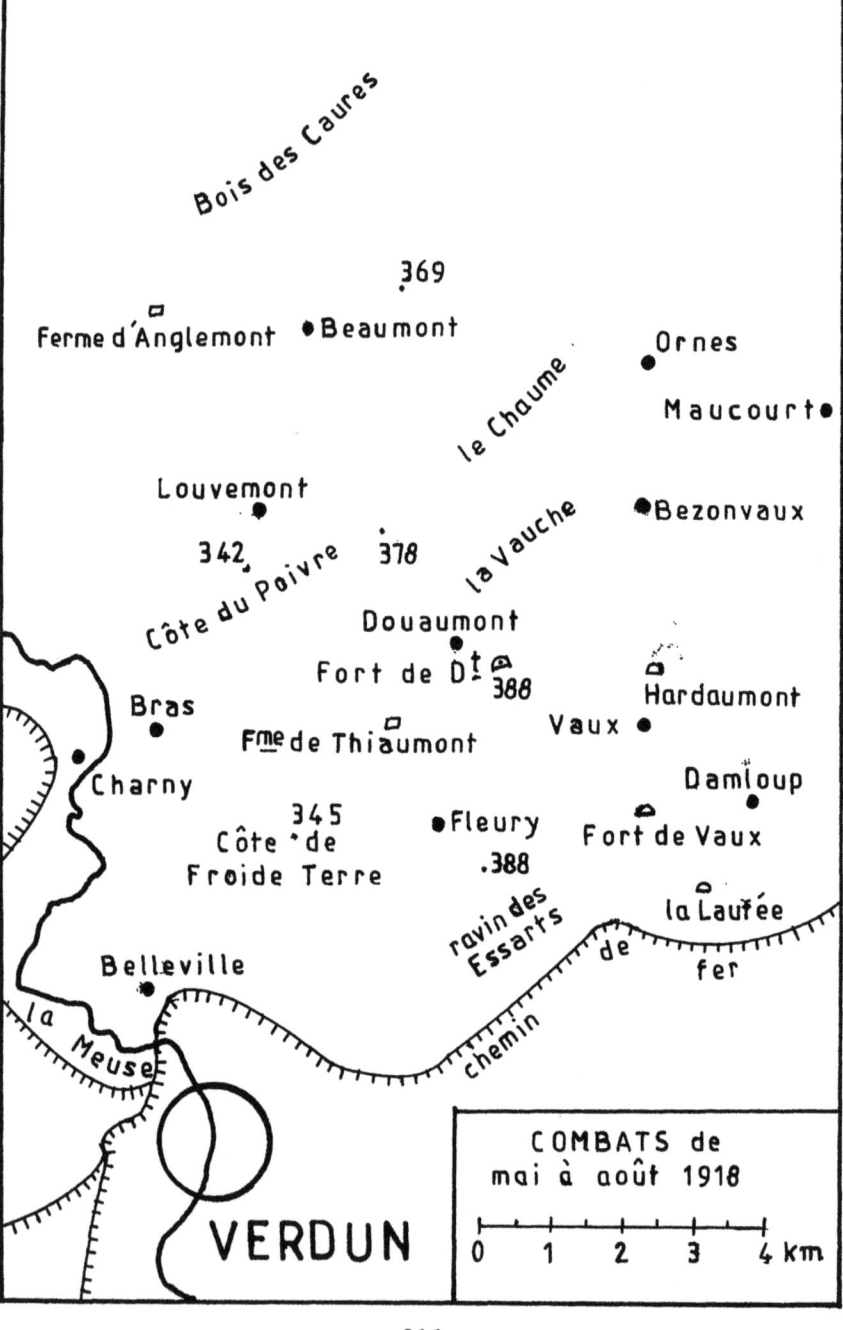

vers 1h. Nous sommes obligés d'attendre le jour. L'accès de la batterie est extrêmement difficile. Deux canons s'embourbent. Enfin à 7 heures tous nos canons sont en place. Je vais à 8 heures à Belleville à l'A.D. Nous sommes avec la 52ème D.I. Le colonel Mariaux de l'A.D. a l'air très aimable, il a connu autrefois mon oncle à Angoulême[1]. Je suis loin du monde et du bruit. Nous avons avec nous jusqu'au 18 un officier américain qui nous a fait hier une arrivée sensationnelle après une cuite formidable. Méric va régler l'après-midi à un observatoire sur la côte du Poivre. Il fait très beau. Dîner très gai, avec notre hôte américain. Nous nous comprenons dans un sabir extraordinaire, mélange d'allemand, d'anglais, de français.

16 mai 1918 - Jeudi : Rien de nouveau. Très belle journée. Calme idéal. Le commandant Bouhet vient nous rendre visite avec Mangenot. Les permissions étant portées à 8 %, je dois partir avec l'autorisation du colonel Mariaux commandant l'A.D.52. Je reçois des papiers comme un véritable chef de corps, tout méchant lieutenant que je suis.

17 mai - Vendredi : Je vais avec Méric à Belleville à l'A.D. pour demander mon exeat. Le colonel étant absent, le capitaine adjoint pense qu'il n'y aura aucune difficulté. Du reste à cette A.D. tout le monde est fort aimable. Je me prépare à partir. Temps magnifique. Forte chaleur. Dîner d'adieu à notre Yankee. Menut est toujours à hauteur de sa tâche. Je vais coucher à l'échelon que je rejoins à cheval par une nuit superbe.

18 mai - Samedi : Je pars de Lemmes avec Mangenot vers 5h. Je rencontre dans le "déraillard", du Boullay du 20ème, adjoint du colonel Bacot. Il me donne des nouvelles du régiment. Papot qui avait été adjudant puis lieutenant à la 9ème avec moi a été tué dans la Somme. Il croyait pourtant s'en tirer après ses deux blessures. Je pars de Bar-le-Duc à 9h30. Voyage plutôt tiède. Arrivée à Paris à 2h. La capitale n'a pas beaucoup changé, malgré les bombardements. Je vais voir Manon à l'Opéra-comique, ce qui me change de la musique du front.

19 mai - Dimanche : Déjeuner à la Bastille, où l'on me donne des nouvelles de la famille, puis départ pour Tours à 14h35. Arrivée à 6h30 par une journée splendide. R.D.N.

20 mai - Lundi : Tours est bondé d'Américains. On ne parle que des restrictions. Malgré tout, le moral est bon.

---

[1] Ferdinand Grison, officier d'artillerie.

27 mai 1918 - Lundi : Les Allemands ont, paraît-il, attaqué en masse entre Soissons et Reims.

28 mai - Mardi : L'attaque allemande se confirme. Nous sommes obligés de reculer au-delà de l'Aisne.

29 mai - Mercredi : Nous défendons la Vesle. Soissons est pris. Les Boches seraient à Fère-en-Tardenois.

30 mai - Jeudi : Je pars de Tours à 8h52. Arrivée à Paris vers 12h30. Je vais me renseigner à la gare de l'Est. La ligne d'Epernay est coupée. Je dois passer par Sézanne (Marne) pour aller à Bar-le-Duc. Je prends un train à 8 heures du soir. Tout va bien jusqu'à Noisy-le-Sec. Puis lenteur désespérante.

31 mai - Vendredi : A 3 heures du matin nous nous arrêtons un peu avant Esternay. Il y a 14 trains militaires devant nous. Il nous faut en attendre le débarquement. Je me trouve avec des compagnons d'infortune : un capitaine sapeur et des lieutenants d'infanterie ; nous nous approvisionnons tant bien que mal. Jusqu'à 8 heures du soir nous faisons des bonds de 300m tous les trois quarts d'heure environ. Nombreux réfugiés. Nombreux wagons vides fuyant aussi les Boches. Ceci me rappelle la bataille de la Marne. Nous voyons des blessés revenant du combat près de Château-Thierry. Enfin vers 10 heures nous nous ébranlons pour de bon. Nous filons par Sézanne et Connantre, sur Châlons puis Bar-le-Duc.

1er juin - Samedi : Arrivée à Bar-le-Duc vers 4 heures du matin. Tout y est fermé. J'erre à travers la ville en compagnie d'un sous-lieutenant d'infanterie en permission irrégulière et qui a une certaine inquiétude sur son retour. A 6 heures nous prenons le petit meusien qui me dépose à Landrecourt, vers 11h, d'où je regagne l'échelon, où je déjeune avec Coulais, Cazaillet et le docteur Beuzart. Je vois aussi le commandant Bouhet. Il paraît que nous restons à l'A.D.52 et que nous changeons demain de position pour aller dans le ravin des Vignes. Je passe chez le colonel de l'A.D.52 et je regagne la position où je retrouve la batterie en assez bon état malgré un bombardement par gaz qui a eu lieu le 26.

2 juin - Dimanche : Je vais reconnaître avec Marchegay, promu sous-lieutenant, la position de batterie que nous devons occuper. La batterie est commandée par un de nos anciens camarades de "Bleau", Clermont instructeur avec moi l'année dernière. Nous déjeunons avec le commandant Bouhet. Retour à la batterie 346. Nous nous préparons à partir. Je dîne gaiement avec Clermont, Loeillot et des officiers de l'A.D.52. La batterie arrive sans incident. Nous occupons avec une section deux emplacements dans le ravin des Vignes.

3 juin 1918 - Lundi : L'après-midi, accrochage des pièces sur un point mal défini de Douaumont, qui vaut la peine d'être visité. Le reste de la 18ème du 117ème s'en va le soir sans incident.

4 juin - Mardi : Nous passons sous les ordres d'un commandant du 102 qui remplace le commandant Bouhet. Le secteur est toujours bien calme. Il n'en est pas de même du côté de l'Aisne. Il paraît cependant que les Boches s'arrêtent.

5 juin - Mercredi : A 3 heures tir de contre-préparation. Rien de nouveau. Toujours très beau temps.

6 juin - Jeudi : Je vais régler l'après-midi en F.A.[1] sur le fameux point 31-56. Vers 22 heures tir de barrage. Excitation réciproque sans cause apparente.

7 juin - Vendredi : Calme plat toute la journée. Le soir vers 10h, encore barrage. Il semblerait que c'est une heure fatidique. Toujours aucun motif apparent.

8 juin - Samedi : Le matin visite du colonel Mariaux. Je vais reconnaître des positions de repli jusqu'aux casernes Marceau. Je déjeune chez le commandant Bouhet avec le capitaine Libois. Les Boches ont, paraît-il, envoyé des tracts dans lesquels ils annoncent leur entrée à Verdun pour demain. Nous verrons bien. Méric est désigné comme candidat instructeur à "Bleau" par l'A.D.52. On sent malgré tout un certain énervement dans le secteur.

9 juin - Dimanche : Ourbak passe capitaine. Je suis convoqué par le commandant Bouhet pour faire avec les autres commandants de batterie une reconnaissance de position de repli du côté de Verdun. Promenade

---

[1] En obus en Fonte Aciérée dont le rendement est plus faible que les obus en acier, mais la portée plus grande.

éreintante, par une chaleur étouffante. Je rentre exténué à la batterie vers 7h30. Comme tous les soirs, excitation mais non dans notre secteur. Les Boches attaquent de nouveau entre Montdidier et Noyon.

10 juin 1918 - Lundi : Je reste tranquillement à la position toute la journée. Calme complet ou à peu près complet.

11 juin - Mardi : Temps superbe mais brumeux. Les Boches avancent du côté de Lassigny mais lentement. Ce n'est plus la surprise comme au Chemin des Dames.

12 juin - Mercredi : Je règle le matin avec Marchegay du fort de Douaumont.

13 juin - Jeudi : Il doit y avoir un coup de main par la 52 du côté de Beaumont. Nous avons un certain nombre de coups à tirer dans le bled.

14 juin - Vendredi : Coup de main à 1h30 du matin. Nous tirons une centaine de coups. Méric va se faire décorer à la 13ème. Nous attendons un réglage aux avions qui ne vient pas.

15 juin - Samedi : On me demande les éléments de tir du coup de main. Les fantassins n'ont rien fait ; les Boches étaient partis. Il y aurait eu naturellement des coups courts. Je dîne le soir à la batterie fort agréablement avec le capitaine Libois et Lemmet. Retour à la batterie par une belle nuit. J'y trouve Méric et Marchegay en face de quelques cadavres de bouteilles. Coucher assez animé.

16 juin - Dimanche : Rien de nouveau.

17 juin - Lundi : Vers 1 heure du matin, agitation. Contre-préparation. Tir d'une trentaine de coups.

18 juin - Mardi : R.D.N.

19 juin - Mercredi : Il y a des coups de main en l'air pour la 52ème et la 29ème. Je vais en reconnaissance au P.C. Attila près du village de Douaumont puis à la Vauche à un P.C. de Bataillon, où je trouve Cargill et Lemmet, qui sont venus régler eux aussi en vue du coup de main. Communications extrêmement difficiles. Je ne puis régler et je reviens vers

3 heures à la batterie assez fatigué. Préparation de tir pour le coup de main de la 52.

20 juin 1918 - Jeudi : A 2h30 coup de main sans préparation préalable d'artillerie, ce qui du reste est le meilleurs moyen de réussir. Nous tirons 170 coups jusqu'à 3h1/4. Objectif : tranchées du côté du Bois-le-Chaume. Journée calme. Il paraît qu'on a fait quelques prisonniers. Dîner fort agréable à la batterie avec Manciaux commandant la 21ème du 102 et Quiquemelle la 19ème du 102 et ses lieutenants. Menut est toujours à hauteur[1].

21 juin - Vendredi : Méric part en permission. Notre champ de tir doit s'étendre jusqu'à la Meuse. Je reste toujours à l'A.D.52. L'après-midi, je suis pris de douleur au ventre qui me talonnent toute la nuit.

22 juin - Samedi : Je reste vaseux toute la journée. Temps froid. Il pleut.

23 juin - Dimanche : R.D.N.

24 juin - Lundi : Toujours calme plat. Bridge avec la batterie 419. Quiquemelle s'en va à Charny occuper une position de batterie. Manciaux est déjà parti à 346, notre ancienne position, de sorte que nous allons rester absolument seuls dans le ravin des Vignes.

25 juin - Mardi : Très beau temps. Le commandant Pellier quitte Villers pour MFr ancien P.C. de division d'infanterie. Du reste, il y a dans tout le secteur un mouvement marqué vers l'arrière.

26 juin - Mercredi : Nous restons seuls dans le ravin des Vignes. Ordre de tir de destruction en vue d'un coup de main. Je vais à MFr voir le commandant.

27 juin - Jeudi : Marchegay part à 1 heure du matin pour un observatoire (cote 374). Tir de destruction de réseaux de fil de fer l'après-midi.

28 juin - Vendredi : Nouvelle brèche du côté de Beaumont l'après-midi. H = 23h25. Nous avons tiré environ 400 coups.

---

[1] Menut est le cuisinier.

29 juin 1918 - Samedi : Les fantassins ont fait des prisonniers et occis bon nombre de Boches. Des Américains viennent voir la batterie 419 pour l'occuper un jour ! On parle de départ de la 29. Je suis assez fatigué en l'honneur de la Saint-Pierre.

30 juin - Dimanche : Je vais l'après-midi rendre visite à la 13ème et à la 15, où je trouve le capitaine Libois, Munsch et Cargill.

1er juillet 1918 - 29 juillet 1919
Quorum pars infima fui

1er juillet 1918 - Lundi [1] : Visite du colonel Mariaux avec les officiers américains, qui viennent occuper la position voisine avec des pièces de 8 pouces. On parle d'un nouveau coup de main de la 52.

2 juillet - Mardi : Je suis toute la journée à la disposition des Américains. Je vais les faire régler à Douaumont toujours sur le fameux point 31-56. Les Boches arrosent les environs de la 1ère section avec du 77 (allongés).[2] Aucun dégât. Les Américains règlent avec avion non sans peine. Coup de main du côté du Chaume à 23h15.

3 juillet - Mercredi : Malgré nos tirs, le coup de main n'a pas réussi ; aucun prisonnier. Nouvelle visite du colonel. Il faut que les Américains règlent et fassent des tirs de destruction. Il fait trop de vent pour les avions. Marchegay les accompagne de nouveau à Douaumont. Je fais de nombreux réglages, toujours en vue de coups de main futurs. Nous offrons à nos alliés le champagne avant leur départ. Nous nous quittons très cordialement. Triste fin de journée, j'apprends la mort subite de ma tante Madeleine, décédée le 29 juin[3]. Que de deuils dans la famille depuis la guerre !

4 juillet - Jeudi : On se prépare à une attaque éventuelle des Boches sur la rive gauche. Nous irions, paraît-il, prendre position de ce côté. Je vais l'après-midi à MFr voir Quiquemelle, qui me donne quelques tuyaux à ce sujet. A 18h, je reçois l'ordre du commandant Bouhet de me tenir prêt à partir dans la nuit. A 23h10 coup de main de la 52 au même endroit que le 28 juin. Nous tirons une centaine de coups.

---

[1] A cette date, commence le sixième et dernier carnet de guerre de l'auteur.

[2] Obus en acier de forme allongée ayant un bon rendement.

[3] Madeleine Gerbaud, femme du docteur René Petit, décédée à l'âge de 38 ans.

5 juillet 1918 - Vendredi : Il est certain que les Boches ont réglé un peu partout dans la région ces jours-ci. Nouveaux dispositifs en cas d'attaque. Je vais de nouveau l'après-midi à MFr. On semble inquiet en hauts lieux. Nuit calme malgré tout. L'aumônier déjeune avec nous.

6 juillet - Samedi : Journée calme. Je vais à la 13ème et je vais avec le capitaine Libois voir le commandant Bouhet, qui n'a reçu aucun ordre ferme, à mon sujet. C'est moi au contraire qui lui confirme que je retourne au groupe en cas d'attaque. Nous devons aller en reconnaissance avec le capitaine Libois. A la 15ème batterie, tous les officiers ont la grippe. Munsch est même à l'hôpital.

7 juillet - Dimanche : Nous partons à 7h1/2 au P.C. du groupe avec le capitaine Libois en reconnaissance. La voiturette de la S.M.A. est vraiment sympathique. On comprend que le commandant s'y trouve si bien. Nous reconnaissons au nord-est de Fromeréville des positions éventuelles en cas d'avance sur la rive gauche. Nous sommes de retour vers midi. Très agréable déjeuner à la 13ème. Virlogeux est de retour. Chaude journée.

8 juillet - Lundi : R.D.N. On est sur le qui-vive. Nombreux tirs à préparer en prévision toujours d'une attaque.

9 juillet - Mardi : Nuit très calme dans la région. Le soir nous apprenons que la 52ème division d'infanterie s'en va sans être remplacée. Le groupe Pellier s'en va lui aussi. Il paraîtrait qu'une batterie du 102 serait relevée par une du 136.

10 juillet - Mercredi : Ce serait Ourbak qui viendrait en 388 dans le ravin des Graviers. Finalement ordre, contre-ordre. Quiquemelle avec qui je déjeune à MFr compte partir demain matin à 8h. Méric est de retour de permission.

11 juillet - Jeudi : Nous revenons avec le commandant Bouhet. Le capitaine Libois va occuper notre ancienne position 429. Nous ne gagnons pas à revenir à la 29ème D.I. Nous recevons l'ordre suprême de mettre nos pièces en plein champ pour battre un front de 360 degrés !! avec une hausse minima de 1 km. C'est superbe. Marchegay a la grippe.

12 juillet - Vendredi : Méric et Lemmet règlent de Douaumont dans la matinée. Ourbak et Munsch qui sont à 388 viennent nous rendre visite. L'état-major est malade. C'est lui du reste qui a passé la grippe à Marchegay, lequel va me la donner, car je ne suis pas à mon aise. Notre ravin se repeuple ; une batterie de 155 court de Baugé[1] vient à côté de nous à 419.

13 juillet 1918 - Samedi : J'ai eu la fièvre toute la nuit. Je suis assez à plat toute la journée.

14 juillet - Dimanche : Ma grippe se calme. Le soir je puis dîner avec Méric et Marchegay.

15 juillet - Lundi : Nous apprenons le déclenchement de l'offensive depuis Château-Thierry jusqu'à la Main de Massiges[2]. Il semble qu'ils n'aient guère réussi. Je vais l'après-midi chez Ourbak et à l'EM qui s'installe à côté de lui.

16 juillet - Mardi : R.D.N. J'ai la visite des camoufleurs. Je crois que tout finira par se tasser et qu'il me sera inutile de mettre mes pièces sur la crête comme le 75. Le capitaine Libois vient nous voir.

17 juillet - Mercredi : La grippe fait des progrès à la batterie. Méric est pris à son tour. Je vais jusqu'à la 13ème où je bavarde avec Lemmet et le capitaine Libois.

18 juillet - Jeudi : Le docteur et l'aumônier viennent déjeuner avec nous. Je vais reconnaître un poste de guet du côté de l'ouvrage de Thiaumont.

19 juillet - Vendredi : Je pars avec Marchegay vers 7h. Nous allons à un observatoire du 55 près de l'ouvrage d'Hardaumont. Vue superbe sur la Woëvre[3]. Je règle sur des cornes de bois du côté du Grand Chêne. Retour assez chaud par un temps splendide.

20 juillet - Samedi : Il pleut enfin. Vent terrible. Je passe ma soirée à la 15ème.

---

[1] Mot incertain.

[2] La Main de Massiges est un plateau au nord du village de Massiges, près de Sainte-Menehould, de 191 mètres d'altitude, en forme de main.

[3] Région naturelllle située à l'est de la Meuse et au nord de Verdun.

21 juillet 1918 - Dimanche : Messe de l'aumônier à la batterie. Je déjeune chez le capitaine Libois. Je passe l'après-midi à la 13ème et à la 15ème. Gai dîner à la batterie avec nos voisins du 10ème à pied, Lemmet et de Brion du 55.

22 juillet - Lundi : Je vais avec le capitaine Libois et Franco reconnaître un observatoire sur la Côte du Poivre. Je repasse par le ravin des 3 cornes où je dois installer demain pour un jour une pièce qui doit tirer 50 coups, pour donner l'illusion aux Boches d'une position occupée. Il fait très chaud. J'apprends la mort du petit Frédéric Kirchner[1], tué dans la dernière offensive dans l'infanterie. C'est vraiment un modèle de bravoure ; malheureusement beaucoup de son âge ne lui ressemblent guère.

23 juillet - Mardi : Départ de la 1ère pièce. Franco et Marchegay règlent du côté du Bois des Caures. Il pleut à verse tout l'après-midi.

24 juillet - Mercredi : A minuit cinquante, coup de main du 165 sur la tranchés du Chaume. Nous tirons une cinquantaine de coups.

25 juillet - Jeudi : Coup de main du Groupement Meuse à 0h28 sur la Ferme d'Anglemont. Nous tirons une centaine de coups.

26 juillet - Vendredi : Le temps s'écoule lentement. Je fais des visites aux autres batteries du groupe. Dîner plantureux chez Ourbak avec Méric et le docteur. Le tout suivi d'un soupé assez original, ce qui nous pousse jusqu'à 2 heures du matin. Nous revenons à la batterie par une pluie battante qui nous rafraîchit les idées.

27 juillet - Samedi : R.D.N. Je déjeune à la 13ème batterie. Virlogeux est de retour de permission.

28 juillet - Dimanche : Coup de main du 3ème sur le chemin creux de Beaumont. Nous tirons une soixantaine de coups à minuit un quart.

29 juillet - Lundi : Je passe la journée à l'échelon. Je déjeune avec Coulais et Cazaillet. J'ai des nouvelles du 20ème. La 17ème vient de quitter la région. Le colonel Bacot commande maintenant le 220.

---

[1] Orthographe incertaine.

30 juillet 1918 - Mardi : Je vais rendre visite à Ourbak qui a une magnifique collection de photos artistiques (genre spécial pour Bigors) [1].

31 juillet - Mercredi : A 2h35 nous faisons un tir de surprise à obus spéciaux sur des mineurs dans le ravin du Bois des Caures. Les Boches ne ripostent toujours pas sur les Batteries. Il est certain qu'ils ont autre chose à faire. Nous avançons, toujours au nord de Château-Thierry. Nous les avons bien possédés pour une fois.

1er août - Jeudi : R.D.N.

2 août - Vendredi : Le commandant m'invite à déjeuner avant son départ en permission. Mauvais temps. L'état-major est maintenant réduit à sa plus simple expression. Pierron vient de partir à Saumur avec les Américains. Giaume est en permission exceptionnelle et Michelot suit un cours. Il est vrai que c'est le calme le plus complet. On parle de relève, mais sans conviction.

3 août - Samedi : Nous rendons à Ourbak et Munsch leur dîner de l'autre jour. Ourbak débite son répertoire accompagné par un de ses camarades du 55 Moussié doué d'une voix de tête assez originale. Le capitaine de Brun notre voisin du 10ème R.A.P. ne connaissait pas encore ces divers talents de société. Après nous être assurés de la liaison entre l'A.L.D. et l'A.C.D.[2] nous nous séparons sans incidents. Le Boche est fort calme cette nuit-là. On ne se croirait vraiment pas à la guerre.

4 août - Dimanche : A 9h30 messe de l'aumônier à la batterie. Il déjeune avec nous. Nous tuons le temps en jouant à la manille. Je reconduis l'aumônier jusqu'à l'EM qui me retient à dîner. Cette fois les Boches battent en retraite. Nous arrivons à la Vesle. La ligne de Nancy est dégagée. Vers 10h30 excitation dans le secteur. Les Boches commencent à tirer, nous répondons et ainsi de suite jusque vers 1 heure du matin. La batterie tire une cinquantaine de coups.

5 août - Lundi : Le capitaine Libois nous invite à déjeuner à l'état-major, Méric et moi. Nous y retrouvons Ourbak, Munsch et Virlogeux. Agréable et somptueux repas, oeuvre de Devallière, le popotier modèle.

---

[1] Bigors est l'appellation de tradition donnée aux artilleurs coloniaux devenus ensuite artilleurs de marine.
[2] Artillerie lourde divisionnaire et artillerie de campagne divisionnaire.

Nouvelle pièce de 220 sur caterpilar ; elle fait ses essais dans le ravin des Vignes.

6 août 1918 - Mardi : Marchegay va passer la journée à Bar-le-Duc, heureuse inspiration car le temps est épouvantable. Mangenot vient nous voir dans la matinée. Je l'accompagne à la 13ème où Virlogeux se trouve seul, Lemmet venant de perdre son frère tué à l'ennemi. L'après-midi, je vais avec Franco et Lestrade reconnaître un emplacement de pièce isolée dans le ravin des Essarts. Temps épouvantable. Le climat de ce pays est vraiment peu agréable avec ses sautes brusques de température.

7 août - Mercredi : R.D.N.

8 août - Jeudi : La batterie à pied de 155 notre voisine, quitte le secteur ; le personnel est remplacé par des crapouilloteurs[1].

9 août - Vendredi : Bruit de départ, toujours sans fondement.

10 août - Samedi : Je vais avec Michelot et Devallière par un temps splendide jusqu'à l'observatoire de la Laufée.

11 août - Dimanche : R.D.N. Je vais à l'E.M. et à la 13ème batterie, puis à Douaumont. Virlogeux déjeune avec nous.

12 août - Lundi: La 4ème pièce va dans le ravin des Essarts. Réglage plutôt pénible par observation bilatérale de la Laufée et de Douaumont. Nous tirons malgré tout une cinquantaine de coups sur un carrefour de Maucourt et sur un ouvrage boche ! Ouvrage du Diable !

13 août - Mardi et *14 août - Mercredi* : R.D.N.

15 août - Jeudi : Je vais à la messe à la 13ème. Michelot déjeune avec nous. Partie de poker. L'aumônier passe la soirée et dîne avec nous ; la batterie de 155 quitte les positions.

16 août - Vendredi : Cette fois nous partons. L'ordre vient d'arriver. La 18ème division d'infanterie nous remplace. Je ne serai pas fâché de quitter le ravin des Vignes.

---

[1] Terme d'argot militaire pour nommer les servants d'un crapouillot, petit canon utilisé notamment dans la guerre de tranchées.

17 août 1918 - Samedi : Ordre de relève. Nous sommes remplacés par un groupe de Saint-Chamond du 109. Les Boches semblent plus nerveux que de coutume.

18 août - Dimanche : Messe de l'aumônier à la batterie. Arrivée des officiers du 109 pour la reconnaissance. Nous sommes relevés par un jeune sous-lieutenant commandant provisoirement sa batterie. Il nous donne des tuyaux sur la bataille de la Marne d'où vient la 18ème division d'infanterie. J'ai la chance de rencontrer le capitaine Viel qui commande pour le moment un groupe du 33. Nous évoquons ensemble de vieux souvenirs du 20ème et il me donne d'intéressants détails sur la bataille de la Marne. Il est enfin décoré, il lui a fallu être blessé pour avoir enfin la croix, qu'il aurait pu avoir déjà en 1914 à Ypres. A 21 heures une pièce de chaque section quitte la position sans incident.

19 août - Lundi : Les Boches sont agités. L'après-midi, reconnaissance de l'observatoire de Douaumont. Pendant ce temps les deux sections commencent à être marmitées[1] par du 15. Nous assistons, en revenant, à ce bombardement que nous ne croyions pas si près de la batterie. Deux obus ont été littéralement posés, l'un devant notre cuisine, l'autre devant la nouvelle cagna dont le mur est complètement défoncé, ainsi que nos planchettes et quelques papiers. Le bombardement continue jusqu'à 8h, ce qui commence à être inquiétant pour la relève. Enfin les Boches ont le bon goût de nous laisser partir en paix par une nuit superbe. Nous gagnons le camp Davout dans les Bois de Nixéville où nous devons cantonner demain.

20 août - Mardi : R.D.N. Chaleur torride. Nous restons toute la journée au camp Davout. Départ à 21 heures pour Heippes où nous arrivons vers minuit.

21 août - Mercredi : On étouffe littéralement. Nous passons agréablement la journée en compagnie du capitaine Libois et de la 13ème. Nous buvons force bière. Départ de Heippes à 21h30. Etape assez chaude, même la nuit, par Mondrécourt, Deuxnouds, Amblaincourt, Beauzée-sur-Aire et Pretz-en-Argonne, notre cantonnement où nous arrivons vers 2 heures du matin.

---

[1] Terme d'argot militaire signifiant bombarder par des obus de 15 centimètres, calibre de l'artillerie lourde allemande.

XIV

Bataille de l'Aisne vers Soissons et le Moulin de Laffaux (août et septembre 1918)

22 août 1918 - Jeudi : Le cantonnement n'est pas mauvais mais la chaleur est toujours étouffante. Marchegay, Ourbak, Cargill vont à Bar passer l'après-midi. Nous apprenons ce soir notre départ demain pour Naives. Je crois que nous ne nous efféminerons pas au repos.

23 août - Vendredi : Nous nous préparons à partir. Que va-t-on faire de nous ? On prétend que nous irons du côté de Roye. C'est bien possible. De toute façon nous allons embarquer du côté de Bar-le-Duc. Départ de Pretz à 11 heures du soir.

24 août - Samedi : Etape assez longue par Sommaisne, la Vaux-Marie, Erize-la-Petite, Erize-la-Grande, Rosnes, Erize-la-Brûlée. Nous devons embarquer demain dans l'après-midi. Je vais à Bar-le-Duc avec Ourbak et Cargill.

25 août - Dimanche : Nous embarquons à 15 heures à Longeville, près de Bar, sans incident. Où allons-nous ? Les bruits les plus divers courent. Nous sommes dirigés sur Pantin. Nous passons par Château-Thierry, Meaux.

26 août - Lundi : A Pantin, où nous arrivons vers 5h, on nous dirige du côté de Chantilly à Chevrières près de Pont-Sainte-Maxence. Nous débarquons à contre-voie. Itinéraire long par suite des sens de circulation par Pont-Sainte-Maxence, Pontpoint, Moru. Nous arrivons vers 5h1/2 à Roberval charmant petit village où hommes et chevaux pourront se reposer, si on veut bien nous y laisser quelques jours. Nous sommes en réserve d'armée, il faut nous attendre à décamper à tout instant.

27 au 29 août : Notre séjour à Roberval n'aura pas été de longue durée. Nous partons le soir à 8 heures en direction de Soissons. Etape longue et fatigante à travers la forêt de Compiègne. Nous arrivons au petit jour à Pierrefonds. Nous sommes au bivouac dans la forêt. Départ à 9 heures du soir, cette fois pour le front. Etape éreintante à travers la forêt de Villers-Cotterêts. Nous arrivons enfin à Vaux-Castille, petit hameau abandonné où nous restons quelques heures. Reconnaissance vers 3 heures du soir, les batteries nous suivent. Mise en batterie en plein jour près du village de Sept-monts. Le secteur semble assez calme. Méric passe à l'A.D.29.

30 août 1918 - Vendredi : Je passe la matinée à un observatoire près d'une crête derrière le village de Billy-sur-Aisne. Accrochage de la batterie sur la Ferme de la Montagne. L'infanterie se prépare à passer l'Aisne. Je rentre à la batterie vers 14h. Tir de destruction sur la crête de Chivres vers 16h, 200 coups pour le groupe. Nombreux tirs toute la nuit, car l'attaque est prévue pour demain. Nous tirons sur le village de Chivres de minuit à 2 heures du matin.

31 août - Samedi : Brume : l'attaque est sans doute reportée à une autre date, l'avance du côté de Crouy n'étant pas suffisante. Matinée très calme. Vers 16 heures nous envoyons quelques coups sur Bucy-le-Long. Ourbak me règle sur le clocher de Chivres. Nous sommes à côté de la 15ème. Beau temps. L'endroit où nous sommes n'est pas désagréable. Les Boches arrosent de temps en temps la route de Septmonts à Billy, près de laquelle nous nous trouvons. Tir de harcèlement de 22 heures à minuit sur Chivres.

1er septembre - Dimanche : Journée calme. A 11 heures concentration sur une batterie boche. Marchegay va à l'observatoire l'après-midi. Le voilà maintenant lieutenant en premier car Méric n'a fait que passer à l'A.D. et est maintenant instructeur à Joigny. Me voilà assez réduit. Le jeune Marchegay est pris heureusement d'une sainte ardeur. Nous nous en tirerons, j'espère. Vers 2h, ordre de se tenir prêt à partir. Sans doute nous allons attaquer ailleurs. Du reste les communiqués sont toujours bons. Le Mont Kemmel et le Mont Saint-Quentin sont repris, Noyon presque encerclé. Nous quittons la position vers 11 heures du soir ; nous allons cantonner à Chacrise où se trouvent les échelons.

2 septembre - Lundi : Nous restons toute la journée à Chacrise, en attendant notre départ pour le nord de l'Aisne. Départ du groupe à 18h30.

3 septembre 1918 - Mardi : Longue étape par Hartennes et Taux, Chaudun, Missy-au-Bois, Saconin, Vaux, Mercin. Nous passons l'Aisne à Pommiers et nous arrivons au petit jour à Courtil, où nous bivouaquons au bord de l'Aisne. Reconnaissances à midi. Nous relevons la 59ème division d'infanterie ; le commandant commande une somptueuse A.L.C.[1] avec 280 et 280. Le capitaine Libois commande le groupe. Nous mettons en batterie dans le ravin de Chavigny à la nuit sans incident. Les Boches ne tirent pas beaucoup, on les pousse du reste assez vivement. Nos fantassins viennent d'attaquer entre Braye et Leury.

4 septembre - Mercredi : L'attaque continue. Accrochage par le ballon aux environs de Clamecy vers 11h, suivi d'un tir de destruction sur ce village. Nombreux tirs tout l'après-midi, nous tirons en fin de journée sur Margival, nous avançons, semble-t-il. Nuit calme.

5 septembre - Jeudi : Bonne situation dans le secteur. Bucy-le-Long et Le Moncel sont pris. Nous recevons l'ordre de ne pas tirer de peur d'atteindre l'infanterie qui progresse toujours. A midi reconnaissance avec le capitaine Libois du côté de Leury et de la ferme de Beaumont. Positions médiocres d'accès difficile. Je rentre à la batterie, contre-ordre, le groupe doit prendre position du côté de Margival. Le capitaine Libois part seul en reconnaissance. Toute la batterie vient au bivouac près de la position. Vers 10 heures ordre de partir pour mettre en position à l'endroit que nous avons reconnu.

6 septembre - Vendredi : Départ à minuit. Route difficile. Nous sommes embouteillés par des tanks. Enfin nous arrivons avant le jour dans le ravin de Beaumont empesté de gaz. Nous parvenons à monter nos canons sur le plateau non loin de Terny. Arrosage d'obus de 13 cm. Quelques obus heureusement. Des officiers du 11ème d'artillerie nous offrent généreusement l'hospitalité. Accrochage par ballon sur le fameux moulin de Laffaux, non sans difficulté, car c'est l'objectif de toute la batterie. On aurait avancé mais en fin de compte nous sommes toujours devant le mont de Laffaux. Tirs de nuit sur la ferme Saint-Guilain et Allemant. Les Boches sont assez agités.

7 septembre - Samedi : Réglage par ballon sur le moulin de Laffaux, suivi de tirs sur des tranchées aux environs. Le coin en est en effet couvert. La nuit, tir de harcèlement à l'arrière de Laffaux. Il pleut.

---

[1] Artillerie lourde avec canons de 280.

Cartes d'Etat-Major n°7 et 33. Archives de l'Institut Géographique National. Autorisation n°90-9019.

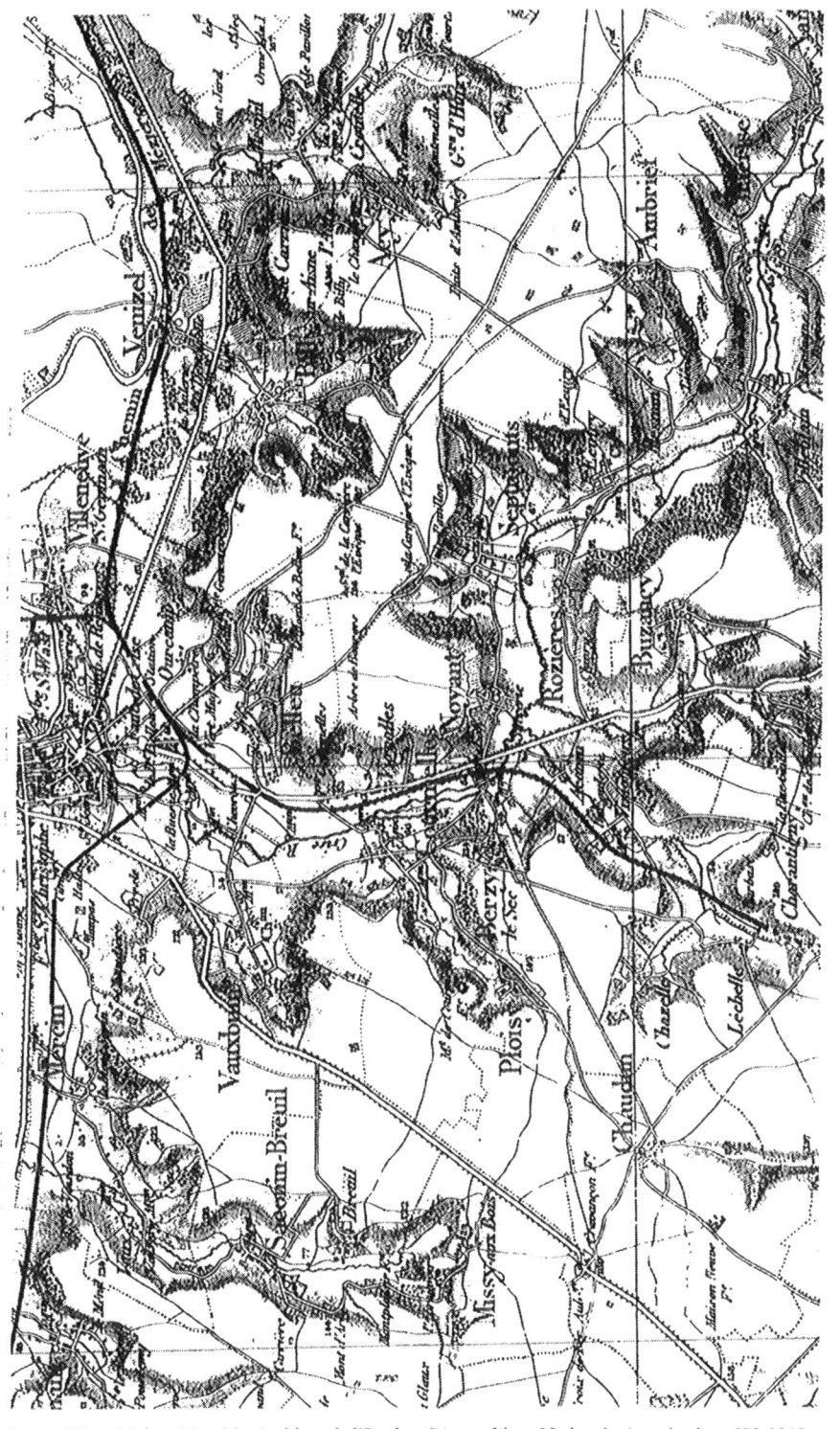

Cartes d'Etat-Major n°7 et 33. Archives de l'Institut Géographique National. Autorisation n°90-9019.

8 septembre 1918 - Dimanche : Matinée calme. Mais vers 10 heures le commandant Bouhet accourt au PC du capitaine Libois nous donner des ordres au sujet d'une attaque générale qui doit avoir lieu incessamment. Le groupe a à détruire tout un réseau de tranchées aux environs du moulin de Laffaux. Il faut à tout prix les voir, ce qui est un peu difficile car notre objectif se trouve derrière la crête et les ballons et avions ne peuvent rien voir à cause du mauvais temps. Marchegay accroche avec peine car la ligne du groupe est assez réfracteur pour nous. Brume assez épaisse. Nous n'en tirons pas moins une centaine de coups sur la tranchée du Rouge gorge, nom bien poétique pour le bled qu'elle représente. Enfin à la nuit tout se tasse, il pleut du reste assez fort. Tir de harcèlement derrière le Mont de Laffaux.

9 septembre - Lundi : Marchegay part de bonne heure à l'observatoire de la cote 172. Nous arrivons enfin à régler nos quatre pièces, grâce à une ligne directe que nous avons posée. Je reste à la batterie où j'ai fort à faire car Franco mon chef des pièces est parti comme instructeur de la classe 20. La batterie commence à se vider. Nous tirons comme des sourds sur des tranchées, invisibles du poste d'observation. Naturellement ni lots de poudre homogènes ni sondage[1]. Que diraient les professeurs d'Arcis !!! Toujours pas d'heure H. L'attaque doit être remise à un autre jour.

10 septembre - Mardi : Il pleut vent très fort. Aucun réglage possible par ballon ou avion. Malgré tout, tirs de destruction sur la tranchée de Fruty. Marchegay règle sur le moulin de Laffaux. Nous tirons encore dans les 300 coups avec tous les tirs de harcèlement. Le service des munitions fonctionne bien mal. Nous n'avons ni les fusées ni les charges qui conviennent.

11 septembre - Mercredi : Matinée calme par suite du mauvais temps. Toujours de nouveaux tirs de destruction sans aucun contrôle par avion ou ballon. Je vais à l'observatoire. Ordre de ne pas tirer : il y aurait eu des coups courts. Je commence le réglage. Nouvel ordre de ne pas tirer, je ne sais pourquoi. Je crois que l'attaque est remise aux calendes. L'autre groupe de 155 s'en va. La nuit, tirs de harcèlement français et boches.

12 septembre - Jeudi : Munsch vient nous rendre visite. Mêmes ordres de tir qu'hier. Toujours pas de fusées convenables. Il pleut.

---

[1] Renseignemetn météorologiques, afin de rectifier les éléments de tir.

Nouveau tir de destruction sur la tranchée de Fruty. Je vais à l'observatoire régler les pièces, ce qui n'est pas chose aisée. Toujours nombreux tirs de nuit.

13 septembre 1918 - Vendredi : Programme d'attaque pour demain matin. Il s'agit d'enlever le moulin de Laffaux et les crêtes derrière jusqu'à Vaudesson. Tirs de harcèlement toute la journée et toute la nuit. Je dîne à la 13ème à la Ferme Beaumont. Grottes superbes.

14 septembre - Samedi : A 5 heures commencement des tirs. Malheureusement deux pièces indisponibles. De 5 heures à 5h40 nous n'en balançons pas moins une centaine d'obus asphyxiants. H = 5h50. Nous tirons copieusement. L'affaire marche bien. Le moulin est enlevé. Toutes les tranchées sur lesquelles nous avons tiré sont nivelées et franchies. Décidément la 29ème se relève. L'attaque est menée par le 165 et les Fusillers marins. A 9h, reconnaissance avec le commandant du côté de Margival. Peu de positions favorables. Finalement nous choisissons avec Ourbak une position côte à côte mais il reste à reconnaître l'itinéraire. Rentrée à Leury au PC vers 13h. Nouvelle reconnaissance avec Ourbak. Nombreux prisonniers, nous rencontrons un colonel boche avec tout son état-major. A notre retour, nous apprenons que les batteries restent en place jusqu'à nouvel ordre car on craint une contre-attaque, la D.M.[1] a bien avancé jusqu'à Allemant mais la droite n'a guère bougé. Je reviens à la batterie exténué. Nuit agitée, tir sur tir, on est sur le qui-vive.

15 septembre - Dimanche : Nous restons pour le moment à notre position du ravin de Beaumont. Nous tirons toujours du côté de la Ferme Saint-Guilain. Très belle journée. Je vais l'après-midi avec Munsch achever la reconnaissance de la position du côté de la Ferme Montgarni. Chaleur étouffante. Finalement la 13ème et la 15ème batterie mettent en batterie ce soir ; quant à nous, nous attendons jusqu'à demain soir. L'aumônier vient partager notre dîner. Toujours nombreux tirs de nuit.

16 septembre - Lundi : Il doit y avoir attaque par la division de droite. Nous tirons toujours sans compter. Ainsi finalement, me reste-t-il un canon en état de tirer, les trois autres sont envoyés à l'atelier de réparation. Nous changeons ce soir de position. La D.M. est relevée à notre gauche. Départ de la batterie vers 19h30. Nous passons par Terny et la route de Margival. Mise en batterie sans trop de peine. Nous trouvons

---

[1] Division de marche.

un petit abri à côté de la 15ème notre voisine. Les Boches arrosent dans la nuit assez copieusement la région avec du 105 long.

17 septembre 1918 - Mardi : Nous nous installons. Naturellement il faut avant tout s'accrocher. La question des observatoires est difficile à résoudre. Virlogeux en a reconnu un du côté du carrefour de Laffaux d'où l'on voit quelques points ; mais l'observatoire rêvé, paraît-il, au dire de la D.I., serait les carrières de Fruty au bataillon avec liaison plus ou moins superbe. Aussi faut-il envoyer un officier là-bas. C'est Marchegay qui va ouvrir la marche. Rien de particulier dans la journée. Quelques tirs de harcèlement. Nous nous installons. La 13ème a encore trouvé une position superbe, qui n'est nullement celle qu'on m'avait offerte le 14. Le soir nombreux tirs dans la région de Vaurains et Saint-Guilain. La division d'infanterie de droite a progressé, paraît-il. La 15ème batterie a un canon qui saute.

18 septembre - Mercredi : Tir habituel des Boches dans la région vers 4 heures du matin du côté de la route de Terny. Il pleut. Marchegay part de bonne heure pour les carrières de Fruty. Je déjeune chez Ourbak et Munsch. Tirs de harcèlement. Toujours du côté de Saint-Guilain en vue d'une attaque de la D.I. de droite. Nombreux avions boches qui brûlent nos saucisses[1] sans être gênés. Marchegay revient de la carrière d'où il n'a rien vu. Du reste c'était un essai loyal. Ce P.O. est finalement supprimé.

19 septembre - Jeudi : Je vais avec Munsch à l'observatoire du groupe sur la crête de Laffaux. L'itinéraire est long et pénible surtout par la boue qu'il fait. Naturellement impossible de régler, la ligne étant constamment coupée. J'y reste pour voir un peu le passage. Les Boches n'ont pas l'air de s'en faire. Les avions nous survolent et nous mitraillent à faible hauteur. Je reviens vers midi à la batterie avec le capitaine Libois. Journée calme. Nous tirons à peine. Bridge chez Ourbak. Il semble qu'on veuille organiser le secteur, plutôt qu'attaquer. Nous tirons juste 10 coups dans la journée.

20 septembre - Vendredi : Journée calme. Nous réglons l'après-midi du côté de la fameuse tranchée du Lézard. Il semble que le secteur s'organise. La batterie du 220 et celle du 155 qui nous était adjointe s'en vont. Nous restons seuls à la division. Il fait froid. Je suis pris de coliques. L'aumônier dîne avec nous mais ne me trouve pas de très bonne humeur.

---

[1] Ballons captifs d'observation.

Malgré tout, bridge à cinq avec la 15ème batterie jusqu'à minuit.

21 septembre 1918 - Samedi : Bombardement quotidien. Bridge quotidien. Nous tirons quelques obus. Les artilleurs boches sont toujours assez excités, ainsi que les aviateurs, surtout la nuit.

22 septembre - Dimanche : Nous tirons de moins en moins. Il n'en est pas de même des Boches. Vie monotone. La grippe sévit à la batterie malheureusement ; sur les gradés surtout.

23 septembre - Lundi : Rien de nouveau. Bombardement quotidien.

24 septembre - mardi : Journée assez agitée. A la nuit tombante, les avions boches jettent de nombreuses bombes sur l'arrière.

25 septembre - mercredi : De 2 heures à 6 heures du matin très violent bombardement du ravin derrière nous. Obus à gaz et explosifs, tout y est. Les Boches ont attaqué la division à notre gauche sans résultat, paraît-il. A part quelques obus dans la journée, tout est calme. Cargill est de retour de permission. Le capitaine Libois le remplace. Ourbak a le cafard et une entérite qu'il couve soigneusement. Malgré tout, bridge.

26 septembre - Jeudi : Marchegay ne parle que de sa permission prochaine et tourne en rond toute la matinée. Nous tirons quelques coups de canon. Dans la nuit, violent bombardement du ravin par obus toxiques. Nous sommes obligés de mettre le masque une partie de la nuit.

27 septembre - Vendredi : Journée très calme. Quelques tirs de harcèlement. Le soir à 18h, attaque de la division de droite du côté de l'Ange gardien[1]. Nous tirons une cinquantaine de coups sur la Ferme Vaurains. Pas de réaction boche dans notre région. Nuit très calme.

28 septembre - Samedi: Les fantassins n'ont rien trouvé devant eux. Nous allongeons notre tir. Finalement nous cessons le feu complètement. A midi nous partons en reconnaissance avec le chef d'escadron. Il pleut, reconnaissance pénible dans le ravin des Gobincans, pour ne trouver que des routes impraticables et des positions défoncées. Nous passons par les carrières de Fruty où nous trouvons de vagues emplacements de batterie. Les Boches envoient des obus à gaz et nous

---

[1] Nom d'une ferme au sud de Vaurains (cf carte au 80 000ème).

forcent à mettre le masque dans un certain ravin (ravin de la déroute). Nous revenons exténués au PC du commandant.

29 septembre 1918 - Dimanche : Nouvelle reconnaissance avec Mangenot et Virlogeux, Ourbak se mettant en position près des carrières de Fruty, PC de l'EM. Nous allons du côté de Vaudesson où nous trouvons une position assez avancée, pour le moment inoccupable faute de route en état. Nous revenons par Allemant à Fruty où nous rendons compte au commandant de ce qui en est. Je rentre à la batterie où je trouve Cargill, qui remplace Marchegay sur le point de partir en permission.

30 septembre - Lundi : Je vais à cheval avec Cargill jusqu'à la nouvelle position où des hommes de la batterie commencent à aménager des emplacements de pièce sous la direction de Rongiès et Arpizon. De retour à la batterie, nous apprenons que les Belges avancent du côté d'Ypres, région bien connue du 9ème C.A., que Cambrai est encerclé et que la Bulgarie va traiter. Allons tout va bien. Il faut aller jusqu'au bout et accepter toutes les fatigues. Virlogeux et Lemmet ont la grippe. La 13ème doit prendre position près de la 15ème. Ourbak commande une batterie de six pièces !

1er octobre - Mardi : Nous nous reposons toute la matinée Cargill et moi. Rongiès va à la position. Il paraît que nous n'y serons pas seul : un groupe de 75 et une batterie du 118. Je vais voir le commandant à Fruty pour régler toute cette question. Finalement nous allons mettre en batterie ce soir à l'endroit reconnu. Aucun incident heureusement, malgré la difficulté de la mise en batterie.

2 octobre - Mercredi : Nous nous installons dans notre position. La région est bourrée de batteries et de fantassins. Heureusement la consigne pour tous est de rester silencieux. Les avions boches nous survolent toute la matinée à 200 mètres. Nous reconnaissons avec Cargill un observatoire dans un boyau sur la crête devant le ravin du Grand Vivier. Nous nous orientons, beau panorama sur les crêtes au-delà de l'Ailette[1] : Lizy, Merlieux et Fouquerolles, Montarcène, Chaillevois. L'après-midi les Boches se réveillent et envoient quelques bonnes rafales dans le ravin, démolissant notre cuisine. Nous réglons la 15ème et la 13ème batterie sur un carrefour de route au sud de Fouquerolles. Nuit calme. Toute la batterie est empilée dans une sape. La grippe continue toujours. Lemmet est évacué.

---

[1] Affluent rive gauche de l'Oise, au nord de Soissons.

XV

Les dernières marches vers Meaux et Laon et les derniers coups de canon de la guerre

3 octobre 1918 - Jeudi : Je vais dans l'après-midi au P.O. avec Foulquier, le nouvel aspirant de la batterie. A notre retour, l'EM nous avertit de nous tenir prêts à partir dès ce soir. L'ordre de départ arrive vers 18h. Nous quittons la position vers 23 heures sans incident, malgré un embouteillage de la route de Pinon à Vaurains.

4 octobre - Vendredi : Arrivée à Mercin et Vaux vers 5 heures du matin. Nous sommes exténués. Nous sommes logés dans des maisons sans toit. Enfin ce n'est que pour un jour. La D.I. doit aller au repos du côté de Meaux, paraît-il. L'après-midi avec Ourbak et Munsch nous poussons jusqu'à Soissons complètement désert.

5 octobre - Samedi : Départ à 4h30 de Mercin. Etape par Missy-aux-Bois, Villers-Cotterêts, Boursonne, Autheuil-en-Valois, Mareuil-sur-Ourcq et Neufchelles, où nous cantonnons. Village abandonné, à peine quelques habitants sont-ils revenus. Hommes et chevaux ne sont pas mal logés. Nous faisons popote avec la 15ème.

6 octobre - Dimanche : Nous nous installons bien tranquillement. Il ne reste presque plus personne à la batterie avec les permissions et la grippe.

7 octobre - Lundi : Ourbak va se promener à Paris. Les communications sont en effet assez faciles par Meaux.

8 octobre - Mardi : R.D.N. Nous nous reposons. Nous serions ici quelque temps. Promenade à cheval.

9 octobre - Mercredi : Très beau temps. Je me promène du côté de Crouy avec Foulquier qui à l'air d'être plein d'ardeur et n'est pas de la même essence que les jeunes. Ourbak nous ramène une ingénue ou presque se choquant facilement du rude langage des guerriers ! Drôle de fille.

10 octobre 1918 - Jeudi : Journée calme. R.D.N. Nous prenons avec Munsch un bain de lézard.

11 octobre - Vendredi : R.D.N. Il pleut.

12 octobre - Samedi : Nous suivons toujours avec intérêt les opérations du front. Laon est repris. L'avance est bonne depuis notre arrivée sur le front de l'Aisne.

13 octobre - Dimanche : Journée de dimanche bien calme. Le capitaine Libois est de retour de permission. Je dois partir moi-même incessamment. Les Boches acceptent en apparence la note de Wilson. Jacques[1] dîne avec moi. Il se dirige avec sa batterie vers Crépy.

14 octobre - Lundi : R.D.N. Je me promène à cheval avec Ourbak et Foulquier pour passer le temps.

15 octobre - Mardi : R.D.N. Je passe la consigne à Virlogeux qui me remplace pendant ma permission.

16 octobre - Mercredi : Je prends le train à Crouy-sur-Ourcq avec Cargill, Vivès et un capitaine du 141 fort aimable. Arrivée à Paris vers 12h30. Agréable déjeuner en compagnie de Cargill et du capitaine du 141. Je vais à l'opéra-comique entendre Werther, bien sagement.

17 octobre - Jeudi : Je pars pour Tours où j'arrive vers une heure.

18 au 27 octobre : Nous apprenons chaque jour la prise d'une nouvelle ville : Ostende, Bruges, Lille, Roubaix. Les Boches semblent en avoir assez de la guerre. Les trains express diurnes sont supprimés, ce qui m'empêche d'aller à Bourges et me gêne pour partir.

28 octobre - Lundi : Départ à 2h30 du matin de Tours. Arrivée à Paris sans encombre. A la gare de l'Est, on m'apprend que la D.I. est toujours sur l'Ourcq. Je vais donc à Mareuil où j'arrive vers 11 heures pour apprendre que tout le monde est parti il y a cinq jours du côté de Soissons. Je pars donc avec un médecin pour Crépy-en-Valois, puis Villers-Cotterêts et enfin Soissons où on nous donne de vagues tuyaux. Nous logeons dans une magnifique maison démolie, où je gèle toute la nuit.

---

[1] Frère de l'auteur

29 octobre 1918 - Mardi : Un sergent du 141 me dit enfin que la gare de ravitaillement est Anizy-le-Château. Nous attendons au carrefour de la route de Laon où, au bout d'une heure, un capitaine de l'EM de la 29 nous emmène fort aimablement en auto à Anizy où je trouve un camion de la SMA qui me conduit jusqu'au groupe sur le point de faire étape. Riche nous fait passer par Laon ; finalement je rejoins la batterie dans une ferme démolie (Ferme Ardenne) près de Suzy. Le soir à 9 heures ordre de reconnaissance pour le lendemain.

30 octobre - Mercredi : Reconnaissance dans la région Pouilly-sur-Serre, Chéry-lès-Pouilly. Nous sommes dans le bled à la disposition de l'A.D.32 en vue d'une attaque près de Chéry. Mise en batterie à la nuit.

31 octobre - Jeudi : Ordre de quitter la position pour aller cantonner à l'arrière à Crépy. Nous devons prendre une nouvelle position au nord de la Serre pour ne l'occuper que la veille de l'attaque.

1er novembre - Vendredi : Reconnaissance d'une position au nord de Crécy-sur-Serre et aménagement de la position.

2 novembre - Samedi : Je vais avec Marchegay à la nouvelle position. Nous faisons le point des pièces. Tout est prêt, lorsqu'à notre retour à Crécy nous apprenons que tout est échangé. Nous relevons maintenant la 31ème D.I. du côté de Vivaise. L'après-midi, je vais à Laon avec Virlogeux et Marchegay par une pluie battante. La Turquie a accepté un armistice équivalent à une capitulation. L'Autriche en pleine anarchie est sur le point d'en faire autant. Quant à l'Allemagne, elle n'ira sans doute pas bien loin. On parle de l'abdication du Kaiser. En attendant nous allons partir demain matin en reconnaissance pour tirer sans doute encore quelques coups de canon. Les Anglais attaquent toujours dans les Flandres ainsi que les Américains sur la Meuse. Enfin tout s'annonce bien, si nous pouvions reconduire les Boches de vive force chez eux et entrer en Allemagne à leurs trousses. Nous serions ainsi vengés.

3 novembre - Dimanche : Reconnaissance dans la région de Barenton-Cel où se trouve la batterie du 116 que nous devons relever. Position boueuse près d'un marais et bizarrement choisie. Les hommes sont à 300 mètres des pièces. J'amène le soir la batterie par une nuit noire et une pluie battante. Pas d'incident malgré le harcèlement boche assez fréquent dans la région.

4 novembre 1918 - Lundi : Accrochage discret, qui n'en met pas moins du premier coup par terre le coq du château de Dercy. Nous devons si possible reprendre la position de batterie de Chéry. Je vais l'après-midi rendre visite au 29ème qui est près de nous à Verneuil. J'y trouve le commandant Magner et Courbis à l'A.C.D.[1]. Ils me donnent quelques nouvelles du régiment[2] où je ne connais du reste presque personne. Les Boches arrosent violemment les batteries, semblant liquider leurs munitions. Nous nous apprêtons à quitter la position.

5 novembre - Mardi : Nuit agitée par les bombes d'avion et des explosions lointaines chez les Boches. Nous partons vers 4 heures et nous arrivons au jour à notre ancienne position, pour apprendre que les Boches sont partis. Ordre de départ à 4h. Nous partons par une pluie battante par des routes défoncées. Nous passons par Crécy-sur-Serre, Dercy, après avoir embourbé et désembourbé quelques chariots en compagnie de Mangenot.

6 novembre - Mercredi : Arrivée à 3 heures à Erlon, où hommes et chevaux trouvent tout de même des abris contre la pluie. Marchegay va mieux et se remet d'un mal de rein qui l'immobilisait presque hier. Bonnes nouvelles, la D.I. est à quelques kilomètres de Vervins, les Américains marchent sur Sedan, les Anglais ont pris Le Quesnoy et Landrecies. Quant à nous, nous restons à Erlon toute la journée, les ponts sur la Serre n'ayant pas encore été rétablis.

7 novembre - Jeudi : Nous quittons Erlon vers 8h. Je rencontre à Marcy-sous-Marle, Hubert Lapadu-Hargues[3] qui est à l'état-major du 16ème corps d'armée. Les Boches ont envoyé des parlementaires à Guise. Nous nous arrêtons à Thiernu, car il n'y a pas de pont pour franchir la Serre.

8 novembre - Vendredi : Nous passons toute la journée à Thiernu. Les fantassins avancent toujours du côté d'Hirson.

9 novembre - Samedi : Départ de Thiernu à 11h. Nous passons par Gercy, Vervins et nous allons cantonner à la Verte Vallée dans une

---

[1] Artillerie de campagne divisionnaire.
[2] Le 20ème d'artillerie où l'auteur a servi jusqu'en février 1917.
[3] Officier d'infanterie, cousin germain de l'auteur par sa femme Renée Grison.

ferme avec un bataillon du 165. Il court des bruits disant que l'armistice est signé.

10 novembre 1918 - Dimanche : Ordre de départ pour 11h, puis contre-ordre. Nous restons dans notre ferme. Temps splendide. On attend la réponse boche. En attendant, la canonnade ne décesse pas, mais lointaine. Nous sommes au-delà de la forêt d'Hirson.

136° RÉGIMENT D'ARTILLERIE LOURDE
5e Groupe 155 c. S.ch...

14° batt.

I. Il est probable que le groupe ne fera pas mouvement aujourd'hui.

II. Copie d'un message communiqué aux bataillons par le Col.¹ Cournut 16° R.I. :
"M.al Foch à Cournut en chef : : 1° les hostilités seront arrêtées sur tout le front à partir du 11 nov. à 11 h., heure française ; 2° les troupes alliées ne dépasseront pas jusqu'à nouvel ordre la ligne à partir de cette date et de cette heure.
Signé : Foch."

Aux Armées, 11 nov. 1918
Pour Copie conforme, le Capne … Groupe …
P.o. so lieu adj: [signature]

XVI

L'armistice du 11 novembre 1918 et l'ennui du guerrier victorieux

11 novembre 1918 - Lundi : A 3 heures réveil par les cris de joie des hommes en l'honneur de l'armistice qui vient d'être signé. Les hostilités doivent se terminer à 11h. Je vais entendre les derniers coups de canon. Nous n'aurons pas eu la chance d'en tirer un seul. L'après-midi promenade à cheval avec Foulquier. Nous devons partir demain pour Franqueville.

12 novembre - Mardi : Départ pour Franqueville ; en cours de route contre-ordre. Finalement nous allons cantonner à Harcigny, village agréable où nous devons rester quelques temps pour réparer les routes.

13 novembre - Mercredi : Nous nous installons. Les conditions de l'armistice sont terribles pour les Boches. L'après-midi, promenade avec Mangenot, Cargill et Foulquier du côté de Plomion où est l'artillerie divisionnaire. Aucun tuyau du reste. Le commandant Bouhet est de retour.

14 novembre - Jeudi : Très beau temps. Ordre superbe de la division d'infanterie nous annonçant notre départ vers le Rhin par étapes avec toutes sortes de recommandations. Nous nous apprêtons à partir.

15 novembre - Vendredi : Départ à 16 heures par un temps superbe mais froid. Nous passons à Plomion, la Sablonnière et nous arrivons à 9 heures du soir à Iviers.

16 novembre - Samedi : R.D.N. nous ne bougeons pas. Le ravitaillement est plutôt difficile. Des bruits courent que nous allons retourner à Laon !

17 novembre - Dimanche : Messe de l'aumônier. Promenade à cheval avec Foulquier. Bridge toute la soirée avec Cargill et l'aumônier.

18 novembre - Lundi : Nous restons toujours à Iviers. Cette fois, en fait de marche triomphale sur le Rhin, nous recevons l'ordre de mouvement vers l'arrière à Harcigny, notre cantonnement précédent. Il paraîtrait que nous irions embarquer pour aller en Allemagne, à cause de la difficulté de ravitaillement dans la région où nous sommes.

19 novembre 1918 - Mardi : Nous quittons Iviers vers 11 heures et nous retournons à Harcigny par un temps splendide.

20 novembre - Mercredi : Je vais l'après-midi à Vervins où je trouve Hubert à l'EM du 16ème corps d'armée. Il m'explique ce que nous devons faire par la suite. Nous avons été obligés de nous arrêter à cause de la difficulté des transports. Dans huit ou dix jours nous pourrons peut-être nous remettre en route par Rocroy, Fumay, Dinant,...

21 novembre - Jeudi : Revue du commandant dans la matinée. Promenade à cheval avec le capitaine Libois. Nous touchons un autre sous-lieutenant, Imbeault, quelle splendeur !

22 novembre - Vendredi : Nous coulons à Harcigny des heures bien calmes. Temps superbe.

23 novembre - Samedi : Reconnaissance d'épaves par les sous-officiers dans la région de Renneval, Vigneux, Lambercy.

24 novembre - Dimanche : Note fulminante du général de la D.I. au sujet de la tenue. Comme toujours, sur les voitures rien que du réglementaire. Comme on avait tout prévu en vue d'un séjour prolongé dans la région, ordre de mouvement pour demain. Hubert vient me voir et me donne quelques tuyaux. Nous allons rejoindre le 36ème corps d'armée qui serait au côté de Givet. Nous sommes toujours à la 1ère armée qui ne peut avancer à cause de l'armée anglaise.

25 novembre - Lundi : Départ à 10h30. Il pleut. L'itinéraire prévu par la D.I. est impraticable. Nous passons par Thenailles, Vervins, Etréaupont, Sorbais et après de fréquents arrêts, nous arrivons par la nuit et la pluie devant une côte plutôt rude que nous mettons un certain temps à franchir avant d'entrer à Erloy, où nous cantonnons.

26 novembre - Mardi : Nous restons à Erloy. Journée pluvieuse et morose. L'EM de la 1ère armée a quitté La Capelle pour aller, paraît-il, à Châlons-sur-Marne. Que va-t-on faire de nous ?

27 novembre 1918 - Mercredi : Ordre de départ pour 10h30. Cette fois, l'étape est un peu mieux comprise. Nous passons par Sorbais, Gergny, Luzoir et nous arrivons à Wimy où nous trouvons un cantonnement assez sympathique. Ce serait l'état-major de la 3ème armée qui remplacerait celui de la 1ère armée. Il semble que nous allons rester quelque temps ici.

28 novembre - Jeudi : Temps épouvantable toute la journée. R.D.N. Je passe les heures longues à jouer aux cartes ou à lire.

29 novembre - Vendredi : R.D.N.

30 novembre - Samedi : L'après-midi, je vais à cheval jusqu'à Hirson, village presque abandonné et détérioré par les bombes.

1er décembre - Dimanche : Le commandant part en permission. Il est en outre cité à l'ordre de la Xème armée pour un motif fort élogieux (cujus pars infima fuerimus)[1]. Enfin cela vaut mieux pour le groupe. Je déjeune à la 13ème avec le capitaine Allain-Launay qui est actuellement à l'EM du 18ème C.A. Il paraît que toute la 1ère armée va être dirigée du côté de Compiègne pour niveler les vieilles tranchées et attendre ensuite son tour d'aller se promener en Alsace ou peut-être en Allemagne. Nous allons couler des heures glorieuses et triomphales !! C'est toujours la marche vers le Rhin annoncée en novembre, avec un petit détour et une sage lenteur. Il est vrai que tous les généraux d'armée accompagnaient le maréchal Foch. C'est comme si toute l'armée était à Strasbourg avec eux. En attendant, il fait un temps fort gai (la pluie et la boue en abondance). On ne trouve rien dans toute la région. Nous ne pourrons même pas célébrer dignement la Sainte-Barbe[2]. Nous n'aurons pas même l'ultime ressource de tirer un coup de canon comme jadis sur le front. Enfin nous sommes victorieux, c'est le principal. Tous les journaux sont dithyrambiques. On parle beaucoup de la rive gauche du Rhin ! L'appétit vient en mangeant.

2 décembre - Lundi : Toujours la même vie. Promenade quotidienne à cheval. Je pousse jusqu'à La Capelle que la 1ère armée doit quitter incessamment. Nous organisons des séances récréatives pour les hommes en l'honneur de la Sainte-Barbe. Foulquier est le grand ordonnateur des réjouissances.

---

[1] Pastiche du 6ème vers de l'Enéide, L.II, signifiant "où nous avons pris une infime part".
[2] Patronne des artilleurs fêtée le 4 décembre.

3 décembre 1918 - Mardi : Il paraît que nous irons à notre tour en Alsace ou sur le Rhin mais quand ! Car nous ferons étape par voie de terre en passant du côté de Châlons. Pour l'instant nous restons ici.

4 décembre - Sainte Barbe : Réunion des chefs de corps. Il paraît que la 1ère armée s'en va et que le 36ème C.A. quitte Givet pour venir du côté de La Capelle. A 20h, matinée récréative donnée par les artistes du groupe. Le soir dîner de tous les officiers du groupe à l'E.M. ; soirée gaie et bruyante comme il convient en pareil cas. Le père Dévallière va nous quitter pour redevenir tringlot[1].

5 décembre - Jeudi : R.D.N. Promenade à cheval à Vervins avec Marchegay et Imbeault.

6 décembre - Vendredi et 7 décembre - Samedi : R.D.N.

8 décembre - Dimanche : Nouvelle matinée récréative et dansante, toujours sous la direction de Foulquier.

9 décembre - Lundi : Temps épouvantable. Dévallière nous quitte.

10 décembre - Mardi : Dîner chez Ourbak avec le capitaine Libois.

11 décembre - Mercredi : Toujours pluie diluvienne.

12 décembre - Jeudi : Soirée récréative. Il va falloir donner son avis dans des commissions chargées d'élaborer un nouveau règlement d'artillerie.

13 décembre - Vendredi : Les jours se suivent paisiblement. Il pleut continuellement, l'eau coule partout dans ce terrain imperméable.

15 décembre - Dimanche : Je vais en voiture à Fourmies avec Archinard et Imbeault.

---

[1] Terme d'argot militaire désignant les soldats servant dans le train des équipages, "le père" étant une expression de bonne camaraderie pour désigner cet officier sympathique qui était en outre un excellent popotier.

16 décembre 1918 - Lundi : Je vais à Hirson voir le capitaine Nardon du 55 qui préside la commission dont je fais partie.

17 décembre - Mardi : Le commandant est de retour, rappelé de permission toujours à cause de la confection du nouveau règlement d'artillerie. Je suis convoqué chez le général Barthélémy à Mondrepuis.

18 décembre - Mercredi : Ourbak m'emmène à Hirson en voiture. Nous déjeunons chez Moussié assez plantureusement. Je liquide toute la question des règlements. Retour un peu pénible en pleine nuit, nous nous égarons jusqu'à Origny.

22 décembre - Dimanche : Foulquier organise toujours des bals pour la population de Wimy, Effry, Ohis,...

23 décembre - Lundi : Des bruits de départ circulent et prennent consistance. Le 36ème corps d'armée irait du côté de Lille, Douai et Valenciennes avec les Anglais pour organiser un peu la région.

24 décembre - Mardi : Commencement de l'exode. On vide la batterie au profit des états-majors des parcs. Si cela continue, les chevaux se soigneront tous seuls.

25 décembre - Noël : Messe de minuit. Déjeuner à la 15ème avec Ourbak et Munsch. Séance récréative. La 15 dîne chez nous et nous terminons agréablement la journée en compagnie du capitaine Libois qui fait tourner avec une remarquable prestesse les tables de notre installation. Nous nous séparons sur les deux heures du matin, assez vaseux.

26 décembre - Jeudi : Nous partons officiellement le 2 janvier pour aller du côté de Valenciennes. Les gradés de la batterie provenant du train quittent la batterie. C'est de plus en plus charmant.

27 décembre - Vendredi : Rien de nouveau.

28 décembre - Samedi : Nous apprenons notre départ pour demain. Nous passerons en route les fêtes du jour de l'an.

29 décembre - Dimanche : Départ de Wimy à huit heures et demie par une pluie battante. Nous passons par La Capelle, La Flamengrie et nous arrivons trempés à Etroeungt où le cantonnement ne s'annonce pas trop mauvais. Nous devons, paraît-il, y rester jusqu'au 2 janvier.

30 décembre - Lundi : Foulquier ne perd pas son temps et cherche déjà à organiser des réjouissances dans le pays.

31 décembre 1918 - Mardi : Nous terminons 1918 par un concert et un bal fort appréciés de la population du pays. Artistes particulièrement applaudis : Lapeyrette et Bérenguer (genre opéra), de la 14ème, Tramie de la Colonne légère, (comique genre Polin)[1] et Chaubert (chanson des faubourgs). Le capitaine Libois et ses adjoints viennent terminer avec nous 1918.

1919

1er janvier 1919 - Mercredi : Journée bien calme à Etroeungt. Les filles de Wimy viennent voir leurs anciens danseurs. Foulquier a laissé un souvenir ineffaçable.

2 janvier - Jeudi : Nous quittons Etroeungt pour aller cantonner à Boué, village à moitié démoli.

3 janvier - Vendredi : Etape par Fesmy, Catillon, Bazuel où nous cantonnons. Le village a été dix jours sur le front et s'en est ressenti. Munsch nous quitte pour aller à Metz. Le groupe se démembre de plus en plus. Ledoux commande la 15ème. Nous faisons nos adieux à Munsch et j'apprends en même temps le départ imminent de Marchegay qui va aller suivre un cours d'auto. Si cela continue je vais rester seul à la batterie avec les chevaux.

4 janvier - Samedi : Longue étape par Le Cateau, Solesmes, région bien démolie lors des dernières attaques. Nous cantonnons à Sommaing-sur-Ecaillon, village à moitié détruit. La pluie ne décesse pas.

5 janvier - Dimanche : Etape finale par Verchain, Monchaux, Thiant. Nous arrivons enfin à notre cantonnement définitif à Oisy. A première vue, l'aspect n'est pas grandiose. Les hommes ne sont pas très bien logés. La population semble heureusement très accueillante.

---

[1] Chanteur comique français d'opérettes et spécialiste de chansons de troupier (1863-1927).

6 janvier 1919 - Lundi : Nous nous installons au cantonnement.

7 janvier - Mardi : Marchegay nous quitte pour aller suivre un cours d'auto à Gien. Je reste seul avec Foulquier.

8 janvier - Mercredi : Je vais avec Virlogeux jusqu'à Valenciennes. Décidément ce pays n'est guère agréable et n'a plus aucun charme. Aucun pittoresque et aucune ressource.

9 janvier - Jeudi : Les heures s'écoulent péniblement. Malgré tout, nous arrivons à voir la fin de chaque journée.

10,11 et 12 janvier : R.D.N. On s'empoisonne consciencieusement.

13 janvier - Lundi : Imbeault est de retour. Ourbak est affecté à l'armée d'Orient. Le groupe s'émiette de plus en plus.

5 février : Tous les éléments anciens du groupe nous quittent pour rejoindre le V/136 qui nous envoie des éléments jeunes. Le père[1] Coulais, Longe (Nickel) nous quittent définitivement. Les renforts arrivent par un temps épouvantable (y compris des Malgaches venant d'Avallon).

7 février : Ourbak nous quitte. Il est remplacé par un jeune lieutenant, timide d'apparence et qui sera certainement absorbé par l'état-major d'ici peu. Dernier dîner à la vieille 15ème. Le groupe va devenir bientôt méconnaissable.

9 février : Je pousse avec Imbeault jusqu'à Valenciennes à pied et par un froid de canard.

10 février : Le commandant part en permission, moi-même je suis sur mon départ. Je déjeune au groupe avec le capitaine Libois. L'aumônier, l'abbé Bequaert, vient nous faire ses adieux et dîne avec nous.

11 février: Je pars en permission de Valenciennes. Voyage long et glacial. Entre Douai et Amiens l'aspect du paysage de guerre est vraiment impressionnant. Le chemin de fer traverse un véritable désert. J'arrive à Paris vers 9 heures du soir, j'ai toutes les peines du monde à trouver un gîte. En outre tout est hors de prix.

---

[1] Terme de camaraderie à l'égard du lieutenant Coulais qu'il appréciait.

12 et 13 février 1919 : Je séjourne à Paris où je trouve Marcel sur le point de rentrer à Centrale[1]. Je dîne avec Marchegay qui me semble plus souvent dans la capitale qu'à Gien.

14 février : Voyage à Bleau[2] plus morne que jamais. J'y apprends que presque tous mes camarades et même des plus jeunes que moi sont capitaines. C'est toujours intéressant. Je pars le soir même pour Tours.

15 février : Permission.

21 février : Imbeault m'écrit que le groupe est toujours à Bellaing mais qu'ils s'attendent à embarquer la semaine prochaine pour l'Allemagne, paraît-il. Allons tant mieux mais pourvu que je sois renseigné à temps sur leur nouvelle destination.

7 mars : Je quitte Tours dans la matinée pour aller rejoindre le groupe du côté de Kreuznach. Je passe la soirée à Paris où je trouve Hubert et Marcel au 25, rue de Rocroy.

---

[1] Marcel Grison, cousin germain de l'auteur, qui rentre à l'école centrale des arts et manufactures, pour y effectuer sa troisième année, après avoir été démobilisé.
[2] Fontainebleau.

XVII

L'occupation en Allemagne à Idar Oberstein par le Vème groupe du 136ème régiment d'artillerie lourde avant sa dissolution à Orange (mars à juillet 1919)

8 mars 1919 : Départ de Paris à 8h15 du soir. J'arrive une heure et demie à l'avance pour avoir une place assise. Je passe par Nancy, Metz où j'arrive le 9 mars vers 11 heures du matin. Je continue sans arrêt vers Sarrebruck puis Kreuznach où j'arrive à 6 heures du soir. Le groupe n'est pas encore arrivé. Il n'y a que les fantassins et le 55. Je couche à l'hôtel en compagnie d'un lieutenant de sapeur.

10 mars : J'apprends enfin que le groupe doit débarquer à Kirn et non à Langenlousheim. Je pars le soir pour Kirn où je rejoins enfin la batterie vers 11 heures du soir. Je suis un peu vanné.

11 mars : Le groupe fait étape de Kirn à Oberstein. Je vais à ce cantonnement par le train. Je retrouve le commandant à Oberstein et nous nous rendons à Idar[1], cantonnement de l'état-major et de la 13. La 14ème se trouve à Algenrodt sur la hauteur. La région est très pittoresque. Mais en l'honneur de mon arrivée, on me vole ma bride et mon licol de parade[2].

12 mars : Nous nous installons au cantonnement : les hommes sont tous couchés chez les habitants. Comme de juste, les Boches filent doux. Foulquier part en permission.

13 mars : Nous dînons chez le commandant à Idar en compagnie d'officiers du 29ème bataillon de chasseurs, troupe merveilleuse, et qui se charge de dresser les Boches d'Idar, où se trouvent de nombreux industriels, plutôt pangermanistes.

---

[1] Idar et Oberstein sont deux petites villes proches, connues pour leurs taillerie d'agates, situées en Rhénanie Palatinat au bord de la Nahe, affluent de la rive gauche du Rhin, à l'endroit où la vallée de la Nahe devient très étroite.
[2] Accessoires du harnais d'un cheval.

14 et 15 mars 1919 : R.D.N. Promenade à cheval avec Imbeault, le pays et le temps sont superbes. L'E.M. déménage pour aller avec la 15ème occuper Oberstein. Le capitaine Libois reste à Idar et nous à Algenrodt.

16 mars - Dimanche : Déjeuner chez le capitaine Libois. Nous passons l'après-midi avec la 13ème au grand café d'Idar où nous faisons force manilles.

17 au 20 mars : R.D.N. Il neige.

22 mars - Samedi : Vuillemain commandant la 15ème et Ledoux partent pour Metz. Je vais dîner à Oberstein avec le capitaine Libois à l'état-major. Coup de fusil royal, mais popote somptueuse. Bridge au Kaiser-café. Nous revenons à pied avec le capitaine Libois vers une heure du matin. J'arrive enfin à Algenrodt vers 2 heures.

23 mars - Dimanche : La 13ème vient déjeuner avec nous. Puis nous passons l'après-midi à Idar. Bridge au café Schneeberger. Discussion entre une jeune et accorte Allemande et le capitaine Libois. Les Boches, en gens pratiques, voudraient profiter de notre séjour pour apprendre le français.

24 au 30 mars : Très mauvais temps.

31 mars 1919 - Lundi : Je pars avec Mangenot et Virlogeux en reconnaissance de positions en vue de l'organisation d'un champ de tir dans la région de Merxheim près de Kirn. Nous sommes hébergés au PAD chez le capitaine Sirey.

1er avril - Mardi : Très beau temps. Je trouve un champ de tir assez convenable.

2 avril - Mercredi : Nous rentrons à cheval à Oberstein par un temps superbe. Rien de nouveau à Algenrodt. Cinéma à Idar, à l'issue de laquelle nous somme invités à prendre le thé par un ancien lieutenant de zouaves dont la famille habite Idar.

3 avril - Jeudi : Le commandant Bouhet et Riche viennent nous voir à Algenrodt. Temps splendide.

4 avril - Vendredi : Le commandant m'emmène en auto pour jeter un coup d'oeil sur le champ de tir proposé. Mauvais temps, il neige. Déjeuner chez Riche à Standernheim. Nous allons ensuite à Bad-Munster où se trouve l'A.D. 29 toute désorganisée depuis le départ. du colonel Wasser. Le commandant voit le général commandant l'artillerie du 15ème C.A. D'après lui nous partirions incessamment pour aller tenir garnison du côté de Marseille. Je préférerais pour mon compte rester ici quelque temps encore. Le pays des Mocots[1] ne me dit rien. Enfin nous verrons bien. Il est vrai qu'on ne traite pas les Boches comme il conviendrait, après tout ce qu'il ont fait chez nous. Nous payons le tramway depuis le 1er avril ; bientôt ce sera autre chose. Nous sommes les dindons de la farce, devant les gens qui ne reconnaissent et n'estiment que la force brutale. Il se confirme que le 15ème C.A. dont nous faisons partie serait relevé d'ici peu pour aller prendre garnison dans le Midi. Cette perspective ne me sourit guère, à tous les points de vue. Il y a du reste la ressource d'aller en Orient ou en Pologne.

5 avril - Samedi : Très beau temps. Promenade à cheval avec Imbeault jusqu'à Birkenfeld.

6 avril - Dimanche : Dimanche traditionnel. La 13ème déjeune à Algenrodt et nous à Idar.

---

[1] Du mot provençal moco, terme injurieux signifiant la risée.

10 avril 1919 - Mercredi : Foulquier rentre de permission ; toujours la pluie.

12 avril - Samedi : Convocation chez le commandant qui est sur le point de partir en permission. Le soir nous partons avec Imbeault pour Mayence vers onze heures et demie.

13 avril - Dimanche : Arrivée à Mayence vers une heure et demie du matin. On nous donne un logement que nous cherchons en vain à l'autre bout de la ville sous une pluie battante. Nous nous trouvons finalement à deux pas de la gare. Nous déjeunons et nous passons la journée à Wiesbaden, ville fort agréable où les gens ne s'ennuient pas. Il pleut à verse, aussi, allons nous écouter la musique au Kurhaus[1]. Très bon orchestre. Nous couchons somptueusement à Wiesbaden.

14 avril - Lundi : Nous déjeunons avec le commandant Mangenot et Riche qui partent en permission. Nous revenons l'après-midi dans l'auto de l'A.D. qui avait amené le commandant à Mayence.

15 au 19 avril : On parle toujours de notre départ pour l'intérieur. Le temps se remet au beau. Promenades à cheval nombreuses et variées. Foulquier nous quitte pour aller remplacer un adjoint à l'A.D. commandée par un nouveau colonel, le colonel Gavini.

20 avril - Pâques : Journée bien calme. La 13ème vient déjeuner chez nous.

21 au 26 avril : On parle de plus en plus de départ. Le colonel vient voir la batterie le 22. On attend toujours les préliminaires de paix.

27 avril - Dimanche : Déjeuner traditionnel à Algenrodt avec un ancien lieutenant de tirailleurs, Gaspari, bon et agréable convive, fils d'un directeur du Petit Journal. L'Italie quitte la conférence et n'admet pas les encycliques de Wilson "Urbi et Orbi". Que de nuées dans la paix de Wilson. Les anglo-saxons ne cherchent qu'à gagner de l'argent et à nous laisser nous débrouiller seuls par la suite. S'ils nous lâchent, ce sera peut-être leur tour d'être mangés dans 15 à 20 ans. Nous assisterons peut-être alors au renversement des alliances.

---

[1] Casino.

28 au 30 avril 1919 : R.D.N. Très mauvais temps.

1er mai - Jeudi : Journée très calme, ici tout au moins. Les gens ne pensent nullement à faire la moindre manifestation.

3 mai - Samedi : Nous passons avec Imbeault l'après-midi à Oberstein. Nous retrouvons au Kaiser-Café, Grenier et Venot, avec qui nous buvons quelques bouteilles de Boekelheimer. Nous dînons ensuite à la table de l'état-major présidée par le colonel Gavini, puis nous rentrons tranquillement à Algenrodt par une belle nuit. Le chemin nous paraît long.

4 mai - Dimanche : Journée traditionnelle. La 18ème déjeune avec nous et nous passons l'après-midi chez elle à Idar.

5 mai au 8 mai : Nous attendons la signature des préliminaires de paix. En attendant on nous donne de nouveaux chevaux et on s'inquiète fort en haut lieu de la façon dont nous pourrions servir les pièces. Imbeault part en permission le 30 avril de sorte que je me trouve complètement seul à Algenrodt, charmante perspective, car le chef et l'adjudant vont partir également en permission.

9 mai - Vendredi : Je vais l'après-midi à Idar où je trouve le capitaine Libois et Virlogeux sur leur départ tous les deux. Le capitaine Libois est nommé à Paris à la direction de l'artillerie, quant à Virlogeux, il doit aller suivre un cours de commandant de batterie à Bitche jusqu'au 7 juin. Le groupe s'effrite de plus en plus. Si Virlogeux s'en va, me voilà chargé de la 13ème batterie et de la place d'Idar en plus de la 14ème à Algenrodt. Nous retrouvons Gaspari chez Schneeberger. La belle Grebe est également de retour et semble regretter le départ du capitaine Libois.

10 mai - Samedi : L'ordonnance de Foulquier, Raymond, est électrocuté à la Schillersschule[1] en touchant un commutateur non isolé.

12 mai - Lundi : Dîner d'adieu à Oberstein avant le départ du capitaine Libois.

13 mai - Mardi : Je vais à Kreuznach à l'enterrement de Raymond. Les écoles à feu reviennent sur le tapis.

---

[1] Ecole Schiller, du nom de l'écrivain allemand, poète et historien (1759 - 1805).

14 au 22 mai 1919 : R.D.N. Il semble que de plus en plus les Anglo-saxons se moquent de nous.

23 mai - Vendredi : Ordre brusque de départ pour aller de l'autre côté du Rhin. Ce ne serait pas avant dimanche soir. Puis contre-ordre, tout est remis à trois jours.

24 mai - Samedi : En attendant le départ je fais une conférence sur la préparation de tir devant un auditoire présidé par le colonel Gavini. Que d'honneur ! Je vieillis.

28 mai - Mercredi : Finalement nous restons chacun chez nous. Je n'ai pas le temps de m'ennuyer restant seul à la batterie et chargé en outre de faire des conférences et d'organiser le champ de tir de Merxheim.

29 mai - Ascension : R.D.N. Temps superbe.

1er juin - Dimanche : La république rhénane serait proclamée, ce qui semble laisser les gens d'ici fort indifférents. Ce sera probablement un four dans notre région. Imbeault est de retour.

6 juin - Vendredi : Grand branle-bas à Oberstein. Retraite avec musique de la 29ème division d'infanterie. Représentation par la troupe de la D.I. fort applaudie. En France, les grèves commencent juste au moment de la signature de la paix, coïncidence assez curieuse.

8 juin - Dimanche : Temps très chaud. Les gens du pays célèbrent la fête de la Pentecôte. Journée bien calme.

10 juin - Mardi : Nouvelle reconnaissance à Merxheim, en vue de la pose des objectifs du champ de tir. Je pars avec un sous-lieutenant du 55, nous déjeunons au P.A.D. à Merxheim.

15 juin - Dimanche : A deux heures et demie du matin, note secrète du commandant ordonnant de consigner le commandement en vue de troubles hypothétiques (élection dans les provinces rhénanes). Finalement calme plat. Je suis complètement aphone à la suite d'un mal de gorge.

16 juin - Lundi : On reparle de départ pour la rive droite. Cargill est parti avec Imbeault au cours de Bitche. Je me trouve de nouveau seul. Spigolis vient me tenir compagnie.

17 juin 1919 - Mardi : Ordre de partir demain soir. Toujours chaleur accablante.

18 juin - Mercredi : Nous quittons Algenrodt et Idar vers minuit par la pluie.

19 juin - Jeudi : Etape sans incident jusqu'à Kirn, où nous embarquons vers 5 heures du matin. Nous passons le Rhin à Bingen. Nous longeons la rive droite jusqu'à Mayence. De là nous grimpons le Taunus[1]. Débarquement non sans peine à Langenschwalbach vers 3 heures par une chaleur étouffante. Cantonnement à Breithardt, où nous trouvons la 13ème et l'E.M.

20 juin - Vendredi : Nous nous installons. En attendant la réponse allemande, promenades à cheval dans les environs qui sont assez pittoresques. Mangenot promène sa fiancée, qui a pu le rejoindre, toujours dans la fameuse voiture d'Ourbak.

22 juin - Dimanche : Promenade à Langenschwalbach où je retrouve un de nos camarades, Bricka, nouvel adjoint du colonel Gavini. Malheureusement le colonel est obligé de partir : sa femme étant gravement malade. Reviendra-t-il jamais ?

23 juin - Lundi : Nous sommes prêts à partir. Mais après avoir été quelque peu récalcitrants, les Boches acceptent les conditions de paix ; ce que nous apprenons sur le coup de 19h. Chants patriotiques chantés par les poilus avec des voix archi-fausses. Le commandant fait sonner les cloches. C'est donc la Paix ou, tout au moins, ce qu'on est convenu d'appeler l'état de paix.

24 juin - Mardi : Nous restons malgré tout à Breithardt jusqu'à la signature du traité qui doit avoir lieu vendredi ou samedi. Foulquier nous quitte pour retourner à l'intérieur finir ses études. Je reste donc avec Spigolis. Tout le monde jusqu'au commandant cherche plus ou moins à se défiler, ce qui est fort compréhensible. La perspective d'Orange et de ses habitants n'a rien d'enchanteur.

---

[1] Massif montagneux de 880 mètres d'altitude.

25-26-27 juin 1919 : R.D.N. On attend toujours la signature. En l'attendant, promenades à cheval dans le Taunus jusqu'à la zone neutre du côté de Michelbach.

28 juin - Samedi : Enfin, deux nobles plénipotentiaires boches inconnus ont signé le traité en face d'un aréopage imposant. Pourvu que ce ne soit pas non plus un chiffon de papier pour les Boches qui commencent déjà à faire sauter leur flotte sous l'oeil placide des marins anglais et à brûler les drapeaux qu'ils devaient nous rendre. Enfin nous sommes vainqueurs ; c'est un fait. J'aurai terminé la guerre de l'autre côté du Rhin. L'honneur est sauf, si les intérêts matériels ne le sont pas complètement. Je ne croyais pas terminer mon carnet de route dans le Taunus. Je ne le reprendrai sans doute pas de si tôt, à en croire du moins les Grands Pontifes. Le Président Wilson nous prépare l'âge d'or avec sa société des Nations, où doit entrer d'ici peu la "Germania poenitens"[1], ce qui nous permettra d'être tous traités sur un pied d'égalité, fort avantageux pour qui ? Dieu seul le sait.

---

[1] L'Allemagne repentante.

EPILOGUE

29 juin 1919 - Dimanche : Nous allons réembarquer par chemin de fer pour rejoindre nos anciens cantonnements. La 13ème batterie ouvre la marche et embarque ce soir à Eltville près de Mayence.

30 juin - Lundi : Préparatifs de départ. Le bourgmestre de Breithardt me présente des notes d'apothicaire. Le commandant part en permission exceptionnelle et me laisse pour huit jours le commandement du groupe.

1er juillet - Mardi : Nous quittons Breithardt vers 5 heures non sans peine. Temps gris. Nous passons par Langenschwalbach, puis nous descendons vers le Rhin par une très belle vallée, la vallée de la Wolluf. Très joli coin du côté de Schlangenbad. Nous arrivons à Eltville vers 1h30. Embarquement pénible à cause des voitures de l'A.D. et de l'E.M. Enfin à 15h15 nous partons. Agréable voyage. Nous repassons le Rhin sur un pont magnifique près de Bingen. Voyage rapide. Arrivée à Kirn vers 18h. Débarquement sans incident. Malheureusement, la pluie nous prend en cours de route du côté de Fischbad et nous arrivons à Algenrodt par une nuit noire et trempés.

2 juillet - Mercredi : R.D.N. Le cantonnement n'a pas changé. Je vais à Oberstein où je trouve Mangenot, à qui on a pris son cantonnement et qui retrouve le peu qui lui reste dans un état de saleté repoussante. Le parc d'artillerie nous avait remplacé plus ou moins avantageusement pendant notre absence. C'est un nouveau lieutenant-colonel venu pour le 55ème qui commande l'A.D. en l'absence du colonel Gavini, qui était vraiment le meilleur des hommes.

3-4-5 juillet : R.D.N. Calme plat.

6 juillet - Dimanche : Toujours les mêmes journées en compagnie de la 13ème. Nous allons jusqu'à Oberstein, où nous trouvons Mangenot qui a le cafard et attend avec impatience la démobilisation.

7 juillet - Lundi : Le commandant est de retour enchanté. Mais il n'a pu voir le capitaine Libois.

8 juillet 1919 - Mardi : Réunion chez le commandant cette fois nous embarquons le 24 et pour Orange. Mais il se pourrait que je reste dans l'armée d'occupation, d'après une note qui vient de paraître au sujet des officiers de l'active désireux de rester par ici. Je ne suis du reste pas seul. A part le 55 fidèle, le docteur et tous les officiers du 136 demandent à rester. Le commandant, lui, se réserve pour avoir une garnison de son choix. C'est l'agonie du groupe comme dit le commandant. Enfin l'enterrement officiel aura lieu le 14 juillet à Idar où le chef d'escadron passera la revue des garnisons d'Oberstein et Idar.

10 juillet - Jeudi : Nous nous préparons à la revue du 14 juillet que le commandant passera à Idar. Le commandant Sirey commande l'A.D. !

13 juillet - Dimanche : Déjeuner avec Gaspari et un commandant de la Légion d'origine écossaise, le commandant Wadel, officier original et fort intéressant. Le soir, retraite aux flambeaux à Oberstein, à laquelle tout le monde prend part. C'est le 14 juillet de la Victoire en pays ennemi, ce qui n'était pas arrivé depuis longtemps. Nombreuses pomponnettes au cercle. Le commandant y prend une part active.

14 juillet - Lundi : A 9 heures, revue du groupe par le commandant. Le défilé n'est pas mal : les hommes ont eu à coeur de produire une bonne impression devant les Boches. Je déjeune à Algenrodt avec Spigolis. Banquet pour les hommes qui ont l'air enchanté ; le chef Albin et le brigadier d'ordinaire Bocre s'étaient en effet assez bien débrouillés. A 14 heures, fête foraine sur la place d'Idar. Nombreux prix et nombreuses attractions. Fenouil, cuistot de Virlogeux, a un succès tout particulier dans son rôle de rosière. Tout est très bien réussi. La journée se termine dignement chez Messinger par un boulot pantagruélique offert par

Gaspari et le commandant Wadel à la 13ème et la 14ème et au commandant Bouhet. Madame Gaspari y assistait également.

Je suis affecté à l'A.L.13 qui se trouve, paraît-il, du côté de Wiesbaden. Mais il est probable que j'accompagnerai la batterie à Orange.

15 juillet - Mardi : Déjeuner somptueux à l'hôtel Post offert par le commandant à Gaspari et au commandant de la Légion. Nous y assistons avec Virlogeux.

17 juillet - Jeudi : Représentation au théâtre d'Oberstein par différents artistes de Paris. "Le flibustier, On purge bébé, etc...".

18 juillet - Vendredi : Jour de fête en l'honneur de la défaite des Boches. Nous passons tranquillement la journée à Idar avec Imbeault et Virlogeux.

19 juillet - Samedi : Je vais à Wiesbaden avec le docteur Pierron et Bricka pour avoir quelques tuyaux sur ma nouvelle affectation. Je me présente à Biebrich à mon nouveau colonel, le colonel Séry. Je tombe dans un régiment à 4 batteries (2 groupes). Il n'y a pour ainsi dire pas de place de commandant de batterie disponible. Enfin pour l'instant on m'a affecté à la 2ème batterie. Après nous être promenés tout l'après-midi, nous rentrons à Oberstein à 10h30.

20 juillet - Dimanche : Déjeuner d'adieu du commandant à l'hôtel Post. Le V/136 va en effet disparaître. Michelot, Cargill, Bouffard restent en Allemagne comme moi. Quant à Virlogeux et Mangenot, ils n'en ont plus pour longtemps. Le commandant va bientôt rester entièrement seul.

21 juillet - Lundi : Préparatifs de départ.

22 juillet - Mardi : Derniers repas chez Messinger qui nous aura fait apprécier le vin du Rhin. Nous faisons aussi un dernier stage chez Schneeberger.

23 juillet - Mercredi : Départ de la 13ème batterie. Je déjeune à Oberstein avec la 15ème. Très mauvais temps toute la soirée et toute la nuit.

24 juillet - Jeudi : Nous quittons Algenrodt vers 3h30 du matin. Adieux des poilus aux filles du pays. Pour mon compte, les civils ne me regretteront pas. Nous suivons une dernière fois avec nos canons la vallée pittoresque de la Nahe, d'Oberstein à Kirn. Embarquement à Kirn sans incidents. Départ à 12h30. Le train s'arrête quelques minutes en gare d'Oberstein, puis en route pour la France. Il fait beau. Nous passons par Sarrebruck, Sarreguemines, Colmar, Strasbourg.

25 juillet 1919 - Vendredi : Nous nous réveillons à Mulhouse puis nous continuons par Dannemarie, Belfort, Vesoul, Gray. Halte repas à Saint-Jean-de- Losne (Côte d'Or).

26 juillet - Samedi : Arrivée à Lyon vers 7 heures du matin. Il fait déjà plus chaud. Mais ce n'est encore rien. Une fois dans la vallée du Rhône du côté de Montélimar, nous faisons connaissance avec ce superbe soleil du midi, qui produit le mirage dont sont victimes les habitants. Nous débarquons à Orange vers 6 heures du soir par un soleil de plomb et un vent terrible. Peu d'arbres, un sol aride avec quelques buissons rabougris. Nous allons cantonner à 8km de la ville dans un petit village appelé Jonquières. J'y retrouve le commandant et la 13ème. Je regarde une dernière fois défiler la 14ème batterie, qui vraiment a encore bonne allure.

27 juillet - Dimanche : Je vais avec le commandant à Orange me présenter au colonel Gavini, qui est de retour. Nous déjeunons avec lui et Bricka. Je ne regrette pas de quitter le groupe qui va devenir 5ème groupe du 55ème. D'ici deux mois, le régiment tout entier restera avec environ 200 hommes. En outre la garnison d'Orange manque plutôt de charme, à part la porte romaine et le théâtre antique.

28 juillet - Lundi : Je m'apprête à partir. Je lègue l'ex-14ème batterie du 136 à Sprigolis qui va devenir commandant de la 14ème du 55. Du moins le V/136 n'aura pas connu la décadence. Depuis sa formation jusqu'à la fin, il aura été un groupe de guerre. Il était vraiment bien composé. Le commandant, il est vrai, nous défendait bien. Nous en garderons tous un bon souvenir. Et puis, c'est le groupe de la victoire avec lequel nous aurons été en Allemagne, au delà du Rhin, lors de la Paix. Je quitte le commandant, Imbeault, Spigolis, Venot, qui restent encore pour garder les bonnes traditions.

29 juillet 1919 - Mardi : Je quitte Orange avec Virlogeux qui va en permission, pour me diriger vers Bitche où se trouve mon nouveau groupe. C'est une nouvelle vie qui commence.

ANNEXE I

Marche forcée de la bataille de la Marne

Le 21 novembre 1914

Je vais vous raconter ce que nous avons fait après notre départ de Lorraine ; c'est maintenant assez loin, pour qu'il n'y ait aucune indiscrétion à en parler.

Donc un beau soir, vers le 2 septembre, après avoir essuyé de gros obus noirs, nous sommes partis en pleine nuit pour une direction inconnue. Je me rappellerai toujours ces marches nocturnes éreintantes, où l'on dormait malgré soi à cheval. Il était évident que nous quittions les champs de bataille du *Grand Couronné de Nancy*, où nous avions vu le feu pour la première fois et où bien des fantassins de notre brigade, composée du 114ème et du 125ème sont restés. Nous autres artilleurs nous nous en étions tirés à assez bon compte, souvent miraculeusement.

Nous sommes passés, je me rappelle, près de Nancy à *Laneuville-devant-Nancy*, où nous nous sommes arrêtés. Puis nous nous sommes dirigés dans la direction de *Toul*, mais toujours de nuit, afin qu'on n'ait pas vent de notre départ. On partait, je m'en souviens, vers 8 heures du soir, et on arrivait à 6 heures du matin. Finalement nous avions embarqué tout près de *Toul*. A ce moment, nous ignorions la situation ; nous ne savions pas que l'armée française était en retraite jusque sur la Marne. Notre voyage n'en finissait pas. On s'arrêtait tous les quarts d'heure. En cours de route nous avons appris l'occupation de Châlons-sur-Marne par les Saxons. Tout cela n'était pas fait pour nous réjouir. Mais à *Bar-sur-Aube* où se trouvait l'Etat-Major du général Joffre, on nous a dit que la situation était loin d'être désespérée, et qu'au contraire l'armée allemande courait le risque d'être cernée. Cela nous a remis du baume dans l'âme. Enfin après de nombreux arrêts nous avons débarqué à *Troyes* le 6 septembre à 6 heures du soir.

Aussitôt nous nous dirigions toujours de nuit vers un petit village appelé *Saint-Lyé* (Aube), où le capitaine comptait cantonner, en attendant des ordres pour le lendemain. Je me rappelle, j'étais chez une brave femme, dont le fils avait été blessé. J'avais un lit, chose inconnue depuis le départ de Poitiers. Vers 11 heures je me suis couché. Mais à minuit, on me réveille : des ordres sont arrivés ; il faut partir aussitôt. Alors commença une chevauchée épique, qui était un record pour l'artillerie. Nous sommes partis en toute hâte pour le combat. J'ai revu des routes parcourues en d'autres circonstances, quand nous allions aux Ecoles à feu de Bourges à Mailly.

Nous sommes passés à *Arcis-sur-Aube*, à *Allibaudières* (Aube), à *Gourgançon* (Marne), et enfin exténués nous avons atterri vers midi, par un soleil de plomb et par une poussière suffocante à un village appelé *Euvy* (Marne). Il était temps : nous semions nos chevaux en cours de route. Le mien était sur le flanc ; j'ai pris celui d'un brigadier de l'échelon. Enfin il fallait coûte que coûte arriver. Le résultat était obtenu ; nous avions fait pour ainsi dire sans débrider 70 kilomètres en 20 heures.

Tout près de nous, la bataille faisait rage ; on apercevait la fumée noire des obus de (15?) allemands. Vers 2 heures après quelques instants de repos, tout notre groupe, maintenant réuni, se dirigeait vers un village appelé *Connantray* (Marne), qui était situé dans un trou. Je me rappellerai cette marche ; nos chevaux avaient à peine bu, et n'avançaient qu'à coups de fouet. Plusieurs se couchaient sur la route, fourbus.

Ce soir-là, c'était le 7 septembre, on mit en batterie, mais on tira à peine quelques coups de canon. Nous bivouaquions à *Connantray* même. Le soir fut calme ; mais le matin du 8, nous étions réveillés par une fusillade intense et toute proche. Notre commandant attendait des ordres. On apercevait des fantassins, qui fuyaient (je me rappelle) et, comme toujours en pareille circonstance, ils disaient leur bataillon anéanti. Inquiet, notre commandant nous fit revenir sur une crête en arrière, les échelons en tête. Nous battions en retraite au pas, sans être nullement affolés. Il en était temps ; à peine derrière la crête, nos batterie se mettaient à tirer. Aux échelons où j'étais alors, les balles arrivaient de tous côtés, blessant et tuant des chevaux. Je ne me rappelle pas qu'il y ait eu des tués ni des blessés parmi les hommes. La position n'étant pas sûre, nous nous sommes mis plus en arrière. Les batteries arrêtèrent par leur feu l'offensive des Allemands jusque vers 1 heure du soir. C'était le 8 septembre. Les Allemands nous arrosaient d'obus, mais surtout avec du 77, dont les éclats tombaient sur nous, mais sans nous faire de mal. Enfin vers 1 heure, l'ordre arriva de battre en retraite. On partit au pas.

Je vois toujours le spectacle qu'offrait alors la vallée où se trouve le village de *Gourgançon*. Des multitudes de colonnes d'artillerie s'en allaient tranquillement au pas malgré les gros obus noirs qui commençaient à tomber drus. Nous avons beaucoup émerveillé, ce jour-là, les fantassins. Il est vrai que nous aurions été bien incapables de prendre le trot, nos chevaux n'en pouvant plus. Notre groupe se rassembla derrière *Gourgançon*, puis notre batterie (la 9ème) fut détachée des autres.

A cette marche en retraite déjà si pénible, succéda une autre marche non moins dure à travers des bois de sapins immenses. Le capitaine se dirigeait avec peine à la boussole. Nous cheminions par des allées défoncées. De temps en temps un cheval tombait pour ne plus se relever, mais il fallait avancer coûte que coûte. La nuit tombait, ainsi que la pluie du reste. Finalement nous sommes arrivés avec toutes nos voitures à *Villiers-Herbisse*, où le capitaine comptait recevoir des ordres. Là nous avons rencontré les cuirassiers de Tours ; nous n'étions donc pas absolument seuls. Nous avons pu bivouaquer près du village, car le capitaine n'avait pas pu trouver le colonel qui devait lui donner des ordres.

Cette journée du 8 septembre a été pour nous une des plus rudes de la campagne. Nous avions failli être fusillés en pleine marche à *Connantray*, ce qui serait arrivé, si le départ avait été différé de quelques minutes. En outre nous étions exténués au point de vue physique et surtout au point de vue moral.

Le lendemain 9 septembre, nous sommes allés rejoindre le groupe. Nous sommes arrivés juste à temps pour voir la retraite précipitée des convois d'infanterie et autres voitures, sur l'unique route de *Gourgançon* (Marne) à *Salon* (Aube). Ce jour-là, c'est un groupe du 33ème, qui malgré les rafales allemandes, arrêta net l'offensive de la Garde prussienne, paraît-il, qui s'efforçait de déboucher des hauteurs de *Gourgançon*. C'était le dernier effort de l'offensive allemande de ce côté. Le lendemain, 10 septembre, l'ennemi battait en retraite.

Ce furent de rudes journées, non pas que nous ayons été constamment sous un feu d'artillerie intense, mais on était surtout démoralisé. Aussi ce fut avec une joie indescriptible que nous avons commencé la poursuite.

J'espère que ces souvenirs, maintenant un peu lointains, vous intéresseront. En tout cas, c'est de l'histoire vécue, non pas par un général, mais par un infime officier.

Pierre Grison

ANNEXE II

Le 30 mars 1915

Ma chère Maman,[1]

Grâce à Dieu je viens d'échapper à une mort terrible, mais ma pièce en a été bien éprouvée. Hier j'ai enterré mon pointeur. Et mon tireur, ce gentil engagé de la classe 1916 est probablement mort lui aussi des suites de ses blessures. Voici sommairement ce qui est arrivé : Samedi à 2 h. 40, alors que ma pièce venait de tirer environ 40 coups, au commandement "feu" pour faire partir le coup suivant, je fus renversé par une formidable explosion. Pendant quelques secondes je n'existai plus. Que s'était-il donc passé ? Je le vis en me relevant : ma pièce avait sauté : mon petit tireur à mes pieds à 3 mètres de l'endroit où il était avant, ouvrait de grands yeux et il me dit qu'il n'avait pas grand mal. Je me précipitai vers mon maître pointeur, qui gémissait. Un énorme éclat lui avait haché la cuisse.

Je le transportai, aidé des 4 autres, qui n'avaient heureusement rien. Nous le mîmes dans un abri, où l'on mit le petit tireur, qui était plus gravement atteint que je ne l'avais cru. Le major[2], craignant une hémorragie ne put leur faire qu'un pansement bien superficiel. C'était horrible à voir, le major les condamna tous les deux. Mon pointeur surtout faisait peine à voir : il souffrait horriblement et la cannonade qui autour faisait rage augmentait ses souffrances. Il ne cessait de gémir et nous ne pouvions rien pour lui. Bien plus calme était le tireur : il me regardait de ses grands yeux et parlait tranquillement.

Quels pénibles moments je passais à leur côté. Ils sentaient bien leur fin prochaine. Je leur adressai à l'oreille quelques bonnes paroles : ils les acceptèrent et les approuvèrent. Mais mon plus grand bonheur fut de voir venir à leur chevet un prêtre Monsieur Esnault, curé à St Jammes-sur-Sarthe, et infirmier à une batterie voisine. Tous deux se confessèrent en pleine connaissance. Ce fut un rayon de bonheur pour moi au milieu de tant d'angoisses.

Mon pointeur s'éteignit doucement à 6 h. 1/4, alors que la nuit tombait. Le prêtre, agenouillé à côté récitait les dernières prières. Mon petit tireur fut alors emmené par une ambulance. Nous nous embrassâmes,

---

[1] Madame Théodore Grison, née Marguerite Petit.
[2] A l'époque, appellation du médecin militaire.

avant de nous quitter, restant enlacés plus de 20 secondes. Il ne me lâchait pas. Je faillis pleurer : il était si jeune et si gentil ! Il était parti en septembre dernier, engagé pour la durée de la guerre. Il appartenait à la classe 16 et par conséquent avait bien des chances de ne pas aller au feu. Le pointeur fut transporté au cantonnement, mis en bière le lendemain et inhumé à 4 h. 1/2. L'inhumation fut fort belle et solennelle. La levée du corps se fit à l'église. Puis le prêtre accompagna le cercueil au cimetière. Le capitaine y lut un gentil discours. La tombe fut ensuite recouverte et deux couronnes y furent déposées : l'une donnée par la batterie, l'autre par ma pièce. En plus de cela on y mit deux couronnes et une croix en bois.

Aujourd'hui lundi, je suis à Verdun, où a été transporté mon tireur. Il ne put même pas survivre au voyage et le soir (samedi) à 11 h., on ne retira qu'un cadavre de la voiture d'ambulance. J'ai pu prier sur son cercueil encore à l'hôpital et j'ai donné des instructions pour l'entretien et l'ornement de sa tombe. Je n'avais pas pleuré en le quittant, mais je ne pus me contenir devant son cercueil. Il n'aura aucune escorte pour l'accompagner au lieu de son dernier repos et le champ, où 3000 Français sont enterrés, est bien lugubre et bien morne.

Tout cela m'a bien attristé, mais non abattu. Vous le comprendrez facilement.

Si vous aviez vu les restes de mon canon, vous auriez été effrayée. En un mot ce n'est plus que de la ferraille et des morceaux de plus de 10 kg. ont été projetés à 15 et 20 mètres de distance. Pour conclure, faites dire à Saint-Martin 10 messes pour le repos de l'âme de mon pointeur, 10 autres pour mon petit tireur et 10 autres pour remercier Dieu de m'avoir épargné. Je ne vous en dis pas plus long sur ce bien triste événement que j'ai toujours présent à l'esprit le jour comme la nuit. Le temps peu à peu en effacera peut-être la trace.

Adieu, etc...

Jacques Grison[1],

---

[1] Maréchal des logis d'artillerie de la classe 1911 au 37ème régiment d'artillerie, a été cité à l'ordre du régiment le 11 septembre 1915, puis de la division le 18 octobre 1915 : "Sous-officier de tout premier ordre, d'un dévouement, d'un courage et d'un sang-froid remarquables, blessé pendant l'attaque du 25 septembre." Nommé sous-lieutenant en 1916, il est à nouveau cité à l'ordre du 13ème corps d'armée en octobre 1917 : "Officier courageux et d'une énergie exceptionnelle. Du 31 juillet au 20 août 1917 s'est signalé par son activité inlassable et à plusieurs reprises au cours de bombardements violents de nuit subis par sa batterie, en se portant sous le feu au secours des blessés et asphyxiés. A maintenu le bon moral du personnel de la batterie."

Mon cher André,

Tu pourras communiquer cette lettre aux Guger, cela les intéressera : je n'ai pu pour ma part m'empêcher de pleurer en la lisant, c'est tellement poignant ! Nous demanderons dès demain à Saint-Martin les messes que Jacques désire faire dire et nous prierons aussi avec ferveur pour qu'il continue à être protégé[1] !

---

[1] Texte que sa mère a rajouté en bas de la lettre qu'elle fait suivre à son fils André, frère de Jacques et Pierre Grison.

ANNEXE III

Le 15 septembre 1916

Ma chère Maman,[1]

Je vous remercie d'abord des deux petits colis arrivés intacts hier, saucisson, fromage, etc... alors que nous étions descendus en réserve (mais toujours aux tranchées). L'eau et le ravitaillement sont ici suffisamment abondants. Que c'est long quand même ! Voici bientôt un mois que nous sommes dans la S... ; nous n'avons eu que trois jours de repos vers la fin d'août. Cela fait environ trois semaines sans changer de linge et on ne sait rien au juste sur l'heure tant désirée de la relève.

Depuis hier, je suis coureur avec mon camarade Desporte (qui va toujours bien et avec lequel je suis toujours en aussi bonnes, c'est-à-dire excellentes relations). Nous assurons 100 mètres de liaison entre le colonel et le commandant de la brigade. Il y a ainsi plusieurs postes, de deux chacun, échelonnés entre les deux postes de commandement. Jusqu'ici, c'est peu dur et un amusement par rapport aux jours précédents.

Envoyez-moi deux rubans de la Croix de guerre, pouvant s'agrafer (et se dégrafer instantanément) sur la veste ou capote. Sur chaque ruban, faites mettre une étoile de bronze et une étoile d'argent. Prenez tout ce qu'il y a de plus petite dimension, aussi bien pour la hauteur du ruban que pour la grandeur des étoiles. Demain ou après-demain, je pense vous envoyer le texte de ma seconde citation à la division.

Je vais pour le moment vous en expliquer la cause, ce qui sera un petit récit de ce que j'ai vu et fait à l'attaque du 4 septembre. Ma compagnie était de "réserve de bataillon", suivait donc les autres compagnies du bataillon qui attaquaient entre les villages de S..... (je dois être bref sur ces noms) et V... Environ dix minutes après les vagues d'assaut, nous sortions de la première ligne française pour nous arrêter un peu plus loin dans un reste de tranchée boche (assez bien conservée à un endroit), car le ravage de notre bombardement rendait presqu'impossible de reconnaître les tranchées. C'était une immense passoire. Les anciennes tranchées n'étaient souvent plus que des sentiers plus piétinés que le reste du terrain.

Nous attendions, lorsqu'on envoie une dizaine de grenadiers de ma compagnie pour déloger un groupe de Boches qui s'étaient retranchés

---

[1] Madame Théodore Grison, née Marguerite Petit.

dans un boyau qui les reliait avec le village de V..... En qualité de grenadier suppléant, j'étais du nombre.

Nous commencions, aussitôt arrivés à une cinquantaine de mètres des Boches, à leur lancer des grenades. Ils ripostèrent. Mon lieutenant (de ma section), deux artilleurs venus de ce côté pour reconnaître de futurs emplacements pour crapouillots[1] et moi restions guère les seuls qui osions à peu près nous approcher des Boches pour lancer avec assez de résultat nos grenades. Les autres n'osaient même pas nous ravitailler en grenades, ce qui laissait aux Boches le temps d'en lancer où nous étions et ce qui nous forçait de reculer, alors.... : je prends un petit panier (fait exprès) que je remplis de grenades et je me mets derrière un artilleur, l'autre étant à notre gauche et tirant avec un fusil. Carrément, mon artilleur avance de quelques pas et lance une grenade, vite de quelques autres et lance une autre grenade que je lui donne toute prête et ainsi de suite, sans perdre tous les deux une seconde. Alors les Boches lèvent les bras, ils veulent se rendre. Je vais vers eux, ayant prudemment une grenade amorcée à la main. Ils hésitent.... Tout en faisant le geste de lancer ma grenade, je leur dis en allemand : "Venez ici, vous n'aurez aucun mal" (Kommen Sie hier, sie werden kein Weh haben)[2]. Le groupe se rend aussitôt.

Un peu plus loin dans le boyau, derrière un barrage de sacs à terre, nous apercevons, les deux artilleurs et moi, d'autres Boches. Je leur crie, en boche, de se rendre, tout en allant carrément vers eux. Ils hésitent... ; à moins de 20 mètres, j'en vois un qui montre la tête au-dessus des sacs. Son allure me paraît louche. Dame ! je lance 2 ou 3 grenades qui les font déguerpir. Vite nous montons sur le bord de leur boyau et ils doivent se rendre. Ils étaient assez nombreux, facilement 75 à 100. Le passage jusqu'au village était libre. Arrivés près des maisons, dans le bois des C.... nous revenions. Nous voyons alors des Boches sortir de leur cagna et naturellement facilement faits prisonniers. C'étaient à d'autres compagnies d'occuper la place maintenant nettoyée.

Naturellement, il s'est fait un tripotage au sujet de ce fait, qui servira à d'autres qu'aux quatre ou cinq au plus qui méritent quelque chose. Mais... c'est la vie, et surtout le régiment. Comme les autres, "je m'en f...", puisque j'ai quelque chose.

Vers 7 à 8 heures (soir), je rejoignais ma compagnie qui montait vers les nouvelles premières lignes. Cette fois, je sais ce que c'est que

---

[1] Dans sa lettre, l'auteur a écrit "crapouillauds", probablement parce que l'origine du mot est "crapaud".

[2] Phrase écrite en lettres gothiques dans la lettre..

lancer des grenades françaises et boches. J'en avais la paume de la main gauche noircie par la poudre fusant par suite du choc qui allume le détonateur.

    Et ma montre ? Que devient-elle ?

    Envoyez-moi un autre colis de denrées alimentaires. Au revoir ma chère Maman.

    Mille baisers à Papa et à tous.

André Grison[1]

Nota : Les villages de S... et de V... sont respectivement Soyécourt et Vermandovillers distants l'un de l'autre de deux kilomètres et situés dans la Somme à 13 km au sud-ouest de Péronne.

---

[1] Troisième des quatre garçons de Théodore Grison et Marguerite Petit, André est clerc minoré du diocèse de Tours et élève au séminaire français de Rome à la déclaration de guerre. De la classe 1914, il est enrôlé dans l'intendance, puis versé dans l'infanterie en 1915 et affecté comme soldat au 158ème régiment d'infanterie. Après avoir participé aux terribles combats de la région de Vaux, il est cité une première fois à l'ordre de la brigade en avril 1916 : "A coup de grenades, a tenu énergiquement un barrage et a arrêté une contre-attaque ennemie." Pour l'action d'éclat relatée dans sa lettre, il est cité une deuxième fois à l'ordre de la division : "Grenadier à la 1ère compagnie du 158ème régiment d'infanterie, a participé à une attaque à la grenade d'une position ennemie fortement défendue, où il a pénétré l'un des premiers, et a contribué à faire de nombreux prisonniers". Avant de partir au front, en la solennité de Saint Martin, évêque de Tours, le 14 novembre 1915, il avait rédigé un testament spirituel, admirable et émouvant, d'une grandeur d'âme remarquable, dans lequel il manifestait sa confiance en Dieu et acceptait sa mort éventuelle, en consolant d'avance ses parents d'une telle éventualité. En août 1916, il y ajoutait un complément à l'attention de son meilleur ami Ernest Pouchot, soldat avec lui à la même section, qui recueillera son dernier soupir et mourra des suites de ses blessures en 1919. Juste un an après, dans la nuit du 14 au 15 novembre 1916 à minuit et demi, il tombe au champ d'honneur de la Somme à l'âge de 22 ans. Il repose au cimetière militaire français de Maucourt (tombe n°794), situé à 19 km au sud-ouest de Péronne, près du village de Chaulnes.

Autres lettres du front d'André Grison à ses parents et sa dernière à un ami.

12 janvier 1916

Quelques mots, ma chère Maman, pour vous dire que je vais toujours bien. Nous commençons notre grand repos.

Le temps est froid, les cantonnements idem. Je n'aurai pas trop de loisirs ces premiers jours pour écrire : il faut d'abord faire partir sa saleté et cela sans avoir les moyens. Pas d'eau courante à moins de 5 km ! C'est honteux. Bien reçu vos lettres du 1er et du 8 arrivées après celle du 5. Les deux timbres y étaient bien. Au revoir. Je vous embrasse tous.

13 février 1916

Nos manoeuvres touchent sur leur fin. Où irons-nous ensuite ? Toujours l'incertitude. M. Tesson doit partir cette nuit en permission. Il espère pouvoir vous rendre visite. Pierre[1] m'a envoyé une lettre remplie de paroles des plus réconfortantes. En même temps, il m'a envoyé un mandat qui montre sa générosité et son bon coeur. Au revoir...

12 mars 1916

Reçu aujourd'hui cinq de vos lettres à la fois (!). Je vais bien, quoiqu'en première ligne et là où le canon gronde fort et presque continuellement, je ne puis vous écrire ici plus longuement, mais je le ferai à mon retour au cantonnement. Envoyez-moi des boîtes de pâté et confitures par colis postal. Ici, il n'y a absolument rien. Au revoir. Mille baisers à tous.

Pas encore de M. Tesson.

3 avril 1916

Dieu merci, je vais toujours bien. Comment cela se fait-il ? Je ne puis rien vous dire d'extraordinaire, mais je compte vous écrire plus longuement un peu plus tard, lorsque la tête sera un peu remise d'aplomb. Votre colis contenant sucre et pâté est fort bien venu à point me rejoindre en première ligne avant-hier : nous n'avons justement pas été ravitaillés hier. Ce matin, je me suis fait une tasse de chocolat à l'eau....sale. Très bon cependant. Au revoir. Mille baisers.

---

[1] Pierre Grison, son frère.

6 avril 1916
Mes nouvelles sont aussi bonnes que possible. Nous sommes revenus à l'arrière et pensons nous éloigner davantage du front. J'attends d'être plus au calme et remis des grandes fatigues de nos cinq jours en ligne, pour vous écrire plus longuement. Reçu en bon état votre colis contenant du saucisson, éleska, etc...[1]. Merci. A tous mes plus tendres baisers.

[1] Eleska était une marque de cacao, dont la publicité était "Eleska, c'est exquis".

29 avril 1916
Toujours de bonnes nouvelles à vous donner. J'ai bien reçu vos deux mandats avec les bonnes lettres qui les accompagnaient. Je ne crois pas que nous soyons encore pour longtemps au repos, mais j'espère ne plus tarder du tout à aller en permission : J'ai le n°3 pour partir... à moins que quelque tripotage ne me fasse sauter... Car en ce temps, je suis dégoûté par la ladrerie qui règne là où elle ne devrait pas exister... Enfin ! vite que j'aille me refaire quelque peu le moral près de vous. Au revoir. Mille baisers des plus affectueux à tous.

9 mai 1916
Mon bataillon est monté deux fois en ligne à gauche du village de Vaux. Ce fut effroyable ; la première fois, nous avons été très éprouvés par le bombardement et la seconde fois par une violente attaque à la grenade faite par l'ennemi le 2 avril : là surtout la Providence m'a certainement protégé ; j'y ai vu la mort de très près. L'état d'énervement et de dépression était grand lorsque nous sommes descendus au repos.
La vie intérieure que je pouvais garder au milieu de tous ce vacarme était réduite à sa plus simple expression : de courtes pensées vers le bon Dieu. Mais jamais je n'ai perdu ma confiance absolue en la bonté et la toute puissance de Dieu. C'est cette confiance qui m'a soutenu le 2 avril dans les circonstances les plus tragiques. Ma section recevait force grenades dans sa tranchée et se repliait quelque peu.
Je me trouvais le dernier, lorsqu'une grenade éclate à ma droite en pleine tranchée, me coupant en quelque sorte la retraite. La commotion passée, je fais quelques pas à droite, puis à gauche ; je ne vois autour de moi que des cadavres. Comme je me suis senti alors seul et petit ! Les grenades tombaient toujours. Je me remis complètement entre les mains de Dieu et je m'élançai. Quelques instants après, je parvenais à rejoindre ma section. Il me sera impossible d'oublier ces moments, et le sentiment profond du néant de la vie humaine qu'ils ont imprimé dans mon âme ne s'effacera pas.

20 septembre 1916
C'est le bon Dieu qui donne au Séminaire comme partout ailleurs, le courage et la force nécessaire pour accomplir son devoir. La prière est partout la grande arme ; plus longue dans le calme du Séminaire, plus courte et plus rapide sur la ligne de feu, c'est toujours elle qui soutient et vivifie.... Il est plus facile de gagner une décoration sur le champ de bataille que d'être, dans la vie du séminaire, strictement fidèle à toutes ses obligations.....

21 septembre 1916
Ma chère Maman,
Malgré ma lettre d'hier, je vous envoie aujourd'hui ces quelques mots, après avoir reçu la vôtre du 18 qui me comble de félicitations. Aussi, je m'empresse de vous demander de ne rien faire, ni de rien laisser mettre ou imprimer dans n'importe quel journal, semaine religieuse, etc... Car vous comprendrez facilement que je me méfie de l'enthousiasme parfois peu discret des gens de l'intérieur. Qu'il ne soit donc pas fait davantage que pour ma première citation.... J'ai demandé à Pierre de m'envoyer le livre de Paul Bourget, "Le sens de la vie" (?) (ou de la mort)...

5 novembre 1916
Ma chère Maman,
Merci de votre excellent colis reçu aujourd'hui avec votre dernière lettre. J'espère que vos dents ne vous font pas trop souffrir. Nous sommes en réserve dans un village. Je vous assure que je n'hésite pas à faire des frais pour me soigner : fruits au jus, conserves de poissons fins, confitures, beurre, etc... toujours de moitié avec Pouchot. Ce pauvre Desporte a d'horribles plaies (ulcéreuses, je crois) aux jambes. Ces maux l'ont au moins empêché de monter aux tranchées la dernière fois. Je ne puis vous dire ce que nous deviendrons dans quelques jours. Le grand repos se fait <u>trop</u> et <u>trop</u> attendre. Priez pour moi, comme je le fais pour vous et mon cher Papa, à qui j'envoie mes meilleurs baisers.
P.S. : Les gâteaux n'étaient que très peut cassés et fort bons comme le chocolat. Je n'ai pas encore ouvert la boite de flan. Souhaitez de ma part à tante Charlotte une bonne fête. Je ne connais pas son adresse au Havre et suis guère en état en ce moment pour faire des lettres de ce genre. Salut !

10 novembre 1916
De nouveau aux tranchées depuis quatre jours !! Le temps est loin d'être beau, la boue d'être disparue. Il ne reste plus qu'à souhaiter que cette

vie cesse au plus tôt. J'ai perdu le premier jour où nous sommes remontés deux bons camarades de ma section : tués net par un obus. Priez pour eux. Je vous suis unis en ces fêtes de Saint-Martin. Bien reçu vos chaussettes. Au revoir. Meilleurs baisers à tous.

10 novembre 1916
Mon cher Jean,
Je crois bien ne t'avoir jamais félicité de ton succès à l'oral du baccalauréat. Mieux vaut tard que jamais. Je t'écris ces quelques mots, bien serré dans une cagna. La fatigue est grande. Il y a eu des morts parmi les camarades !!! Enfin... à la grâce de Dieu ! Prie pour nous, mon cher Jean ! Au revoir. Bon courage et le plus de succès possible dans ton travail. A l'occasion, donne le bonjour à la famille de Versailles. Meilleurs et plus affectueux souvenirs de ton frère.

13 novembre 1916 - au soir (dernière carte à ses parents à Tours)
Toujours en même place depuis le 7 de ce mois. C'est à se demander si nous sommes considérés comme des hommes. Comme détails, je vous dirais de relire le communiqué officiel du 7 novembre, 23 heures et le petit commentaire de "La Croix" du 10 novembre. Vous voyez qu'il vous faut fortement patienter pour ma permission. Il y a juste six mois que je vous avais quittés. Vous ai-je dis que Achard était maintenant dans l'infanterie. C'est lui que j'avais été voir à Gray. J'ai bien reçu vos deux paires de chaussettes. Près du village d'A..., je vous envoie à tous mes plus affectueux et tendres baisers.

14 novembre 1916
Mon cher ami,
Vous êtes en plein dans les fêtes de Saint-Martin : pour moi, ces beaux jours se sont passés en ligne et c'est encore en ligne que je vous envoie ces quelques lignes. Depuis le 7 (voyez le communiqué de 23 heures), il semble que nous sommes à demeure dans ces lieux affreusement bouleversés par la mitraille. Le régiment y a laissé du monde dans ce village d'A..., qu'ils reposent en paix dans le cimetière ! Mon frère Jean, le plus jeune, a été reçu à l'oral des mathématiques. Il est actuellement à l'école Sainte-Geneviève à Versailles pour préparer "Centrale". Je n'ai pas grand-chose à vous dire sur ma vie de taupe, si ce n'est qu'elle finisse au plus tôt. Priez pour moi ! Soyez assuré de mes prières et de mon fidèle souvenir en Notre Seigneur.

ANNEXE IV

Citations obtenues par le lieutenant Pierre Grison

Ordre de la brigade n°10 du 20 octobre 1915

Le 8 octobre, a par son calme, son sang-froid, son autorité, fait assurer dans d'excellentes conditions le service des pièces pendant que la batterie était soumise à un tir violent de gros calibre rigoureusement réglé. (Général Pellarin commandant l'artillerie du 9ème corps d'armée).

Ordre du régiment n°16 du 14 mai 1916

Est allé sous les bombardements constants dans les tranchées avancées, pour renseigner son chef de groupe sur les effets du tir. (Chef d'escadron Bacot commandant le 20ème régiment d'artillerie).

Ordre de la division n°68 du 18 octobre 1918

Commandant de batterie extrêmement consciencieux, du 4 au 18 septembre 1918, pendant la période de durs combats menés par la division, s'est dépensé sans compter, réglant ses tirs des observatoires avancés, malgré les violents bombardements subis tant par ses observatoires, que par les cheminements y aboutissant. Donnant partout l'exemple, a obtenu de son personnel un rendement extraordinaire. A brillamment rempli sa mission. (Général Barthélémy commandant la 29ème division d'infanterie).

Citation obtenue par le chef d'escadron Pierre Grison[1]

Ordre de la division n°15 du 10 juillet 1940

Chef d'escadron d'une conscience et d'une endurance à toute épreuve. A toujours dans les situations les plus difficiles réussi les missions qui lui étaient confiées et a toujours fourni, en temps opportun, l'appui de feux qui lui a été demandé. (Général Rouhier commandant l'artillerie de la VIIème armée).

---

[1] Durant la guerre 1939-1940, Pierre Grison commande le XIIIème groupe du 187ème régiment d'artillerie lourde tractée. De la forêt de Haguenau en Alsace où il cantonne avec son groupe, il compose le poème en latin reproduit page ci-après dont la traduction est la suivante :

La maison forestière d'Oberhoffen.

Ici, le soldat fatigué trouve le repos, Lui qui, par un hiver glacial, monte la garde sur le Rhin De crainte que le Germain ne traverse le fleuve. La maison qu'autrefois Vénus visita, abrite A présent sous son toit les compagnons de Mars. Un forestier heureux habitait ce lieu Jouissant pleinement des délices de la paix. Mais la guerre fit soudain irruption Séparant le mari et la

Ad dominum Sylvae Oberhoffen
Hic Jesus miles quietem invenit.
Sui hiems frigidis ad Rhenum vigilat
Ne forte Germanus flumen pertranseat.
Domus, quam olim Venus visitavit,
hunc Martis sodales tegmine protegit.
Felix sylvicola hunc locum tenebat
Solicitus pacis beatae perfruens.
At bellum irruit subito dimittens
Virum et uxorem puerosque teneros.
Domine salvum fac hoc habitaculum
Ab eo furorem hostis averte
Ut maritus herus a bello redeat
Et tectum dilectum mox revideat
Qua cum conjuge blandisque liberis
Ad multos annos vitam peragens.
Haec scripsit legatus quidam gallicus,
Igneum jaculantes milites ducens,
In sylva proxima castrametatos,
Qui de Burgundia ad Rhenum venerunt.
Hic liber hiemis custodias oblectavit acris.
Ut Sylvicolae domus Oberhoffen
Unicique ejus gratias agat
In dulci Alsatia, victoria perfecta,
Illi est in voto.
      Hieme 1939-40

femme et les jeunes enfants. Seigneur, protégez ce petit abri, Détournez en la fureur de l'ennemi, Qu'il Vous plaise que l'époux revienne de guerre Et revoie bientôt sa chère maison, Entouré de sa douce épouse et ses enfants chéris, Passant ainsi sa vie pendant de nombreuses années. Ces vers furent composés par un chef gaulois Commandant à des soldats servant des bouches à feu Qui ont dressé leur camp dans la forêt toute proche, Après avoir fait mouvement de Bourgogne vers le Rhin. Cet écrit a occupé agréablement les veilles d'un hiver rude. Puisse-t-il témoigner sa reconnaissance au forestier Et à sa femme de la maison forestière d'Oberhoffen Située dans la douce Alsace, par une victoire totale, Tel est le souhait formulé.

        Hiver 1939-40

                    (Traduction Marc Grison et Jacques Orséro)

PRINCIPALES ABREVIATIONS

ACA	: artillerie de corps d'armée.
AD	: artillerie divisionnaire.
AL	: artillerie lourde.
ALC	: artillerie légère de campagne.
CA	: corps d'armée.
DI	: division d'infanterie.
EM	: état-major.
GBD	: groupe de brancardiers divisionnaires.
PA	: parc d'artillerie.
PAD	: parc d'artillerie divisionnaire.
PC	: poste de commandement.
PO	: poste d'observation.
RAP	: régiment d'artillerie à pied.
RDN	: rien de nouveau.
SMA	: section de munitions d'artillerie.
SMI	: section de munitions d'infanterie.

INDEX DES NOMS DE PERSONNES

Adhamar : 104.
Agies : 116, 160.
Ahun (d') : voir Bissaud
Albin : 262.
Alès (d') *commandant* : 56.
Allain-Launay *capitaine* : 247.
Allergès : 70.
Amirault : 45.
Anatole *lieutenant* : 129.
André Grison : 88, 104, 106, 108, 121, 128, 155, 166, 170, 172, 271, 275, 276.
Anger *vétérinaire* : 100, 101, 114.
Anguillaume : 55.
Archinard : 248.
Aristophane : 32.
Armbruster *colonel* : 182.
Arpizon : 238.
Arthur : 152, 166, 167.
Aubert *lieutenant* : 80, 82.
Augé : 80, 129, 151.
Augereau : 79.

Bachy *capitaine* : 39, 44, 45, 47, 49, 51, 52, 55, 56, 57, 69, 83, 130, 174, 175, 176.
Bacot *capitaine* : 17, 19, 30, 35, 37, 58, 59, 60, 66, 67, 82, 131, 151, 153, 162, 164, 178, 217, 225.
Bailloux : 160, 177.
Barbier : 68, 113.
Barbier *colonel* : 192.
Barret : 71.
Barthélémy *général* : 249.
Bataille *abbé* : 172.
Baudot : 80.
Bellanger : 45.
Bénazé (Duhil de) *lieutenant* : 17, 24, 44, 53, 55, 76, 81, 83, 85, 89, 91, 92, 99, 103, 107, 111, 113, 118, 119, 120, 121, 122, 125, 126, 138, 148, 149, 150, 152, 153, 174, 177, 178.

Bequaert *abbé* : 200, 201, 251.
Bérenguer : 250 .
Bergé *capitaine* : 45, 46.
Besse *colonel* : 15, 41, 66.
Besson *médecin* : 57.
Berthelot : 78 .
Beuzard *médecin* : 191, 199, 202, 203, 215, 218.
Billières : 188, 193.
Binaud *capitaine* : 68.
Binet *médecin* : 127, 128, 129.
Bissaud *capitaine* : , 33, 52, 54, 56, 58, 68, 69, 76, 100, 108, 114, 152.
Blanchard : 110, 111, 117, 144, 145, 150, 164.
Blanzat : 138.
Bocre : 262.
Bondet *commandant* : 92.
Bonhomme A*rthur* : 45.
Bonhomme *lieutenant* : 181.
Bonnard *aspirant* : 131, 133.
Bonnefoi *lieutenant-colonel* : 200.
Bonneterre *lieutenant* : 16, 39, 40, 43, 46, 48, 49, 54, 57, 59, 65, 66, 71, 82, 85, 87, 88, 89, 92, 95, 96, 100, 108, 111, 117, 128, 146, 155, 163.
Bordeux *colonel* : 214.
Boucher *capitaine* : 155.
Boudon *Joseph* : 17, 101, 156, 173.
Bouffard : 263.
Bouhet *capitaine* : 184, 187, 188, 191, 192, 193, 194, 197, 201, 202, 203, 205, 207, 217, 219, 222, 223, 234, 245, 255, 263.
Boullay (Thillaye du) : 114, 116, 117, 217.
Bouquier *commandant* : 182.
Bouquillon *colonel* : 132.
Bourgoin *lieutenant* : 104, 122, 146, 150, 170, 174, 175, 177.

Brachet : 118.
Bretault : 183.
Bretzner *capitaine* : 182.
Bricka : 259, 263, 264.
Brillant *général* : 71.
Brion (de) : 225.
Brun (de) : 226.
Brunet   6, 129, 152
Buzy *médecin* : 15, 16, 30, 31, 53.

Cabestan *capitaine* : 104.
Caillaud *aumônier* : 163.
Capdepont : 165.
Cargill *aspirant* : 189, 196, 197, 199, 201, 202, 203, 204, 205, 211, 213, 220, 222, 229, 237, 238, 240, 245, 258, 263.
Carpentier *lieutenant* : 51.
Cazaillet : 202, 204, 213, 215, 218, 225.
Chaubert : 250.
Chenu *lieutenant* : 83, 85.
Chiron : 80.
Chollet : 38.
Christen *Mlle* : 87.
Claquin *capitaine* : 130.
Clelarent *capitaine* : 167.
Clermont : 219.
Clouzeau *médecin* : 102, 105, 112, 126, 128, 129, 144, 145, 146, 147, 148, 150, 152, 165, 166, 170.
Cochard : 87, 101.
Collet *capitaine* : 54.
Coulais *lieutenant* : 194, 195, 203, 213, 218, 225, 251.
Courbis : 242.
Courcier *lieutenant* : 181.
Court : 57.
Courtois : 101, 172.
Curé *général* : 59, 66, 102, 121.
Danis : 196.
Darvison *capitaine* : 175.
David *lieutenant* : 77.
Delebecque *commandant* : 203.

Deschamps *commandant* : 16, 17, 19, 24, 31.
Devalière *lieutenant* : 226, 227, 248.
Devin *colonel* : 54.
Diesbach de Belleroche (de) *lieutenant*: 147.
Dixneuf : 133.
Dolesme : 137
Dubar : 69, 74, 76, 82.
Dumas *lieutenant* : 41, 105.
Dunolie *lieutenant* : 167.
Durand *médecin* : 49, 99, 100, 102, 105, 107, 110, 114, 121, 125, 128, 132, 137, 144, 147, 148, 149, 150, 154, 164, 165, 167, 171.
Durand *commandant* : 88.

Eggenspieler *colonel* : 54.
Emonay *abbé* : 60.
Eprinchard *lieutenant* : 45.
Esnault *abbé* : 269.
Espinay Saint-Luc (d') *lieutenant* : 38 à 41, 45 à 51, 53, 55, 57 à 60, 65 à 69, 71, 74, 76, 78, 80, 83, 85,88, 92, 94, 95, 96, 100, 101, 105, 108, 112.
Exupère : 113.

Fenouil : 262.
Ferdinand Grison *commandant* : 15, 104, 108, 174, 217.
Fillon : 66, 74.
Flaubert : 53.
Fliche : 145, 170, 178.
Foch *maréchal* : 61, 247.
Foulquier *aspirant* : 239, 240, 245, 247 à 251, 253, 256, 257, 259.
Franco : 215, 225, 227, 234.
Freton : 39.
Frézot *sous-lieutenant* : 85, 113, 114, 126, 131, 137.
Garnier : 118, 182.
Gascouin *colonel* : 145.
Gaspari *lieutenant* : 256, 257, 262, 263.

Gaube *lieutenant* : 118.
Gavini *colonel* : 256 à 259, 261, 264.
Gée : 151.
Gelot : 122, 125, 126, 142, 145, 154, 174.
Gerbaud *lieutenant* : 156.
Germon *lieutenant* : 45, 46, 52, 56, 58, 66, 68, 69, 74, 130, 131, 151.
Giaume : 197, 208, 226.
Gilbert : 146, 148, 149, 152, 153, 163 à 165, 167, 170, 171, 174, 178, 179.
Gilquain : 87.
Girard *lieutenant-colonel* : 169.
Gobert *commandant* : 147.
Goldschmidt *capitaine* 60, 68, 76, 78, 80, 85, 97, 114, 127, 129, 137.
Gouraud *général* : 156.
Grebe : 257.
Grégoire *aumônier* : 200.
Grelet : 57.
Grenier : 257.
Gressier *commandant* : 183.
Grison : voir à chaque prénom.
Grodvohl *médecin* : 65, 66, 68, 76, 78, 80 à 83, 85, 86, 94, 95, 97, 99, 100, 104, 108.
Guenée *commandant* : 55.
Guérisseau : 166.
Guignabaudet *général* : 16, 37, 58, 78.
Guillaume II : 30, 50, 116, 196, 241.
Guilloteau : 146.
Guilmet : 182.

Heine : 153.
Henri : 141.
Henry : 182.
Héraclite : 55, 92.
Héritier *capitaine* : 40, 131.
Hess *capitaine* : 120.
Hideley *lieutenant* : 175.
Horace : 76, 85, 87, 111, 146, 191.
Hours : 182.
Hubert : voir Lapadu-Hargues.
Huysmans : 100.

Imbault *sous-lieutenant* : 246, 248, 251, 252, 254 à 259, 263, 264.
Jacques Grison : 66, 108, 156, 165, 172, 240, 270.
Jean *commandant* : 128.
Jean Grison : 87, 279.
Joffre *maréchal* : 23, 265.
Joseph : voir Boudon.
Joyeux : 154.
Jouberteau *lieutenant* : 167 ;
Juglar Fernand : 88.

Keller *commandant* : 68.
Kircher : 225.

La Boissière (Boguais de) *sous-lieutenant* : 115, 133.
La Débutrie (de) : 83.
Lafont *colonel* : 35, 55, 128, 131, 141, 166.
Lagarde *capitaine* : 44.
Lagleize : 193.
Lancrenon *général* : 177.
Lapadu-Hargues *capitaine* : 143, 242, 246, 252.
Lapeyrette : 250.
Latrilhe : 78, 79.
Lazard *commandant* : 17, 19, 31, 47, 59, 102, 108, 111, 128, 131, 132, 145, 149.
Lebreton *colonel* : 21, 25.
Leclercq : 182.
Lecomte : 80, 196.
Ledoux : 250, 254.
Lefaure *lieutenant* : 17, 19, 47, 153.
Lefèvre *général* : 21.
Legros *capitaine* : 35, 37, 41, 43, 46, 47, 49, 52, 53, 55, 56, 80, 81, 82, 86, 89, 108, 117, 128, 146, 149, 174.
Lejeune *capitaine* : 100.
Lemmet : 213, 220, 223, 224, 225, 227, 238.
Lendormy : 199.

Lesquen du Plessis-Casso (de) *commandant* : 32, 67.
Lestrade : 189, 227.
Leveillé *lieutenant* : 101.
Libois *capitaine* : 181 à 184, 187, 191, 194, 196 à 200, 202, 203, 208, 209, 213 à 215, 219, 220, 222 à 226, 228, 231, 234, 236, 237, 240, 246, 248 à 251, 254, 257 ,261.
Ligniez *capitaine* : 48.
Liran : 101, 172.
Loeillot : 219.
Longe *lieutenant* : 203, 251.
Longuet : 99, 152.
Louis : 126, 127, 145.
Lourice *aumônier* : 170.
Lucas *général* : 87.

Macoin : 117.
Magner *capitaine* : 146, 150, 154, 155, 159, 164, 242.
Magneron *vétérinaire* : 100, 102, 114, 121, 128, 143 à 145, 149, 150, 170, 171.
Malmoux : 196.
Malveau : 52, 57.
Manciaux : 221.
Mangenot *lieutenant* : 194, 196, 197, 199, 200, 203, 215, 217, 227, 238, 242, 245, 255, 256, 259, 261, 262.
Mangin *général* : 60.
Marel Grison *lieutenant* : 173, 181, 195, 252.
Marchal *lieutenant* : 31, 49, 55, 60, 76, 89 à 92, 94, 96, 97, 99, 100, 102, 103, 105 à 108, 111, 112, 126, 127, 128, 146, 150 à 152, 155, 160 à 165, 167, 170, 171,174, 175, 177, 178.
Marché *lieutenant* : 41, 80, 81, 85, 104, 108, 115, 131, 138.
Marchegay *aspirant* : 184, 191 à 197, 199, 200, 202, 203, 205, 207, 209, 215, 218, 220, 221, 223 à 225, 227, 229, 230, 234, 236 à 238, 241, 242, 248, 250, 251, 252.

Mariaux *colonel* : 217, 219, 222.
Mars : 173.
Mathieu *capitaine* : 69, 113.
Maurer *capitaine* : 37, 43 à 45, 49 à 51, 54 à 59, 66, 69, 71, 78, 81, 86, 88, 99, 100, 105, 106, 108, 145, 152.
Maury *capitaine* : 15, 19, 24, 25, 36, 83, 88, 89, 91, 99.
Menut : 196, 199, 202, 217, 221.
Méric *lieutenant* : 184 à 186, 188, 189, 191 à 194, 196 à 198, 200, 202, 203, 205, 207, 215, 217, 219 à 221, 223 à 226, 230.
Mesmin : 142.
Métivier *lieutenant* : 48.
Michel *colonel* : 55.
Michelot *sous-lieutenant* : 194, 196, 213, 226, 227, 263.
Michon : 68, 78, 137.
Migault *lieutenant* : 69, 87.
Montcabrier (de Peytes de) *capitaine* : 35, 41.
Montessus de Rully (de) *capitaine* : 96, 106, 128, 146, 166, 174, 178.
Morisset *lieutenant* : 24, 35.
Morizot : 101.
Mormouton : 207.
Mounier *lieutenant* : 107, 111, 120, 128, 142, 144, 147, 150, 152, 154, 160, 161, 162, 170, 178.
Moussié : 226, 249.
Moussin : 16, 24.
Moussy *général* : 74.
Mozart : 78.
Munié *lieutenant* : 40.
Munsch *lieutenant* : 184, 188, 199, 203, 208, 213, 222, 223, 226, 234 à 236, 239, 240, 249, 250.
Mussat *lieutenant* : 37 à 41, 43, 44, 46 , 47, 49, 50, 53 à 55, 60, 67 à 71, 74, 77, 79, 80 à 83, 86, 97, 99, 105.

Nardon *capitaine* : 249.

Naud *lieutenant* : 41, 43, 45, 46, 56, 68, 74, 81, 100, 108, 112, 115, 119, 129, 133, 138, 142, 144, 160, 165, 167, 174, 178.
Nègre : 196.
Néraud *général* : 132.
Neudörfer : 182.
Nicol *lieutenant* : 181.
Noël : 182.
Nouhault *Emile* : 39, 45, 51, 52, 56, 57, 74, 107.
Nouhault *Léonce* : 67, 100, 105, 106, 113, 115, 118, 128, 152.
Nouhé : 68.

Oudin *lieutenant* : 16.
Ourbak *lieutenant* : 183, 184, 188, 195, 198, 199, 201, 202, 204, 208 à 211, 213, 219, 223 à 226, 229, 230, 235 à 240, 248, 249, 251, 259.

Papot *lieutenant* : 28, 32, 36, 37, 89 à 92, 96, 97, 100, 102, 103, 107 à 109, 111 à 117, 127 à 129, 131, 148, 150.
Parot : 92.
Parpirolles : 142.
Paul Grison : 39, 70.
Pellarin *général* : 57, 66, 122.
Pellier *commandant* : 221, 223.
Peltier *capitaine* : 184.
Petit *Albert capitaine* : 156.
Petit *Madeleine* : 101, 222.
Petit *Marguerite* : 269, 273.
Petit *René médecin* : 141, 172, 176.
Petitcolas *capitaine* : 103, 107, 146, 149, 152 à 154, 164, 173.
Pévollière : 199.
Pierre *aspirant* : 186.
Pierre Grison : 156.
Pierron *médecin* : 202, 226, 263.
Piparias : 57.
Pironneau : 41.
Polin : 57, 250.
Pompey *sous-lieutenant* : 149.

Poncet : 68.
Potron *commandant* : 39.
Pouchot : 275.
Pouyé *Mme* : 181.

Quéron *capitaine* : 151.
Quillet *commandant* : 104.
Quinqueneau : 71.
Quintard *médecin* : 51, 53.
Quinquemelle : 221, 222, 223.

Raimond Grison *sous-lieutenant* : 39, 70, 181.
Raison *sous-lieutenant* : 143, 144, 149, 150, 152, 154, 160.
Raymond : 257.
Renard *commandant* : 54.
Renée Grison : 143, 181.
Renoncet : 132.
Riche : 241, 255, 256.
Richeux *vétérinaire* : 173.
Ripault : 185.
Rodier *lieutenant* : 77.
Rongiès : 238.
Rose lieutenant : 214 ;
Rouannet *commandant* : 50, 116, 133.
Roucheyrolle *lieutenant* : 15, 17, 25, 28, 32, 54.
Rouppé : 197.
Roussin *commandant* : 182.
Roustant : 183, 184.
Roy *Joseph* : 18.
Roy : 97, 127.

Saint-Affrique (de) *lieutenant* : 35, 83, 113.
Sainte-Marie (de) *capitaine* : 103.
Saint-Luc : voir Espinay.
Saint-Paul (de) *commandant* : 41, 45, 113, 120, 121.
Saint-Pierre (de) : 28, 67.
Sanant : 151.
Sautereau du Part *colonel* : 181, 182.

Schneider *capitaine* : 45, 47, 50.
Schultz : 30, 31, 177.
Sciandra *lieutenant* : 181.
Séry *colonel* : 263.
Siaudan : 57.
Sirey *capitaine* : 255, 262.
Sophocle : 85.
Spigolis *lieutenant* : 259, 262, 264.

Tartarin *lieutenant* : 117.
Taurignac *colonel* : 154.
Tessier *aspirant* : 121.
Tesson : 276.
Tétard *lieutenant* : 142.
Théaud : 137.
Théodore Grison : 87, 88, 101, 173.
Thibault *lieutenant* : 51, 65, 85, 137, 174.
Thiebaud *capitaine* : 69.
Thomas *commandant* : 181.
Tramie : 250.
Trives *capitaine* : 152, 155, 161, 166, 178.
Troadec *capitaine* : 167.
Tsu : 114.

Urbal (d') *général* : 66, 70, 71.

Valentin *madame* : 101.
Vandal : 71.
Venot : 257, 264.
Verdal (de) *capitaine* : 77.
Viaud *lieutenant-colonel* : 182.
Viel *capitaine* : 17, 19, 30, 45, 47, 55, 58, 68, 81, 86, 90, 91, 97, 107, 111, 113, 114, 115, 138, 150, 228.
Vienne (de) *lieutenant* : 52.
Vincent : 196.
Virgile : 46, 56, 150.
Virlogeux *lieutenant* : 191, 197, 198, 202, 203, 208, 213, 223, 225, 226, 227, 236, 238, 240, 241, 251, 255, 257, 263, 264.

Vivès : 240.
Vivien : 71.
Vouhé *sous-lieutenant* : 151, 164.
Vuillemain *lieutenant* : 254.

Wadel *commandant* : 262, 263.
Wasseur *colonel* : 209.
Wassner : 173.
Werther : 240.
Wilson *président* : 240, 256, 260.
Wisbeck : 185.

TABLE DES CARTES

1. Bataille de Lorraine (août 1914) 22
2. Bataille de la Marne (septembre 1914) 26
3. Campagne d'Ypres (hiver 1914-1915) 34
4. Numérotage des tranchées du Bois du Polygone 42
5. Mouvement de Belgique vers l'Artois (avril 1915) 64
6. Bataille de l'Artois (avril 1915 à février 1916) 72
7. Marches de l'Artois vers l'Oise ((juillet 1915) 84
8. Zone à l'ouest d'Arras 93
9. Combats en Argonne : Esnes, cote 304 (avril et mai 1916) 134
10. Organisation de la cote 304 136
11. Batailles de Champagne au nord de Châlons (fin septembre 1914 et juin à septembre 1916) 140
12. Batailles de la Somme (décembre 1916 et avril 1918) 158
13. Marches au sud de la Somme (décembre 1916 et avril 1918) 168
14. Campagne de Belgique (novembre 1917 à mars 1918) 190
15. Marches au sud-ouest de Verdun (mai 1916 et mai 1918) 212
16. Combats devant Verdun (mai à août 1918) 216
17. Bataille de l'Aisne : nord de Soissons, Moulin de Laffaux (septembre 1918) 232

TABLE DES MATIERES

Préface 7

Introduction 11

Chapitre I : Le départ en guerre de Poitiers pour la Lorraine du 20ème d'artillerie avec ses canons de 75 15

Chapitre II : Les marches forcées de la bataille de la Marne de Troyes à Châlons en septembre 1914 23

Chapitre III : Les combats du bois du Polygone près d'Ypres durant l'hiver 1914-1915 35

Chapitre IV : Le 20ème d'artillerie se déplace d'Ypres vers Laon. Tirs contre avions au canon de 75 près d'Arras. (avril à juin 1915) 65

Chapitre V : Après une marche vers l'Oise, retour en Artois vers Notre-Dame de Lorette. Mort au champ d'honneur de Saint-Luc (juillet 1915 à mars 1916) 85

Chapitre VI : Après une brève escale à Dunkerque, le front de l'Argonne avec les rudes combats de la cote 304 et du Mort-Homme au nord - ouest de Verdun (mars à mai 1916) 125

Chapitre VII : Bataille de Champagne depuis la ferme de l'Espérance près de Suippes (mai à septembre 1916) 141

Chapitre VIII : Bataille au nord de la Somme vers Morval. Mort au champ d'honneur d'André Grison (octobre et novembre 1916) 159

Chapitre IX : Le 20ème d'artillerie fait mouvement vers Amiens, le nord de la Somme, puis Compiègne (décembre 1916 à février 1917) 169

Chapitre X : Le lieutenant Grison est nommé instructeur à l'école de Fontainebleau, puis suit un stage d'artillerie lourde à Arcis-Sur-Aube (mars à novembre 1917) 181

Chapitre XI : Campagne de Belgique vers Nieuport avec les canons de 155 du XIIème groupe du 118ème régiment d'artillerie lourde, le lieutenant Grison commandant la 37ème batterie (décembre 1917 à mars 1918) 187

Chapitre XII : Bataille de la Somme au sud-est d'Amiens (avril 1918).. 207

Chapitre XIII : La bataille de Verdun de mai à août 1918 213

Chapitre XIV : Bataille de l'Aisne vers Soissons et le Moulin de Laffaux (août et septembre 1918) 229

Chapitre XV : Les dernières marches vers Meaux et Laon et les derniers coups de canon de la guerre 239

Chapitre XVI : L'armistice du 11 novembre 1918 et l'ennui du guerrier victorieux 245

Chapitre XVII : L'occupation en Allemagne à Idar Oberstein par le Vème groupe du 136ème régiment d'artillerie lourde avant sa dissolution à Orange (mars à juillet 1919) 253

Epilogue 261

Annexe I : Récit de la retraite de la Marne vécue par le sous-lieutenant Grison du 20ème d'Artillerie 265

Annexe II : Récit de l'explosion d'un canon de 75 dont Jacques Grison, frère de Pierre, est le chef de pièce 269

Annexe III : Lettres de guerre du soldat André Grison, frère de Pierre, à ses parents, notamment le récit d'un combat à la grenade 273

Annexe IV : Les citations de Pierre Grison 281

Principales abréviations 283

Index des noms de personnes 285

Table des cartes 291

Collection Mémoires du XXe siècle
sous la direction d'Alain Forest

Dernières parutions

Louis BOYE, *"Un jour, le grand bateau viendra", chroniques de laRésistance*, 1996.
Michel BLOIT, *Micheline Ostermeyer ou la vie partagée*, 1996.
Lisa DRACH, *Les fantômes de Lisa, juive polonaise émigrée*, 1996.
Edward REICHER, *Une vie de Juif. Souvenirs d'un médecin juif polonais - 1939-1945*, 1996.
Micheline LARES-YOËL, *France 40-44. Expérience d'une persécution*, 1996.
Rivka COHEN, *Mon enfance Sépharade*, 1996.
Francine CHRITOPHE, *Une petite fille privilégiée*, 1996.
Mireille NATHAN-MURAT, *Poursuivi par la chance. De Marseille à Bichenwald*, 1996.
Max VARADI, *De l'Arno aux rives du Jourdain*, 1996.
Lucien ELKIND, *Caporal Dick*, 1997.
Général KATZ, *"...Une destinée unique..." Mémoires (1907-1996)*, 1997.
Larissa CAIN, *Une enfance au ghetto de Varsovie*, 1997.
Jacques JURQUET, *Années de feu. Algérie 1954-1956*, 1997.
Camille VAILLOT, *«LE D US», Mineur de Monceau-Les-Mines. Mémoires, Présentés et annotés par Robert Chantin*, 1997.
Henri KELLER, *AMELIE I. Chronique d'un mineur de Potasse*, 1997.
Evelyne KRIEF, *Le temps des mensonges ou la petite marrane*, 1997.
Robert FRANCES, *Intact aux yeux du monde*, 1997.
Serge Mamontov, *Carnets de route d'un artilleur à cheval 1917-1920*, 1998.
Henri KELLER, *Azougar. Fragments de vie dans l'Atlas*, 1998.

589392 - Décembre 2014
Achevé d'imprimer par